日本の演劇教育

——学校劇からドラマの教育まで——

佐々木博

晩成書房

日本の演劇教育——学校劇からドラマの教育まで——目次

はじめに……6

第一部　演劇教育の流れをたどって　9

第1章　学校劇の興りとその運動……10

一　「学校劇」と「児童劇」……10
二　小原国芳の学校劇……14
三　学芸会の成立……16
四　大正デモクラシーと学校劇……19
五　成城学校劇と斎田喬……21
六　坪内逍遥と児童劇……24
1　脚本研究としての朗読　24　2　逍遥の児童劇脚本　26　3　逍遥の児童劇運動　28
七　第一回成城学校劇発表会……29
八　学校劇禁止令……33
九　禁止令と成城学校劇……38
十　成城事件……40
十一　テアトル・ピッコロ……44
十二　禁止令の後……46
十三　唱歌劇……47

十四　学校劇研究会の発足……48
十五　子供の劇場……52
十六　学校劇研究会公開発表会……55
十七　日本学校劇連盟結成……57
十八　日本少年文化研究会のこと……60

第2章　「演ずること」の発見……70

一　歌って踊っての演芸会……70
二　東京児童文化連盟の結成……76
三　日本学校劇連盟の復活……81
四　生活劇の始まり……84
　1 斎田喬と生活劇　84　2 劇作家落合聴三郎の誕生　86　3『掃除当番』のこと　88
五　生活劇とドラマ……94
六　学校劇と生活綴方……102
七　『どこかで春が』の実践……111
八　民主教育への道……113
九　学習指導要領〔試案〕と演劇教育……116
十　ゴッコ学習と演劇教育……126
十一　カリキュラムと演劇教育……130
十二　「逆コース教育」のなかで……133
十三　スタニスラフスキー・システムとの出会い……136
十四　「演ずる」ことの発見……139
十五　「日本学校劇連盟」から「日本演劇教育連盟」へ……142

第3章 「ドラマ教育」の登場……146
一 「ドラマ教育」との出会い……146
1 劇が消える 146 2 新しい演劇教育の潮流 155
二 表現教育としての「ドラマ」……161
1 「ドラマ」か「シアター」か 161 2 はじめはドラマ、あとからシアター―栗山宏の実践 164
3 「ドラマ」の授業―矢嶋直武の実践 167 4 教室にドラマを 170
三 ドラマ教育としてのエチュード方式……171
1 エチュード方式の提唱 172 2 『大きなダンボール』の上演 179
四 劇あそびは遊びである……181
1 お話を遊ぶ 181 2 劇あそびの開拓者 185 3 ドラマ教育と劇あそび 191
五 ドラマ活動における即興と遊び……196
1 即興 196 2 劇は遊びである 202
第二部 演劇教育から学校文化の創造へ 209
第4章 演劇的教育、そしてドラマ教育……210
一 演劇教育を教育として……210
二 演劇的教育の役割……212
三 演劇的教育におけるドラマ教育……214
四 演劇教育に問われるもの……216

1 差別・選別と能力主義教育 216　2 ドラマ教育における自発性と自己表現 219
3 表現することは生きること 220　4 竹内敏晴のレッスンから 224　5 認識・感情と表現 233

第5章　コミュニケーションと対話……238

一　コミュニケーションと演劇教育……238
1 コミュニケーションの典型は演劇 238　2 教育におけるひずみ 240　3 教育改革のこと 242
4 子どもの事件から 254　5「いじめ」をめぐって 256　6 関係の重さ、そして優しい関係 260
7「伝え合う力」とコミュニケーション 263　8 コミュニケーション的関係をひらく 271
二　対話と演劇教育……283

第6章　学校文化としての演劇教育を……288

一　教育になじまなかった演劇……288
1 学制発布の時から 289　2 風紀を弛うし、浮薄の弊風を助長するということ 289
3 社会主義思想とプロレタリア演劇 298
二　演劇教育の位置づけ……312
三　「四つの源流」のもつ意味……324
四　学校劇から演劇教育、そしてドラマ教育へ……327
五　子どもの発達と演劇教育……332
六　ドラマのある教育を……336

あとがき……340
引用・参考資料 348

はじめに

二〇〇五年三月、記念すべき一つの児童演劇作品が上演された。「お伽芝居『春若丸』」がそれである。この作品はドイツから帰ったばかりの巌谷小波が子どものための芝居をという考えから書かれた脚本で、一九〇三年の『少年世界』増刊号に発表されたものである。同じ年、川上音二郎が小波の書いた『狐の裁判』と『浮かれ胡弓』を東京本郷座で上演する。上演されたのが『春若丸』でなかったのは「歌舞伎調で、むずかしすぎる」（冨田博之『演劇教育』／国土社／一九五八年）という理由からだったという。この川上音二郎のお伽芝居の上演された一九〇三年が児童演劇の始まりであり、それから一〇〇年という節目の記念ということで計画されたのが『春若丸』の上演だったのである。節目の年からは少し遅れての上演にはなったが、記念すべき上演であったことはまちがいない。小波が「お伽芝居」と同時に「学校子供芝居」を始めたのも一九〇三年ということで、演劇教育もここからスタートする、と『日本演劇教育史』（冨田博之／国土社／一九九八年）にはある。

この『日本演劇教育史』は、雑誌『演劇と教育』に一九八四年一月号から八九年十月号まで二十一回にわたって連載されたものをまとめたもので、明治期の演劇教育が四つの源流にあることを豊富な資料をもとに検証し、「わが国の演劇教育はこの四つの源流がさまざまな形で受けつがれ、影響し合うことによって形成され、発展していくのである。」と述べている。四つの源流とは

①子ども文化の開拓者が拓いたもの
②キリスト教宣教師たちがもたらしたもの
③演劇革新の指導者たちによって

④ 教育改革の指導者たちの役割

で、そこには子ども文化の開拓者として中川霞城や巌谷小波、土肥春曙、葛原しげる、またキリスト教会の日曜学校やキリスト教系学校での劇やその体験者の証言、演劇革新の指導者としての坪内逍遥、杉谷代水、川上音二郎・貞奴、教育改革の指導者としては樋口勘次郎、谷本富、伊賀駒吉郎、畔柳都太郎、沢柳政太郎等々、これらの人々の演劇と教育への関わり、活動の内容を通し全体として明治期の演劇教育史としてまとめられている。実に幅広く、綿密な検証によって明らかにされた内容であり、そこから学ぶことは多い。

著者、冨田博之は「演劇教育四つの源流」は、明治期から大正期にかけての演劇教育のあゆみを見ていく「序説」のつもりだったが、結果として明治期の演劇教育のあゆみそのものになったといい、それが「どう受けつがれ、何がどう影響し合うことになるかは、つぎの時代の演劇教育についてのべる、それぞれのところで見ていくことにしよう」と言っている。ところがこの『日本演劇教育史』は次の時代「大正デモクラシーの潮流のなかで」に入ったところで本人急逝のため、連載は中断され絶筆となってしまった。本人にとっても悔やみきれなかったであろうが、『日本児童演劇史』(東京書籍/一九七六年)と並んで、著者畢生の労作になるであろうことを期待していたわれわれにとっても残念としかいいようがない。

冨田博之には『学校劇の建設』(日本教育出版社/一九四九年)や『演劇教育』(国土社/一九五八年)などの著作があり、その中で演劇教育運動のあゆみについて書いている。また『教育文化史大系V』(金子書房/一九五四年)に載っている「学校劇運動史」にもそのあゆみが詳しく述べられている。こうした実績の上に書かれた『日本演劇教育史』は、単なる通史としてではなく、より豊富な資料をもとに明治期の四つの源流がその後の演劇教育にどう受けつがれ発展していったかということを明らかにし、今後の演劇教育運動を考えるための基調ともなるような内容にまとめられるはずだったのである。冨田は先に著した『日本児童演劇史』で、「これまでのあゆみとその遺産から学ぶために書かなければならなかった」と言っているが『日本演劇教育史』も同じ思いから取りかかった仕事だったに違いない。

これまで日本の演劇教育は戦後のある時期に一部取り入れられたことはあるが、学校教育の中に正当に位置づけられ、活動が十分に保障されるような環境下にはなかった。そうしたなかで今のような演劇教育があるのは、心ある実践家や研究者の弛みない努力によるところが大きい。そのあゆみと遺産から何を学ばなければならないのか、それはこれからも追い求めなければならない課題だろう。今あらためてその思いを強くしているところである。

文中敬称は省略させていただいたが、失礼の点はお詫び申し上げ、ご寛容いただきたいと思う。

第一部　演劇教育の流れをたどって

第1章　学校劇の興りとその運動

一　「学校劇」と「児童劇」

子どものための劇を「学校劇」と命名したのは小原国芳だといわれている。広島高等師範附属小学校に勤めていた小原国芳が、沢柳政太郎の招きに応じ、東京の成城小学校に赴いたのは一九一九年（大正8年）のことだった。小原は広島高師附属小時代（一九一八年〈大正7年〉〜一九年〈大正8年〉）、学芸会で上演する演目にそれまでのような対話という言い方ではなく、劇という名称を用いることを提案した。その時のプログラムには音楽教師の山本寿の意見を入れて「唱歌劇」としたが本人は「学校劇」という名称にこだわりをもっていた。そのことを小原は『学校劇論』（一九二三年）の中で次のように述べている。

山本君の考案は「唱歌劇」であった。なるほど、「唱歌」という名目は、よい感じを与える。学校という感じがする。汚らしい気がしない。当時のプログラムに「唱歌劇」なる名がプリントされ、かつ今に（多分）広島高師ではその名の下に、劇集も出しておられることと思うが、それは山本君の発案であった。正直なところ、私には、少し物足りなく感じた。私は、やはり、思い切って「学校劇」としたかった。明瞭に。その理由は後に明らかになることだが。爾後、私は「学校劇」と呼んでいるし、時の雑誌にもその時から「学校劇」という名の下に論じた訳であった。

小原は成城に移ってからその機関誌『教育問題研究』誌十二号に「学校劇論」を発表（一九二一年〈大正10年〉）、一九二三年（大正12年）にはイデア書院から単行本として刊行される。「学校劇」の名称はここから始まる。

小原の「学校劇」と同じ時期、子どもの演ずる劇を「児童劇」の名で呼んだのは坪内逍遥である。それについて逍遥自身は次のように述べている。

> 教育的に有益なるべき兒童の劇は、兒童みずからが、其劇的本能に依って、其藝術的乃至創作的衝動に駆られて、能動的、自發的に、専ら自分自身の感興の為にとて演ずる所のそれでなければならぬとすると、かの他動的の單なる娯楽機關たるに他ならぬ「お伽芝居」が、名實共に其物でないことは明かであるが、「童話劇」という名稱も餘りに偏局した名前で面白くない。正當に謂うと「童話」というのは、「お伽ばなし」と同義で「桃太郎」や「かちかち山」もしくは牛若辨慶程度の傳説や、各地方の口碑に残る小話類を指すので、その範囲は限られたものである。（略）寧ろそれよりも何の為に誰が演ずる劇であるかを明確にする方が大切だが、それには「兒童劇」という名稱は、其目的をも其演者をも持主をも略々指示するに足る名前だから最もふさはしいように考へられる。或いは兒童と限っては、中學校なぞに適用するのに不便だという懸念からか、「學校劇」という新名称を立てた人もあるが、これはまた聊か漠然過ぎる。大學生程度の者の演ずるそれも「學校劇」だからである。（坪内逍遥『児童劇集上』〈日本児童文庫〉／アルス／一九二七年）

逍遥は一九二二年（大正11年）自分の主張をもとに『家庭用児童劇』を出版、また児童劇団を組織し、地方巡演を計画、直接指導による模範実演などを試みている。一九二三年（大正12年）には『児童教育と演劇』を出版するが、それは小原国芳が『学校劇論』を出版した年でもあった。

小原は『学校劇論』を通して全人教育の立場から芸術教育を高潮するものとして学校劇の重要性と必要性を説いたが、逍遥は「無邪気で純で、無技巧な、子供みずからの為に子供みずからに依って演じられ得るような児童劇――即ち彼等の創造本能や芸術衝動をいい具合に誘導して、彼等の心性を満遍なく多方面に、自然に且つ円満に、啓発し、撫育し、陶冶し得るような児童劇――子供の自発する、純な、自然な、遊戯と同脈の児童劇」（『児童教育と演劇』）として、子どもの自発性による児童劇を求めた。その結果は「逍遥の論と作と模範實演に刺激された幼稚園や國民學校當事者が各自の見解に従って、逍遥の作を上演したことは夥しい數に上り、一時は大流行ともなった。」（河竹繁俊『新劇運動の黎明期』／雄山閣／一九四七年）というような状況を生み出したのである。

一九三六年（昭和11年）発行の『生活学校』（児童の村生活教育研究会編集）に「學藝会・兒童劇の活路のために」（柳瀬浩）という論考が載っている。それは「兒童劇は現在學藝会プログラムの構成の中心的なものになっているが、一方兒童劇運動も學藝会抜きにしては考え得られぬ程、兩者の相互關係は密接である。」という書き出しで始まり、「學藝会を兒童劇運動上最も有力な場面として正當に理解し、その質的向上のために働くことこそ、心ある教師――兒童文化運動の直接當事者――の任務であらねばならぬ」と学芸会での児童劇の必要性を説く論が展開されている。

小原国芳のいう「学校劇」も坪内逍遥の「児童劇」も大正期の後半には芸術教育運動とともに全国的な広がりをみせた。『大正・昭和教育の天皇制イデオロギーII』（山本信良・今野敏彦／新泉社／一九八六年）は、たとえば鳥取県にあっては「大正一二年一二月付属小学校の発表会」で「児童劇『白うさぎ』」が上演され、

「このころから児童劇がさかんになった」とされている。

と記している。また次のような記述もある。

本格的な学校劇の導入は、大正期の中ごろ教育界の外部の文学者や美術家の提唱によってはじまる。南安曇郡倭尋常高等小学校では大正八年一二月二五日の学芸会で、白樺派教員が武者小路実篤の花咲爺（『白樺』大正六・七所載）の劇を演じている。

その後、子どもの演劇活動に対する呼び名については「学校劇」という名称が一般化し、「児童劇」は主に大人が演じる子どものための劇を指していうようになるが、「子どもが演じ、子どもが見る、子どものための劇」を児童劇という言い方はその後も続いている。一九八〇年に出版された『斎田喬児童劇作十話』（西村松雄・蓑田正治編／晩成書房／一九八〇年）「プロローグ――編者のことば」では次のように述べている。

この本で扱う「児童劇」とは、子どもが演じ、子どもが見る、子どものための劇です。いま、「児童劇」ということばはおとなの俳優さんが演じる子どものための劇にも使われていて、あるいはそちらの方が一般的になっているかもしれません。でも「子どもが演ずる」という要素を含んだものが「児童劇」と呼ばれるのは当然でしょうから、児童に関わる劇の一切が「児童劇」――この本が扱うのはその中でとくに子どもが演ずるもの、ということです。あるいは「学校劇」といえばはっきりするかもしれません。歴史的にみても学校での演劇教育として考えられてきたものですが、いま、子どもの劇活動は幼児の劇あそび、地域児童文化活動としての演劇……といったように学校という枠を乗り越えたものになろうとしています。それは望ましい方向です。そこで「学校劇」ということばを避けたのです。

また、一九六一年（昭和36年）に出版された脚本集の題名は『日本児童劇全集』（日本児童劇全集刊行会／小学館／一九六二年）であり一九五四年発行の斎田喬の脚本集は『斎田喬児童劇脚本選集』である。子どもの演劇活動、および子どものための演劇活動の総称として「演劇教育」という用語が登場したのは一九五八年発行の『演劇教育』（冨田博之／国土社）においてである。そこでは次のようにいう。

演劇教育という用語は、音楽、美術、文学など、他の芸術教育分野の名称とも、ならべて考えるのにつごうがよく、演劇教育を一般化していくのにも、学校劇よりも、とおりがよいのではないかとおもわれる。これまでの学校劇運動のせまいワクをやぶり、演劇教育運動を、あたらしい芸術教育の運動として発展させていくためにも、演劇教育という用語は適切なのではないかとおもう。

現在子どものための演劇活動は演劇教育という言い方が定着している。ちなみに、大人が演じる子どものための劇については「児童・青少年演劇」というようになっている。

二　小原国芳の学校劇

小原が広島高師附属小時代学校で劇をやるようになったのは次のような体験からだった。

劇が何であるか、芸術が何であるか、全然、無関係の日本のスパルタ、サツマの国に生まれた私が、かて加うるに、師範学校という砂漠みたような学校の生徒として、教師として約十年の長き生活をしたことを考える時に、いかに貧弱で偏固で不完全な人間であったかということはいうまでもない。幸いに京都三年間のアカデミーライフは私の「人間」をかなり訂正してくれた。劇通の松原君を友として有していたことや、京大の文科の学生の幾人かが常に教化されていた私たちの呼ぶ「藤江のオバさん」の感化と教導とによって、私の知らぬ世界が私に展開された。年末の四条大橋畔、南座の顔見世には東西の名優が集まる。到底、高い入場料の払えた私たちではないのだが、「オバさん」は幾度か案内して下すった。考えてみれば、私の「夢の学校」は、その間に、かなりの新しい計画が夢みられた。やがて、わが理想の学校には、ギリシャ式の劇場もほしい、劇もゼヒやらせよう、といった夢はその頃、生まれたものである。（『学校劇論』）

小原が学校劇を推し進めるようになった理由はこれだけでなく、学生時代に対話や英語劇をやったこと、香川師範時代英語劇の指導をしたことなど、そして幼少時代に年中行事や芸能などのさまざまなパフォーマンスなどの体験もあってのことだったという。

小原は大正７年、広島高師附属小学校に赴任、翌一九一九年二月十一日の学芸大会で「天の岩戸」「舌切雀」などを上演することになるのだが、その時の学芸大会は紀元節と憲法発布三十年を記念する大会だった。小原が赴任した広島高師附属小学校は「演劇教育を実行に移し、実験的実践を進める条件がそろっていたといってよいだろう」と冨田博之は『日本演劇教育史』に記しているが、それは広島高師附属小が次のような学校だったからである。

広島高師附属小学校には一九一一年から、東京高等師範学校文科を卒業、後に、『教授方法の芸術的側面』（一九二二年、目黒書店）や『文化と教育上の諸問題』（一九二二年、宝文館）などの著書もあり、芸術教育に理解のある佐藤熊治郎（一八七三〜一九四八年）が主事をつとめていたこともあって、一九〇五年（明治三十八）から、例年、主として二月一一日の紀元節に開かれていた「学芸大会」は、はやくから単なる学習発表会にとどまらない、芸術教育としての意義をもつものとして位置づけられていた。（『日本演劇教育史』）

さらに「子どもの演劇指導に必要な各分野のスタッフがそろっていた」ということも「条件の良さという幸運に恵まれていた」ということなのである。冨田はさらに次のように述べている。

小原にとって、当時の広島高師附属小学校は、彼が夢みた「夢の学校」にはぜひとも必要な演劇教育を実行に移し、実験的実践を進めることのできる条件がそろっていたといってよいだろう。（『日本演劇教育史』）

この広島高師附属小学校での体験をもとに　学校劇と銘打った小原の実践が本格的に行われるようになったのは成城小学校に籍を置くようになってからである。

三　学芸会の成立

広島高師附属小は学芸会を芸術教育として位置づけたが、明治から大正の初めにかけての学芸会はどのようなものだったのだろうか。

『近代教育の天皇制イデオロギー』（山本信良・今野敏彦／新泉社／一九八七年）には「学芸会は、学芸奨励の目的をもって父兄を集め、平素の教科内容を発表する行事なのである」とあり、その成立については次のように述べている。

学芸会は、明治二〇年代の父兄懇話会・学術談話会・音楽会などにその成立の萌芽をみることができる。やがて、それらは明治三〇年代に至って、教科練習会・学業練習会・温習会・児童談話会などの名称の下で独自な形態を示すようになり、後の学芸会に発展するのである。こうした会合が、広く普及するのは、明治三

○年代の後半であり、学芸会という名称が用いられるようになったのは、明治三〇年代末から四〇年代にかけてである。また、都会地のみでなく、農村部の学校にまで、学芸会がくまなく普及したのは、大正・昭和期に入ってからのことである。

当時の学校行事は次のような性格のものであったという。

明治期学校行事は、天皇＝国家、忠君＝愛国の臣民育成の教育を志向しつつ、児童・生徒の自主的活動を重視せず、教授・訓育・管理の有機的関連を保持することを忘れず、しかも啓蒙と教育成果の誇示を行うという、基本的特色を示している。学校行事の三つの側面における特色は、臣民育成の教育へ統合されているのである。（『近代教育の天皇制イデオロギー』）

そして学芸会のねらいについて羽山好作が次のように述べていることを紹介している。

公衆の面前に於いて、自己の学術技芸を表演することは、極めて面目あることで、同時に責任を感じ、時に或は臆することがあるが、元来邦人は公衆の面前に於て、自己の所信を発表することに於て、甚だ拙劣卑屈なるの傾きがあるから、今後の国民教育上には、大いに修練すべき一要件である。……（中略）……加之、学芸会は単に演技者のみが目的でなく、一般児童をして斯る公会の席に慣れしめ、その間能く公徳を重んじ、会合の秩序を紊り、混乱を来すが如きなき様、常に注意せしむべきである。我が邦人は、会合の席に於ける礼儀作法を弁ぜず、個人的の行動を勝手にして、文明人の対面を傷つけ、結局会合の目的を完全に達し得ぬことがあるから、今後の国民を社会的に教養し、社会に適するよう訓練するには、大いに注意せねばならぬ事項である。（羽山好作「小学校に於ける課外教育の理論及実際」／『近代教育の天皇制イデオロギー』より）

大勢の人の前で発表するというこれまで日本人には見られなかった能力を養うということ、そのための礼儀作法を身につけること、公的な会における秩序を守る態度を養うこと、そしてその訓練のため、というのが学芸会のねらいだったのである。それは国家主義教育の成立を急ぐ明治政府の方針に沿うものでもあった。「学芸会の成立が、明治二十年代の天皇制イデオロギーによる教育の確立の後」ということはそのことを明らかにしている。

明治三十年代後半には「学芸会」「学業練習会」「教科練習会」「児童談話会」などの名称で呼ばれ、談話、対話、朗読、唱歌などの発表が中心だったが、理科実験、暗算、体操、遊戯など教科全般にわたっており、内容は国家的・軍事的なものが多かった。滋賀県師範学校附属小学校の「学業練習会」の内容には、歴史に関するもの、道徳・天皇に対する心得に関するもの、軍事に関するもの、昔話、教養に関するものが並んでいる。歴史上の人物では楠正成に関するものが登場しているが、その歴史は忠君愛国を説くものであったという。（『近代教育の天皇制イデオロギー』より）

また学芸会には父兄参集を目的とするというねらいもあった。「本校ニ於テ児童保護者及教員ノ連絡調和ヲ計リ専ラ児童ノ利益ヲ増進セシメンカ為毎年一回乃至二回児童学芸会ヲ開クベシ」（『近代教育の天皇制イデオロギー』）と規定していた記録がある。そしてそれは「明治後半における国家主義的教育の成立を反映したもの」であり、父兄教化を進めようとする施策でもあった」と『大正・昭和教育の天皇制イデオロギー』には記してある。

大正期に入っても、初期は全教科の演習を内容とする形態は変わりなかった。劇のある学芸会は大正期の中ごろから始まっているが、上演が盛んになる一方、「西洋かぶれ」と非難されたり、「非教育的な河原芝居」とか「むしろがけの小屋で演じられる旧芝居」などの批判があったという。（『大正・昭和教育の天皇制イデオロギー』より）

こうした状況だったから広島高等師範附属小の学芸会が芸術教育として位置づけていたことの意味は大きいと思うのだが、そこには明治から大正への時代の移り変わりのなかで生まれた新しい潮流の影響もあったのである。

四　大正デモクラシーと学校劇

それは芸術教育運動としての『赤い鳥』の創刊や、白樺派の人道主義的文学運動、また、大逆事件後、閉塞状況にあった社会主義運動の勃興、民本主義といわれる民主主義思想など、いわゆる大正デモクラシーと言われる風潮の広がりである。その中で教育もまた新しい流れを作りつつあった。大正期の新教育運動に大きな影響を与えたといわれる谷本富、児童本位の教育を提唱した及川平治をはじめ、千葉師範附属小の手塚岸衛、奈良女高師付附属小の木下竹次などその当時の先進的な教育実践は高等師範学校の附属小学校や各県の師範学校の附属小学校を中心に行われていた。先に述べた広島高師附属小の芸術教育の展開もそうした流れの中にあったのである。

山本鼎による自由画教育や北原白秋らの文部省唱歌の批判、また自由選題による綴方教育など、それまでの画一的な教育からの脱却を目指した自由教育運動もまた時代の流れであった。そのような中で、進歩的で自由主義者だった沢柳政太郎の個性尊重という新しい教育の理想を掲げた成城小学校が創設されたのである。その沢柳に招請された小原国芳は斉田喬や内海繁太郎と成城学校劇の活動を進めることになる。『学校劇論』の出版は、彼が、山本鼎、北原白秋、山田耕作、坪内逍遥など芸術教育運動の推進者との交流を深めるなかで、みずからの全人教育実践への提起だったのである。

「〈全人教育論〉の主張をもとに、実践をふまえた〈学校劇論〉は、迫力があり、説得力をもつものだったといってよいだろう。単なる学校劇の啓蒙書というだけでなく、大正期の新教育運動、芸術教育運動の時代思潮に支えられた、文字どおりの〈学校劇論〉だった。」と『日本演劇教育史』は述べている。

明治期の演劇運動は、演劇改良運動の流れが坪内逍遥の文芸協会や小山内薫の自由劇場の活動によって新しい演劇運動として広がり、その中で多くの劇団が生まれ、活動を続けるというような状況にあった。一九一〇年から一九二四年までの間、東京で公演を行った新劇団の数は三十劇団に及んだと『日本新劇小史』（茨木憲／一九六六年）にはある。一九一〇年は、明治天皇暗殺計画を理由に、多くの社会主義者や無政府主義者が検挙されるという大逆事件が起こった年でもあったが、武者小路実篤や志賀直哉、里見弴、有島武郎らを同人とする文芸雑誌『白樺』が創刊されている。また一九二四年は、日本最初の新劇専門劇場である築地小劇場が開場した年でもあった。こうした新しい芸術運動や大正デモクラシーの広がる中、多くの新劇団が活動していたこともこの時代における学校劇運動の底流になっていたのではないだろうか。

こうした流れのなかで、学芸会もまた新しい状況が生まれていた。『大正・昭和教育の天皇制イデオロギーII』（山本信良・今野敏彦／新泉社／一九八六年）は当時の学芸会の様子を『神戸市教育史』が次のように述べていると紹介している。

各学校においては、児童劇・唱歌劇・童謡劇・童話劇・学習劇・教室劇などの名を冠して、盛んに学校劇が実演された。このため、教科経営や学芸会の出演形式などの一部に変動もきたすようになり、続出する劇脚本の選択・演出指導の研究・学校劇の公開・観衆の指導など、研究分野を広げ同時にこれに伴う幾多の難関にも当面したものである。本市においては、比較的偏することもなく穏健妥当な教育的取扱をすることができたようであるが、学業奨励の目的で、従前機会あるごとに開催されてきた児童の学芸会が、この期になって比較的計画的に、しかも、大規模に開催されるようになり、朗読・唱歌・談話などにとどまらず、劇の演出が数多くプログラムを埋める状態になった。したがって会場の設備や演出ぶりにも一段の工夫が見られ、学校設備に多少の変更さえ加えられたものであった。父兄の来会もしだいに多くなり、二日、三日にわたって開催する学校も現れる盛況を呈した。この種の行事は学校家庭の連絡と同時に、学校の教育方針を理解させ、協力を得る上に効果も大きかったのである。

大正デモクラシーを背景に学校劇は活発に活動を展開していたのである。

五　成城学校劇と斎田喬

「学校劇は名実ともに成城小学校から始まったといってよい」（『学校劇事典』／小学館／一九五三年）といわれているように、成城小学校における学校劇の活動がその後の演劇教育運動に与えた影響は大きい。その成城学校劇は小原国芳に招かれた斎田喬、さらに内海繁太郎を加えて発展していくのであるが、特に斎田喬の役割は大きかった。

『日本演劇教育史』は次のように述べている。

少し強調していえば、斎田のドラマトゥルギーがなかったならば、成城の学校劇は成立しないか、あるいは、かなりちがったものとして成立していたのではないか。また、成城小学校に出会い、そこで仕事をしなければ、斎田喬の児童劇ドラマトゥルギーは成立しないか、あるいは、かなり違うものになっていたのではないだろうか。斎田喬の役割は、成城小学校の〈学校劇〉運動にとって、不可分の関係にあるといっていいくらいの大きなものがあるといってよいと思う。

また『成城・学校劇六十年』（北島春信／成城学園初等学校／一九七七年）には内山嘉吉のことばとして次のように紹介されている。

日本の教育に清冽な風を送りこんだ小原先生を、学校劇の父とするなら、学校劇独自の脚本と、そのさまざまなスタイルの傑作を何百と生み出された点、そのすぐれた教育的指導法によって、教育としての、演劇を実現した点、またその後進への指導と影響によって全国に、学校劇作家を次々に育てられた点で、斎田先生は文字通り「学校劇の母」であります。

一九三〇年（大正9年）成城小学校に着任した斎田喬は成城小学校が発行する雑誌『児童の世紀』に毎号児童劇脚本を書くことになった。そのことについて斎田は次のようにいう。

私自身、劇作術を知っているわけでもなく、劇作に関する書物も皆無である。まして児童劇という特殊なジャンルでは、サンプルというものがない。それまでに存在していたものは、外国の翻訳劇と、宝塚あたりの影響を受けた唱歌劇程度のものにとどまっていた。私がからくも探り当てたものは、成城小学校の教育が児童中心主義であったことからヒントを得て、児童の言葉で、児童の生活を表現することであった。児童の興味と理解のもとに児童自身が演ずる劇の提唱であった。（『学校劇』一九五六年二月号）

このことは沢柳政太郎の成城建学の精神の上に、全人教育の立場から芸術教育の必要を論じ、総合芸術としての学校劇の価値を説いた小原国芳の主張する方向での実践であり、劇作活動だった。

初期の斎田の脚本は歌劇的な形式やうたやおどりをいれた形式を多く取っているので、宝塚のおとぎ歌劇の影響を思わせるが、それは成城小学校の児童研究が土台になっているので、おとぎ歌劇の模倣ではない。また、素材やテーマはこどもの日常生活からとり、当時の童話劇にもおとぎ芝居にも影響されていない創作劇で、子ども現代劇の創造が意図されていた。それゆえ、創作精神はロマンチシズムに立っていて、形式は歌劇ふうであったが、リアリスチックな手法によって製作されている。すなわち、登場人物は子どもが主体で、その心理は全部現在の子どものことばで表現されている。子どもたちがたやすく理解でき共感をもてる脚本になっていた。そのことはまた、子どもたち自身でたやすく上演できるという性格をもち、ほんとうに子どもたちのための、子どもたちで演じうる脚本になっていた。

と、『学校劇事典』にはあるが、宝塚少女歌劇に影響を受けていたということについて斎田自身は次のようにいっている。

往時の宝塚少女歌劇は、当時の学校演劇にかなりの影響を与えたようだ。宝塚少女歌劇が温泉場に浴客吸収策として創設されるとき、家族連れを対象とした一家団欒を意図する以上、ある程度上演種目に健康性を保持しなければならないのはとうぜんで、これが当時の娯楽性の多い、いわゆる芸術教育を目的とする学校演劇には手ごろのサンプルにはなったようだ。（『学校劇』一九五六年五月号）

と述べ、「宝塚からつぎつぎに発行する脚本を手に入れるのを楽しみにした。「猿蟹合戦」「舌切雀」「竹取物語」「かぐら狐」などは、郷里の小学校で実演し、作曲のない歌詞には自分で作曲したりした。（略）初期の宝塚は、私にとっては一つの開眼であったことはいなめない。」としている。

さらに続けて次のように言う。

しかし、それにもまして、築地小劇場の創立は私にとっては大きな開眼であった。大正十三年六月、関東大震災の後の灰燼のなかに築地小劇場が開場した。緞帳の葡萄の房のマークを眺めながら、やがて展開するであろう未知の場面に心をときめかしながら開幕を待った。
鳴りわたるドラの音は、あやしいまでに胸をかき乱した。レパートリーはゲーリング作「海戦」チェーホフ作「白鳥の歌」マゾー作「休みの日」であった。表現主義の「海戦」やモノローグ中心の照明効果をねらった「白鳥の歌」も強い刺激となったが、小品ながら「休みの日」に強くひきつけられた。

これはパリーのアパシュが、郊外に住むかつての友人をたずねてきて一日を清遊するという簡単な筋であるが、飄々とした雰囲気のなかに一味のペーソスがあり、しみじみとした気味で見ているうちに、あやしくも私の心は波立ってきた。

ここで、はっきり子どもの演劇のなかにもリアリズムを打ち立てなければならないことに気がついたのであった。（『学校劇』一九五六年五月号）

斎田は「新劇が、日常生活をリアリズムの形式で作りだそうとするのに対して、同じ社会に住む子どもに、リアリズムの演劇があって悪いだろうか。いな、大いに存在しなければならない。私は新劇の一系列として、児童劇の位置を定着させようと決心した。」（『学校劇』一九五六年五月号）のである。斎田のこの思いは「子どものコトバで子どもの生活を」という成城学校劇を生み出し、それまでのお伽芝居や童話劇とは違う新しい作品を創造することにつながっていったのである。それはまさに子どものための新しい演劇の創造であった。

六　坪内逍遥と児童劇

1　脚本研究としての朗読

明治期における演劇革新の運動が始まったのは、明治四十年代、坪内逍遥の文芸協会、小山内薫・市川左團次の自由劇場がその先駆であるとされているが、逍遥が革新の運動を志すようになったのは明治二十年代からだといわれている。彼はその時期二つの研究を試みている。

「その一つはシェークスピアと近松の研究であり、他の一つは脚本朗讀法の研究であった。(略) 朗讀法の研究も逍遥にとっては、シェークスピアと同じく實に生涯にわたる研究題目であり、先覺的業績の一つだったと言ってよい。」と『新劇運動の黎明期』(河竹繁俊) にある。逍遥の朗読については『日本演劇教育史』(冨田博之) にも詳しく述べられているが、逍遥が朗読研究を始めたのは次のようなことだったという。

> 演劇改良の諸運動を、数年間久しく觀察してゐる間に、朗讀研究といふことが一つの重大要素であり、新演技開拓の一方法であることを痛感した。即ち脚本の實際的研究をなし、作劇法を領會するには脚本朗讀法によるを捷徑とする、また新脚本の演出に必要な新劇術の研究のために、最も緊要なるものも朗讀である。此の二面の理由から逍遥の朗讀研究は出發したのであった。(『新劇運動の黎明期』)

改良のための演技も演出も脚本も、伝統を重んじる当時の劇界の陋習を破るためには「新人によって新脚本を演出せしめ、これによる實物提示により、刺激を與え、輿論を喚起することが、遥かに効果的であることを看破したのであった。そこで此の遠大な終局目的を目ざして、先ず最も入り易く、實際的に効果多き脚本朗讀の研究を着々と進めることになったのである。」(『新劇運動の黎明期』) ということだった。

ここで述べられているように「朗読研究」は、新演技開拓のためであり、脚本研究のためであり、新脚本の演出に必要な新劇術の研究のためであった。『児童教育と演劇』のなかの児童劇の指導方針のなかで逍遥は「脚本が定《きま》ったら、先ず、子供達を集めて、順廻りに朗読をおさせなさい。……」と述べているが、逍遥のいう朗読は脚本に書かれたセリフを中心にするという新しい表現としての演劇創造の試みだった。たしかにその研究が直接演劇教育に結びつく活動ではなかったにしても、「やがて、大正期に入って、社会教育的な民衆劇としてのページェントの提唱や、児童劇運動を開始するための出発点となる仕事をつみかさねていたといえるのではないだろうか。」と『日本演劇教育史』には記されているが、逍遥の朗読についてはさらに研究が必要だろう。

2　逍遥の児童劇脚本

『学校劇論』を書いた小原国芳は「私の劇論の主なる要素は坪内先生と小山内さんと外国の本ではハーゲマンあたりにお世話になりました」と述べているが、『学校劇論』の中には小山内薫とともにたびたび逍遥のことばや論文が引用されている。それは坪内逍遥が明治期における演劇の改良の指導者だったこともあろうが、なんといっても教育者としての逍遥が児童劇運動の先駆者的役割を果たしていたことにある。その逍遥は「お伽芝居」や「童話劇」でも、「学校劇」でもなく、あくまでも「児童劇」という名称にこだわり続けていたことは先に述べたとおりである。

坪内逍遥と小原国芳、新しい時代の流れのなかでともに子どものための演劇の創造を目指しながら活動した二人だったが、その作品には大きな違いがあった。

リアリズムの学校劇を標榜した小原に対し、「子供みずからの為に子供みずからに依って演ぜられ得るような児童劇」を提唱した逍遥は、みずからも多くの脚本を発表するのだが、その内容は主張とは異なるものだったといわれている。逍遥の児童劇のための脚本が「古い、歌舞伎調のセリフによって書かれているものもふくまれている」のは「逍遥の児童劇論との矛盾である」と『日本児童演劇史』は記している。『学校劇事典』の記述も次のようである。

逍遥の脚本を見ると、家庭用児童劇三冊も学校用小脚本も、当時の学芸会にはあらそって採用されたが、これは実は逍遥の名にたいする信仰的な無批判的なとりかたのほうが多かった。斎田、内海の脚本がすぐれていたとはいえ、それらが劇集となって出るほどの数におよんでいなかったことと、長尾豊その他の作家のものが数冊出ていたくらいで、ほかに劇集というものがあまり出ていなかった当時の事情にもよることであった。逍遥の脚本も当時の作家たちと同様な素材、つまり昔ばなしや伝説物語の類の脚色か翻案で、その感覚には新鮮さがなかった。また内容も、その児童中心の児童劇論にもかかわらず、子ども自身が演じるものというよりは劇団で演じてみせるようなものであった。その構成や用語は歌舞伎的で、現代の子どものことばではなく、古語や雅語で、かりに子どもがそれを演じるとすれば、滑稽な感じさえするものが多かった。

斎田喬は「私たちの学校劇提唱運動後、しばらくして坪内逍遥先生の家庭児童劇の提唱があったように思う。理論としては、一応、肯定できたが、作品が歌舞伎形式から出たもので、新味なく、しかも子どもの生活に直結がなかったので、若い人たちの支持がすくなく、私自身もなんら指導されることがなかった。」（『学校劇』一九五六年五月号）と言っている。

これらに対し河竹登志夫は「逍遥のセリフは大体において、非常に苦心して子供の日常語らしく作られているといっていい。またよく洗練されてもいる。しかしたしかに、ところどころどうも子供の日常語らしく思えない言葉があるのは事実で、大体といったのはそのためである。」と肯定的だが、次のようにも指摘している。

あまりに洗練されて上品な舞台用語としようとする意識が強すぎるのかもしれない。（略）パントマイムを用いたり、相当に難解な歌詞をたくさん用いたりしていることも、明るく楽しくという目的からかえって遠く、子供がやるには無理なものになった一因であろう。能狂言の形式を使ったと思われるものもあるが、なんとしても古めかしさはまぬかれない。いちばん大きな欠点はしかし、子供のこまかい感受性に波長の合った、夢というか、ロマンチシズムがたりないことではなかろうか。全体に叙事的な感じが強く、抒情性に乏しいように思われるのである。（河竹登志夫「児童劇における坪内逍遥」／『児童教育と演劇』青少年文化シリーズ／日本青少年文化センター／一九七三年）

いずれにしても、逍遥の児童劇における仕事は理論的には高遠な理想を掲げながらも、児童劇の作品としては今までの舞台劇のものから脱却できなかったということなのだろうか。しかし「逍遥のおもな功績は、それまでまちまちだった児童劇に、理論的基礎づけを行い、指針を与えたこと、そしてすべてが理想的ではなかったにせよ、全国的に児童劇の意義を知らしめたことにある」（同上）ということは確かである。

3　逍遥の児童劇運動

一九一三年（大正2年）文芸協会を解散した逍遥は新しい活動に取り組むことになった。ページェントと児童劇がそれである。『新劇運動の黎明期』には次のように記してある。

元来逍遥に取ってはページェント（公共劇）も児童劇も、まったく同じ動機からの主張だった。言わば楯の両面といふべきものだった。ページェントによって社會の藝術化を試みると同時に、兒童劇によって家庭の藝術化を試みようとし、藝術の善用を家庭から社會にまで徹底させることによって、演劇藝術の向上を企圖しようとしたのであったからである。

また、児童劇については逍遥自身次のように述べている。

私の所謂兒童劇が、未來の劇に一の要素を提出するものたることに關する私の主張は、とても簡單には説き盡されないから、それは他日の機會に讓るが、一言其要を言へば、それは國民の劇に關する趣味性及び鑑賞力を涵養するものであり、其創造力を啓發するものであり、同時に未來の舞臺裝置法や演出樣式や藝風上にも初紀元を劃すべき可能性を藏するものであるということである。が、只それは可能性たるに止まるのだから、其芽が果たして苗になるか、その苗が果たして長じて實になるかは、其培養者の努力次第だ。兒童劇の健全な成長を望むのは一にそれが為である。（『早稲田文学』一九二四年一月号／『新劇運動の黎明期』による）

逍遥が児童劇運動を続けたのは一九二二年（大正11年）から一九二四年（大正13年）までの二年間だけだったが、「家庭用児童劇なる語は、各種の新聞雑誌に發表される堂々たる児童芸術論と並行して、斯道の關係者の目を射た。從来單なる娯楽本位にしか取り扱われてゐなかった子供劇が、一躍して藝術教育界の問題となった。さうして其の結果は、専門家の間には多少の異説があったとしても、逍遥の論と作と演出とによって、はじめて児童劇なるものの確立を見たと言っても過言ではなかった。」（『新劇運動の黎明期』）といわれるように逍遥の児童劇運動は新しい時代を切り開くことにつながるものだったのである。

七　第一回成城学校劇発表会

成城は斎田喬に加え、内海繁太郎を迎えることになった。内海を迎えることになった経緯について斎田は次のように語っている。

不思議な因縁で、教生も私のうけもった学級を継ぎ、卒業後の就任校も私の斡旋で同じ学校だった。（略）成城小学校が学校劇の第一回発表を決定したのは、大正十年の春浅きころであったと思う。この有意義な発表は、弱冠の私には責任が重大であることを理由に同君の成城入りを小原先生に懇願した。小原先生は簡単には承知しなかった。察するに全国から俊英をあつめることを意図した先生は、同地区から二人の同人を採用することは意に反するものがあったのだろう。私の執拗な駄々はついに同君を迎えることができたのであったが、成城学校劇開幕に大きな協力者を得たことになったのは結果が示してくれることであった。（「学校劇とともに」／『学校劇』一九五六年三月号）

内海が成城第一回発表会で発表した『運命の鐘』は彼の代表作となった。彼は徴兵関係で私立学校に就任することが困難になったため、一度成城を去り、千駄ガ谷小学校に勤務、二年後成城に復帰する。一九二八年（昭和3年）、成城を退職、後、日本大学に勤務、芸術学部発足と同時に芸術学部教授となり、学生歌舞伎の創設などを手がけた。学校劇に関しては『学校劇の理論と実際』（一九五〇年）を出版、教育に演劇をということを主張している。

成城小学校が小原の主張のもと、斎田に内海を加え、一九二一年（大正10年）におこなった第一回成城学校劇発表会のプログラムは次のとおりである。

1　対話　びっくり箱（斎田喬・作）桐組（一年）
2　童話劇　白うさぎ（内海繁太郎・作）桃組（四年）
3　喜劇　天才画家（内海繁太郎・作）松組（六年）
4　童話劇　めくら雀（後に「雀のお医者」と改題。斎田喬・作）
5　童話劇　家畜会議（斎田喬・作）藤組（六年）
6　童話劇　運命の鐘（内海繁太郎・作）桜組、松組児童と職員　（『日本演劇教育史』）

発表会の様子を斎田は後に次のように述べている。

当時、成城小学校にステージはなかった。そこで成城中学校の雨天体操場にステージをつくったのであった。そのために全職員が協同一日の仕事としてやっとつくりあげられた始末だった。当日の発表会の成績は実にすばらしく、指導者たる吾々さえ、歓びに興奮してしまったのであった。児童の芸術の力がこれほどまでに迫力あるものである事を今まで知らなかったのだ。まざまざと見せつけられて、二千の観覧者は口を揃えて、学校劇をたたえたのであった。それはかなり教育界に影響を与えたのであった。然し今にして考えて見ると、舞台装置は、ついたて応用の紙細工であり、照明があるわけではなく、かなり殺風景なものであっ

たかもしれない。しかし当時としては破天荒事であったのだ。（『成城・学校劇六十年』／一九七七年）

舞台装置も照明も殺風景な発表会だったというが、内容は充実したものだったことがうかがわれる。『学校劇事典』も当日の様子を次のように述べている。

指導は自作をそれぞれ斎田と内海が、装置と小道具やかぶりものと衣装図案とを斎田が担当したが、のびのびした子どもたちの自由な演技とともに観衆を感動で包む成功ぶりであった。脚本の新鮮さと明るさ、品のよいユーモアとペーソス、劇的構成のたしかさと芸術的かおり高いモラル、照明もなかったがふすまやついたてなど、ありあわせのものを利用した装置と衣装やかぶりものの単純簡素な美、脚本とぴったりした梁田、永井潔の作曲の美しさなど、それらの完全なアンサンブルは教育としての演劇、子どもが学習してみずから演じる学校劇の正しい形と高さとを示した。当時父兄だった有島武郎も称賛して、学校劇の価値の高さをみとめたという。

玉川で小原国芳の後継者であった岡田陽も、「当日集まった二千の観衆は、脚本の新鮮さと演出のたくみさ、そして、子どもたちの演技のたくまぬ自然さに驚嘆し、学校劇教育について強い共感を示したという。」といっている。（『ドラマと全人教育』／玉川大学出版部／一九八五年）

条件としてはけっして良いとはいえない舞台にもかかわらず、二千人もの観客が集まり、大きな成功をおさめたのは、斎田や内海の脚本にこれまでにない新しさと教えこむのではなく子どもの創意工夫を大事にする指導にあったこと、そして成城という学校の気風にもあったのである。当時の成城について斎田は

子どもたちは職員室に自由に出入りする。先生のくびにかじりつく。廊下を走りまわる。それも集合の太鼓で中庭に集まると、二、三の子どもをのぞいた大部分が、短いズボンの下に羚羊のように足をならべて、も

のに拘泥しない自由なポーズで、ようやく組が判別する程度にならんでいる。小原先生の話は自由で訓育的でない。話がすむと子どもたちは担任の先生に群れぶらさがって教室にはいる。（『学校劇』一九五六年一月号）

と述べているが、この自由な雰囲気が子どもの演技にも表れたのだと『成城・学校劇六十年』には記してある。

成城学校劇の第一回発表会は成功裡に終わった。しかし成城学校劇のような劇がどこでも演じられていたわけではなかった。

一九二三年（大正12年）東京府師範同窓生が主となって研究発表をした。その時の様子を内海は次のように述べている。

その日の研究発表を見ると、失望せざるを得なかった。そしてその研究の幼稚さにも驚ろいた。無論一、二感服したものもあるがその時上演された某小学校の「猿かに合戦」や、また某小学校の「花当番」の如きは、学校劇の劇という名をつけたことが今もって私にはわからない。即ち当事者の劇というものに対する解釈や、教育という立場や、芸術という見解が全然ついていない。私は舞台に上った児童を見て、涙が流れると共に、こうしたことをやらせる教師に大なる反省を求めたかった。

――「猿かに合戦」は歌劇風であった。しかしそれが劇という名のつくものでなく表情遊戯なのだ。快活で子ども本位ならばよいが、重っくるしいし、メロデーとしても面白くなく、振つけも、平凡で非芸術的で、音楽も楽器一つ用いないため、調子が狂って音楽でなく、一つの悲鳴かとさえ思われた。

――「花当番」は一体四〇分も歌ったり、話したりするものであったけれども、何をやったかわからない。理科のような対話があるかと思えば、修身のような訓話めいたものもあり、そうかと思うと舞踊があったり、音楽があったり、何をしているのかちっともわからない。（『成城・学校劇六十年』）

かなり手厳しい評価だが、新しい学校劇を標榜していた成城学校劇の理論派だった内海にとっては不満が多く、成城が進めてきた学校劇がその広がりにおいては不十分だったことに歯がゆい思いをしていたに違いないのである。たしかに劇の上演という流れは公立小学校などにも広まりをみせていた。しかしその中身は、お伽芝居、お伽歌劇、唱歌劇、児童劇、童話劇等、さまざまなジャンルに及んでいたが、どんな劇をどのように演じるのか方向性は定まっていなかった。そうした実践の弱さが学校劇禁止令につながったという指摘もあるくらいである。

「全国への学校劇運動は熾烈をきわめたが、之が流行となると教育的見地から脱線して問題になる様なものが続出し、学校劇の範囲を超えた華美な宝塚風等が出来（ママ）たので識者の非難を受け、大正十三年に岡田文相によって訓令を発せられた。」と『学校劇の理論と実際』（内海繁太郎／明治図書／一九五〇年）は記している。

八　学校劇禁止令

学校で劇を禁止するお達し、いわゆる学校劇禁止令は明治以来たびたび出されている。よくいわれるのは一九二四年（大正13年）の岡田文相の禁止令であるが、それ以前にも禁止令は出されている。「明治四十年かに、官立の某校でお染久松を学生が演じて問題になり、時の文部大臣小松原英太郎の学校禁止令となった……」と霜田静志が述べていると『日本演劇教育史』に記されている。この霜田が記した「明治四十かに」がその後の演劇教育史で明治四十年になり、文部大臣の名前も誤って記されるようになったが、その不正確さを指摘し、経過を踏まえながら冨田博之は次のように述べている。

小松原英太郎（一八五二～一九一九年）が第二次桂太郎内閣の文部大臣になったのは一九〇八年（明治四十一）七月であり、明治四十年の文部大臣は牧野伸顕（西園寺公望内閣）である。この牧野伸顕（一八六一～一九四九年）の文相時代にも「学校教員及生徒ノ舞踏又ハ活人画等ノ青年ヲ誤リ易キ挙動ニ関スル取締方」という文部次官による通牒が出されている。また、たしかに、小松原が文相時代の一九〇八年（明治四十一）九月にも「文部省直轄諸学校学生風紀振粛等ニ関スル注意事項」という「文部次官通牒」が出されており、「明治四十年かに」という推測が、全くのまちがいというのではない。しかし、「次官通牒」と大臣の「訓令」というのには違いがあり、一九〇九年（明治四十二）一月には、同じように学校風紀に関する「取締訓令」が出されている。（『日本演劇教育史』）

通牒、訓令は一九〇七年（明治40年）から一九〇九年（明治42年）にかけて再三にわたって出されていた。その中でもっとも影響の大きかったのは一九〇九年（明治42年）一月の小松原文相訓令だった。その内容は次のとおりである。

「近来學校に於て催す所の講演會記念會等に於て、當日の興趣を添へんが為め、種々の工夫を運《めぐ》らし、其結果多数の時間を空費するのみならず、動《やや》もすれば生徒にして脂粉を施し仮装を為し、往々演劇興行に近きものを演ずるを見る、而して此等は単に都會に限らず、地方に於ても亦其例なきにあらず、斯の如きは學校の風紀を弛《ゆる》うし浮薄の弊風を助長するの虞《おそれ》なしとせず、故に自自學校職員をして右等の行為なき様十分注意を加へしめらるべく、尚講習會等の場合に於ては、職員共同して周密に生徒を指導監督し、教育上善良なる効果を収めしめん事を期せらるべし。」（『日本演劇教育史』より）

この時期、なぜこのような通牒や訓令がたびたび出されたのだろうか。それは単に「お染久松」を上演したというだけの問題ではなかった。近代国家の建設を急ぐ明治政府は天皇制絶対主義のもと、「富国強兵」

の国策にそって教育もまた国家主義教育への道を歩み始めていたのである。そんな明治政府にとっては脂粉を凝らし、風紀を弛め「河原乞食」と蔑まれてきた歌舞伎劇のようなものが教育の場に持ち込まれるのは見過ごせなかったのだろう。さらにその背景には当時の社会状況からの影響があったということにも目を向けておく必要がある。

一九〇五年九月五日、日露戦争後の講和条約反対の集会が日比谷公園で行われた。それを阻止しようとした警官隊とのもみあいが発端となり、三日間に及ぶ騒擾事件が発生した。世にいう日比谷焼打ち事件である。日露戦争後におこったこの事件は決して組織的なたたかいではなかったが、政治への批判であったことは確かである。そしてその動きは、各地におこった労働運動や社会主義思想の広がり、自然主義文学の潮流などと重なり合いながら、大正デモクラシーへとつながっていくことになるのだが、こうした事態は政府にとって放置できることではなかった。『日本教育小史』（山住正己／岩波新書／一九八七年）は当時の状況について次のように記している。

文部省は、当面、これらの思想の影響を受けて活動を始めるおそれのある学生・生徒を取り締まるため、一九〇六年、文部省訓令により、学生・生徒に対し「風紀振粛」を求めた。（略）訓令は、憂慮すべき事態をもたらしたものとして軽薄の風潮、詭激な言論、厭世の思想、陋劣《ろうれつ》の情態などをあげたが、政府が最も恐れていたのは社会主義だった。

社会主義の広がりを取り締まることをねらいとしながらあわせて風紀粛正を求めたのである。一九〇八年（明治41年）発布された『戊申詔書』もその路線上にあった。『戊申詔書』には次のような文言がある。

宜ク上下心ヲ一ニシ忠実業ニ服シ勤倹産ヲ治メ惟レ信惟レ義醇厚俗ヲ成シ華ヲ去リ実ニ就キ荒怠相誡メ自彊息マサルヘシ

文部省から出された禁止令によって劇がやりにくくなったということは、劇の上演が明治政府の進めようとしていた方針とは相いれないものだったからであろう。禁止令は国家主義教育を進めることや、社会主義思想や自由主義、自然主義など時代の風潮を抑え込むという流れの巻き添えにあったということではないだろうか。

大正に時代が変わってから出されたのが一九二四年（大正13年）の岡田良平文部大臣の学校劇禁止令である。この時は東京渋谷の九頭竜繍画女学校が帝国ホテルで華美な演劇の発表をしたということが直接のきっかけだといわれているが、これも先の禁止令とまったく同じ流れだった。

『日本児童演劇史』には次のように記述されている。

「近年に至りて学校劇なるものの流行、漸く盛ならんとする傾向あるが如し。児童に劇的本能の存するはこれを認めべく、又家庭娯楽等の際に之が自然の発動見るのは必ずしも咎むべきにあらずと雖も、特に学校に於て脂粉を施し仮装を為して劇的動作を演ぜしめ、公衆の観覧に供するが如きは、質実剛健の民風を作興する途にあらざるは論を待たず。当局者の深く思を到さんことを望む。」

ついで文相は、直轄学校長（当時の官立学校長）あてに、九月三日付で、次の次官通牒を出させた。

「学校生徒ニシテ演劇的行動ヲ為ス者ノ取締ニ関シテハ、明治四十三年本省ヨリ訓示ヲ発セラレ、尚過日地方長官会議ニ際シテモ、特ニ本省大臣ヨリ訓示ノ次第モ有之タル処、語学練習等ニ於イテ脂粉ヲ施シ仮装ヲ為シ、演劇興行ニ近キ行ヲ為スモノ有之趣、此ノ如キハ固ヨリ訓令ノ精神ニ照シ不可然義ニツキ、璽今貴校ニ於テモ十分御監督ノ上万事遺憾ナキヲ期セラレ度、依而此段通牒ス」

坪内逍遥が自ら進めていた児童劇運動から身を引いたのはこの禁止令が出て間もないころだったが、禁止令がその直接の原因ということではなかった。しかし、禁止令が逍遥の作品も上演できなくなることになるとすれば、決して関係のないことではなかったのかもしれない。

禁止令が出されたあとのことについて『大正・昭和教育の天皇制イデオロギーII』には次のように記してある。

学校劇が「質実剛健の民風を作興する途にあらず」とすることは、新教育運動への批判であり、そうした運動の解体をねらっている。そして、この時以降、学芸会に登場した劇は一時公立学校において抑制された。地方長官・教育会・校長会などはすすんで学校劇の弊害をとりあげ、神戸市では「教育の本質にもとるものさえ生じて来て問題にされ」、「昭和期にはいって、全市校長会においていっせいにこれを禁止する結果ともなった」のである。もちろん、このような訓令にもかかわらず、昭和期学芸会の主要演技種目は学校劇にあった。しかし、生活をリアルに表現し、ありのままの姿を劇化することは禁じられるのである。その一事例は次のようであった。『昭和七年度　高二卒業生／高等科一年生（六）のとき『まゆが安く農民が貧乏なのは、資本家のさく取によるものだから、貧乏人の幸福になる政府をつくろう』という劇をやろうとしたが止められてしまった。

学校劇禁止令は質実剛健を旨とする政府の人づくり政策とは相容れないものだっただけでなく、結果としてそれは文化、芸術としての演劇をも否定することになった。たしかに指導者側の未熟さや流行に流されるなど、理論面でも、研究面でも不十分な点はあっただろうが、根底には演劇は教育になじまないとする考え方が施政者にあったのではないだろうか。そのことについては後の章で詳述したい。

九　禁止令と成城学校劇

一九二四年岡田文相によって出された「学校劇禁止令」も私立の成城小学校はさして影響を受けることはなかった。斎田喬は次のように述べている。

私立学校という埒外にあっては、なんの影響もなかった。小松（岡田のまちがいか）文部大臣は沢柳校長の弟子なので、ここまではその手はとどかない――などと冗談をいいあったりした。しかし、禁止令ぐらいで逼塞してしまうような学校劇なら、この世のなかから影を消してしまえ――とうそぶいたりした。（『学校劇』一九五六年五月号）

岡田文相の禁止令がでた直接の原因となったのは九頭竜繍画女学校の上演だったが、その九頭竜女学校の作品について『成城・学校劇六十年』は斎田のことばを引きながら「ひとくちにいえば、まさに小宝塚の観があった。まあ小宝塚では困るが、時の文相が訓令を出すほどのこともなかったろうと思われる。」と述べている。

岡田文部大臣の訓令を成城小学校は禁止とは受け止めなかった。しかし、この訓令が出たことを機会に成城学校劇はこれまでの発表中心主義から発表の過程尊重の方法を重視する方向へと進むことになる。日常の劇学習の積み重ねがあって初めてすばらしい発表会が位置づくのだとした成城学校劇が花開いたのは一九三一年（昭和6年）の仁寿講堂における発表会だった。

この成城学校劇の発表会は禁止令後の初めての学校劇発表会だった。これは斎田喬の成城学園在職十年間の学校劇に対する功績をたたえる会でもあった。「当日の観客は父兄と、都内の小学校の職員が中心であったが、満場立錐の余地もない有様であった。」と斎田はその日のことを述べている。発表会では『釣られる』『四辻のジャック』『お地蔵さん』『雀のお医者』『蝶になる』『子狐』の六つの作品が上演されたが、これはいずれも斎田喬の作品だった。斎田はこの発表会を「成城学校劇のルネッサンスともいうべき会」だったといっている。（「学校劇とともに」『学校劇』一九五六年八月号）

『学校劇事典』はこの発表会について次のように記している。

大正十年以来十二年間の研究を世に問う趣旨のものであったが、上演されたものは斎田喬のその後の新形式の作品『蝶になる』ほか三編に、大正時代の彼の代表作『雀のお医者』『子狐』をくわえた合計六編であった。脚本がこのように斎田のものだけであったのは、彼の成城における功績に感謝するという内部的な意図があったからで、かれが成城の学校劇、いな日本の学校劇をささえてきた努力とその成果がいかに大きかったかということがこの発表会で明らかにされた。

『蝶になる』『釣られる』『四辻のジャック』（『四辻のピッポ』の前身）などの新しい形式はかれの抒情詩的な作風にみがきをかけ、学校劇における新しい詩をもった新劇といってよい方向をもったものであった。それは学校劇と一般児童劇の成長に強力な覚醒剤となり、リアリズムの脚本をうみだすきっかけにもなった点で学校劇児童劇を通じて新時代を画するものとなった。

斎田喬はこの発表会について「仁寿講堂の発表は成功裡に終わった。これは、これを契機として、澎湃としてまきおこった日本学校劇運動の狼烟となったことはじつに意義深いことであった。」と言っているが冨田博之もまた次のように評価をしている。

この発表会は、成城の学校劇にとって、記念すべき会であったばかりでなく、一九二四年の文部大臣の訓令以後、沈滞していた、わが国の学校劇にも大きな刺激をあたえることになった。（『演劇教育』

いずれにしてもこの発表会の成果はその後の学校劇運動にとって大きな財産を残すものになったことは間違いない。

十　成城事件

仁寿講堂での発表会後、成城事件が起こる。斎田喬はこの事件について次のように述べている。

成城事件は当時の新聞紙をさわがせたが、要は学園長小原先生の成城去就の問題を中心としていたのだ。小原先生は当時の教育界の大御所であった沢柳政太郎先生の経営する成城小学校の主事となり自由教育の本山としての新鮮なる教育主張を実践して着々と実績をあげた。（学校劇提唱もその一つである）学園はすばらしい発展を示し、中学から七年制高等学校までに成長した。しかしここにあつまる生徒はプチブルの子どもが大部分をしめていた。

七年生高校は、いわゆる帝大の予備校である。その入学のためには成城本来の自由教育では実績をあげることができない。当然ここに矛盾がうまれてくる。

父兄の大部分は帝大連絡を希望している。しかも父兄はインテリ層に属してじつにこうるさい。一方、財力ですべてを解決しようというプチブルもいる。

当時抬頭した労作教育に小原先生が関心をもたないはずがない。そこで都心をかなりはなれた現玉川学園の地に理想郷をつくろうとせられたのである。この経営はなみたいていのことではない。

成城、玉川両学園を支配する先生は、ときには財政面で混同せざるを得ない点もあったことと思う。

やがて先生は財団の理事長を辞され、成城学園長の職から去られた。（略）ここで学園は二派にわかれた。すなわち先生を再び学園に迎えるのと、帰ってきてはならないというのとである。

いわゆる小原派というなかにも、学園は小原先生の努力の結晶である。だからその努力に対して適当な処置をとって見送るべきであるという者、学園は小原精神によって成立しているので先生なくしては学園は存在しないという者、陰謀によって追い出されたのだから、とにかく学園にひきもどせという者、こうしたもののあつまりで学園の生徒の九十パーセントはこれに属した。

職員たちのいわゆる小原派は全小学部と高等部の約半数。反小原派は全女学部と全中学部と高等部の約半数。

父兄もまっ二つに分かれて中間派というものがいなかった。父兄のなかでも北原白秋、加藤武雄、石井獏、白井喬二、平塚らいてうの芸術家諸氏は小原派に属した。しかし、財団は反小原派の手中におちていた。かくて約半ヶ年、両派は智力財力をつくしてたたかった。生徒の一部の者は高尾山にこもり、ある者は自分の胸に短刀を突きさしたりした。もちろん小原派の生徒たちである。（略）

当時の小学校は直接的には小原先生の支配力はうすく、精神的にもつながりはそう強いものではなかったようだ。それがなぜもっとも強力なる一大勢力となって最後までたたかったか。その一つは思想的自覚であった。

当時は自由主義に倦怠しかけていた。労作教育という、ともすれば安易な鍛錬主義が反動として抬頭していた時代である。成城学園の父兄のなかにもこうした分子は多分にあった。成城学園が自由教育の研究学校である以上、教師たちもその使命を強く感じていた。反小原の支配下ともなればその没落は決定的なものである。そこにきゅうぜん翕然とあつまるたたかいの精神があった。

それからもう一つ。それは学校劇によって強くむすばれた研究グループの連鎖である。グループの人たちは友人以上でさえあった。

反小原派で、当時の警視総監長岡一郎氏は警官をトラックに満載し、自ら先頭に立って学園にのりこみ教室に警官を配置して、反小原派の教師の授業を排する生徒を鎮圧することを指揮した。歌人北原白秋先生はこれをうたって、歌集「黒檜」にのせてある。
　こうした高校生中学生の抵抗も私たち同人の努力も財団を持たないために日々に不利な状態となり、季節は新秋をむかえたが、もはやこの学園においては自分たちの教育主張をとおすことが不可能なことをさとり、れんべい連袂辞職届を出すことに決し、私のうちの一室で同人一同拇印を押した。間髪をいれず翌朝辞職届を提出するまえに学校から同人一同に免職の通知があったのである。あざやかにスパイする者がいたのかもしれない。（略）
　免職はされたが、私たちは解放されたわけではない。転校もしないでいまなおあつまっているこどもたちをどうすればよいのか。無心の子どもたちを見れば涙がとどまらない。玉川学園の礼拝堂を借りて一時の学習所とした。学習所にあつまる子どもたちの一部は玉川学園に転入学した。昨日まで学習所にいた子どもが今日は玉川学園で勉強しているのを見ると複雑な気持ちがした。
　最後までふみとどまった五十名の父兄によって和光学園は誕生した。約五十名の生徒によってつくられた小学園である。（略）
　日本学校劇の発祥の地である成城学園は一時壊滅した。学校劇はその開花に予期しない嵐にあったのだ。それは学校劇にとっては不幸なことであった。学校劇は正科としてどう位置づけるのかの研究が着々と進展していたのである。副読本も使用されていたのだ。同人たちは四散した。かくて私は在職十数年の学園を去り、学校劇研究の拠点を失ったのである。私は新しく和光学園によって学校劇の研究を進めることにした。（斎田喬／『学校劇』一九五六年十一月号）

また、中野光は当時の社会状況からみた成城事件を次のように述べている。

　成城学園事件が起こった一九三三年（昭和八年）という年は、まさしく「激動の年」であったことがわかる。まず一月三〇日、ヨーロッパ・ドイツでは、ヒトラーを指導者とするナチスが政権を獲得した。史上もっとも民主的といわれたワイマール憲法に基づく共和制はここに崩壊し、民主主義を敵とし、力によって世界制覇をもくろむ無気味な政治勢力が台頭してしまった。この年の前年、日本ではいわゆる五・一五事件が起こり、陸・海軍の青年将校が犬養首相を射殺した。すでに日本軍は満洲への侵略にふみ切っており、国際世論の集中的批判を浴びていたが、この年の三月には、国際連盟を脱退して国際的孤立を深めてしまった。

一九三〇年（昭和五年）から高揚した教育労働運動および民間教育運動がきびしい弾圧をうけるにいたったのもこの年である。二月四日、長野県で六五校、一三八人の教員が一斉に検挙された。いわゆる「教員赤化事件」である。これに先立って河上肇が検挙されているし、野呂栄太郎が検挙されたのもこの年の一一月二八日のことであった。そしてもっとも注目を集めたのが「京大滝川事件」である。

すなわち、この年の四月二二日、鳩山一郎文相は京都帝大教授滝川幸辰の辞職を総長に要求、五月二六日、休職発令、七月、佐々木惣一、宮本英雄、末川博、恒藤恭、田村徳治らの教授が「免官」となった。滝川事件では、滝川教授の著作と講演の内容が右翼陣営、国家権力によって弾圧の対象となり、これに対して学問の自由と大学の自治を守るための闘いが展開されたが、結果的には抵抗の闘いは強大なファシズム的権力におしつぶされてしまったのであった。

実は、この事件の渦中にあった京都帝大総長は、三月二二日に成城学園総長を辞して就任したばかりの小西重直その人であった。小西はほとんど同時期に東西二つの事件にかかわることになる。加藤仁平著「小西重直の生涯と思想」（一九六七年、黎明書房）によると、六月、小西が滝川事件で文部省と交渉するため上京したさい、小西は成城学園関係者とも面談し、事態の解決に努力したことが加藤のメモに基づいてかなり詳細に記されている。

実際、成城学園事件は、西の京大事件に匹敵するほどの大きな意味をもっていた。それは直接的な契機としては小原の辞任に反対し、彼を成城にひきとめるための動きであったが、私立学校の教育のあり方を問う闘いであり、教育における自治と国家権力の介入という大きな問題をふくむ事件に発展した。そして、結果的には、それは文部省、東京府、警視庁という権力の介入をひきおこし、政治的な力によっていたましい犠性を生んで収拾されざるを得なかった。一私立学校の内部矛盾を学園独自で解決することができない、という場合、公権力の暴力的行使もまた当然である、という認識をより一般化してしまう、という事態をつくり出してしまった。ファシズム化へむかう歴史的動向の中で、成城学園事件は日本の私学に対する一種の「みせしめ」的役割を果たしたことは否めない。だから「学園の自治」がともに権力によって侵害された、という点で、それは京大滝川事件と基本的に共通するものがあったといえよう。（『世界教育史大系』23初等教育史／中野光／講談社／一九七五年）

成城事件は学園の自治をめぐるたたかいであったという指摘に注目しておきたいと思う。

十一　テアトル・ピッコロ

成城を去った関係者が中心となり一九三四年（昭和9年）児童劇団「テアトル・ピッコロ」が誕生した。設立に当たって発表した宣言は、

「剛鉄の軋りのなか、コンクリートの騒音のうち、ただ仰いで青天のまどかさと爽やかさと、弾力の感ずる如く、童心の世界には未だに汚されない、清らかさが含まれています。

この童心の世界に生きてゐる子どもたちの内的生命の慰めや、子供たちの品性、感情の陶冶の方面はまだまだ未開拓の地が多いやうに思はれるのです。児童劇、児童映画、人形芝居、児童歌謡、児童讀物などの中に、輝かしき業績を擧げつゝあるものもありますが、その中でも子供たちの生活の最もリアルな表現であり、最も全的な表出であり、しかもこれを観る子供たちにとっては、最もアトラクテイブな児童劇の分野には、怖

るべき無理解や無頓着が横行しているのではありますまいか。（略）

「テアトル・ピッコロ」は雑誌「赤い鳥」が、日本の兒童に童心の窓を展いて、兒童藝術の純粋さを保ったが様に、一には硬化した日本兒童劇に一脈の生氣を與へる新演劇運動に志し、他にはこれを以て、子供たちの生活に、明朗なる愉悦と温き慰安を捧げ、子供たちの純な感情と、人間性の陶冶とに微力を尽くしたいと思うのです。」

と述べ、

「兒童演劇を愛する人の集まりとして、文學、音楽、演劇、映画、美術、あらゆる藝術を愛する人の集まりとして、この「テアトル・ピッコロ」を育てていきたいのです。」

と結んでいる（斎田喬／『学校劇』一九五七年一月号）。ここには斎田喬が「多年の同志離れがたく、児童劇団によってその研究と運動をすすめたかったのである。」と振り返っているように、成城関係者の思いが込められていた。

一九三四年（昭和9年）一月に設立した「テアトル・ピッコロ」は早速その四月第一回公演を日比谷の蚕糸会館で行った。そこでは斎田喬の『雨』（演出・内山嘉吉／作曲・佃義之）、ハウプトマン原作の『ハンネレの昇天』（脚色・秋月桂太／演出・佐藤加寿輔／作曲・岡本敏明）の上演の他に舞踊（子どもの共同制作）、ピアノ独奏、独唱等があり、休憩時には同人の作品をプレゼントする抽選があった。

その後テアトル・ピッコロはその名で一九四〇年（昭和15年）まで続けられ、一九四一年からは「日本少国民劇場」と名を変え、敗戦まで続けられた。その活動について『日本児童演劇史』は次のように記している。

十三年間二十回を超えるテアトル・ピッコロの公演レパートリーは、戦前のわが国の児童劇の中では、やや異質であり、大正期からの成果を反映させた、ゆたかな総合性をもっていた点に特徴があり、貴重な位置を占めるものといえるだろう。

このテアトル・ピッコロは後にのべる「子供の劇場」と同じようにこの時期に多い教師を中心とする児童劇団という形態をとっていた。

十二　禁止令の後

学校劇禁止令が出されたことによって学芸会からこれまでのような劇は姿を消したが、そもそも学校で劇を上演しようとする試みは、小波の「学校芝居」の提唱から始まるといわれている。しかし、小波の提唱した「学校芝居」は学校現場行きわたることはなかった。それは「学校芝居」として書かれた脚本の内容にもあったのだと『日本演劇教育史』はいっているが、演劇への差別や偏見が根強く流れていたことにもあったのではないだろうか。

「学校芝居」が受け入れられなかった小波は「対話」を雑誌誌上に発表し始める。芝居はだめだが対話はいいということだろうか、学校の学芸会で対話を上演するところが増えていった。作品もたくさん書かれるようになり、禁止令の後も対話を上演することに対してとがめられることはなかった。

「対話」については「明治期から大正期にかけて子どもの演劇教育の一般的な活動形態となり、学芸会などの演目としても、広く普及するようになった。」と『日本演劇教育史』は記し、具体的に作品も紹介しながら詳しく述べている。明治から大正にかけて一般化した「対話」について『日本演劇教育史』はその後の演劇教育の源流としての役割を果たすものであり、さまざまな可能性を秘めていた、と述べ、対話から劇と呼ばれる時代に少しずつ変わっていくという指摘していることには注目する必要があるだろう。

「禁止令」が出た後の動きの一つに教材劇化の運動がある。

「大正十二年（一九二三）霜田静志が翻訳したイギリスのジョンソン女史の著書『劇化せる各科教授』は本来子どもの演劇本能を利用した新しい教授法といったものであるが、日本では学校劇の目的あるいは方法としてとりあげられた。これが禁止令以後かっぱつになった教材劇化運動の中心となり、東京高師附属小学校その他で研究された。」と『学校劇事典』にはある。その内容は「「国史劇」や「理科劇」」あるいは「「算術劇」や「図画劇」というもの」まであったが、その多くは「学習の役にも立たなければ芸術的でもない中途半端なものであった。」という。それらは「学校劇が追放されてさびしくなった学芸会の救済策に利用された。」のだという。この教材劇化については落合總三郎が坪内逍遥の作品についてふれた文章のなかで「彼（逍遥）の学校劇脚本に与えた影響の大きさは——そしてその功績は否定さるべきではない。学校劇の中に教材劇化というジャンルが生まれてきたが、そのほとんどが彼（逍遥）の亜流にすぎず、しかも質的にははるかに劣るものである。」（『演劇と教育』一九六一年一月号）と述べているようにこの時期の教材劇化は運動として発展していくような内容ではなかったということなのだろう。ただ、同じ教材劇化でも「唱歌劇」は違っていた。

十三　唱歌劇

「唱歌劇」の登場はいつごろなのか詳しく分からないとされているが、明治から大正期にかけて上演されるようになる。その辺の事情について『日本演劇教育史』は次のように述べている。

「唱歌」は学芸会の初期形態の「学業練習会」や「教科練習会」などの時代から、中心の演目だった。そして、この実績の上に立って、大正期に、学校劇や児童劇として、「劇」が登場する以前に、「唱歌劇」が上演されるようになる。明治期から大正期にかけての、それはひとつの特徴ともいえる現象だった。

そして、「唱歌劇」が上演されるようになるプロセスとして一つは、音楽教育が官許のものであり、唱歌が子どもたちのなかに普及していったこと、二つ目には小波が子どものための音楽劇（ミュージカル）の必要を提唱し、自らも「お伽歌劇」を発表していること、そして三つ目に「宝塚少女歌劇団」の公演が子どもの唱歌劇の普及に一定の役割を果たしたことの三点を挙げている。さらに一九一二年（明治45年）『対話唱歌　雛の客』が上演されたことなどが刺激になったとも書かれている。

一方では音楽が文部省の公認する教科となり、一方では徳川幕府以来差別され、偏見をもたれ、文部省からは度重なる禁止措置を求められるなどした演劇、その両者が「唱歌劇」と言うかたちで登場し、大正期の演劇活動に取り入れられていたことは興味深い。

その後「唱歌劇」は宝塚少女歌劇などの影響を受けながら学芸会での上演種目として広がりをみせていった。また、この時期に起こった新しい芸術教育運動としての「赤い鳥」運動のなかで生まれた「童話劇」などもまたその後の演劇教育運動に影響を与えていったのである。

十四　学校劇研究会の発足

斎田喬が「その観客の中に米谷義郎、落合聡三郎、金沢嘉市、菊田要、宮崎靖らの諸君の若い顔もならんでいたはずである。」（「学校劇とともに」／『学校劇』一九五六年七月号）と述べているのは一九三一年（昭和6年）の仁寿講堂に於ける成城学校劇の会の時のことである。この発表会については先にも述べたが、

この発表会は一面芸術教育としての学校劇の基準的な高さを示したのと同時に、教授の劇化などの美名にかられて、いんちきな脚本とでたらめな演出で非教育的な、あるいは少なくとも教育的価値のひくい学校劇をやってきたひとたちへの警告にもなった。（略）多くの新生面をひらき、学校劇に新しいいぶきをあたえたこの発表会は、日本学校劇復興の出発点になった。（『学校劇事典』）

とあるように、これまでにはないような新鮮さにあふれるものだった。この時観客席にいた落合聰三郎、米谷義郎はそれより二年前、成城に斎田を訪ね、付き合いが始まっていた。斎田の招きでこの発表会を見た落合は、

上演した劇は、初めて観る私にとって、みんなすばらしかった。ことばも動きもしぜんで、それでいてはっきりきこえる。舞台装置や衣装もけばけばしくはないけれども、華やかで明るい照明に輝いている。（略）成城の劇は、舞台が渾然として調和のとれたものであった。（略）ともかく、成城の劇を見てのショックは大きかった。自分の学校の子どもとくらべて、そのちがいが大きい。いつになったら、あのようなしぜんで伸び伸びした演技ができるだろうかということが、感動とともに頭にこびりついた。（「私の演劇教育六十年」／『演劇教育六十年』落合聰三郎著作集Ⅲ／日本児童演劇協会編集・発行／二〇〇七年）

と述べているが、この時の成城の発表は、斎田の「児童の言葉で、児童の生活を表現する児童自身の演ずる劇」という思いが脚本にも劇づくりにも表れていたということであろう。

成城の発表会に感銘を受けた落合聰三郎、米谷義郎に学校劇の研究会を作ろうと呼びかけたのは加藤光

である。加藤も当然のことながら成城の発表会には刺激を受けていた。この時米谷二十二歳、落合二十一歳、加藤二十歳だった。そして一九三二年四月二十九日、新宿ウェルテルで「学校劇研究会」（略称ＧＫ）の発会式が行われた。創立時の同人は加藤光、米谷義郎、落合聡三郎、春田房利、田村元、逸見翰堂、福士大助、北塔了寿、鈴木すみ、その後、金沢嘉市、宮崎靖、菊田要、関忠夫、岡田鐳蔵らが加わっている。五月『学校劇』を発行するが、これは日本ではじめて『学校劇』と銘打った月刊の雑誌だった。その創刊号の編集後記には次のように書かれていた。

「劇教育の問題は多面である。然し學校劇は至上の藝術殿堂から開放し、無稽、邪道から匡正して、教室の仕事の中に送らう――いや更にそれを座外に持ち出さうとする念願であるのだ。研究すべき問題、為さねばならぬ仕事が堆高く積って居る。『學校劇』はその一つ一つを解決して行かうと云うのである。小さいけれ共、雄々しい姿――會員諸君たたへてやって下さい。」（富田博之「加藤光と日本学校劇連盟の発足」より／『学校劇』一九五六年十月号）

文面から編集者の心意気が感じられるが、落合聡三郎が「出発当初の段階での、私たち三人の演劇に対する経験は、米谷が代用教員時代にお話あそび（劇あそび）の実践をしている。加藤は演劇用語を使ってむずかしいことは言うが、担任の児童に劇指導をしたことがない。私は、兄二人が演劇の世界にとびこんでいるが、米谷のまねごとをする程度で、舞台装置なら手つだうというくらいで、あまり積極的でない。」（「演劇教育運動基礎づくりのいくつかの節目」／『日本演劇教育連盟50年のあゆみ』）といっているように演劇教育の経験が十分にあったわけではない。それでも雑誌を出して演劇の研究会を進めようとしたのはなぜだったのだろうか。金沢嘉市はこの時、学校劇運動に身を投じた加藤光についてその理由を次のように述べている。

それは当時の師範教育によるかたくるしい型にはまった教師と、それによっておこなわれる無味乾燥な教育に対して、はげしい反撥を抱いていたことは容易に想像することができます。もっと人間的な教育を……おそらくこれが彼ののぞんだ教育ではなかったかと思われるのです。それには教室に、生活にうるおいをもたせなくては……と子どもの劇に対する運動にこころざしたのではなかろうかと思います。（「創意の人、加藤光君」／『学校劇』一九五六年十月号）

落合聰三郎にも同じような思いがあった。

学校劇研究会をはじめる数年前の大正一三年に学校劇禁止令（ともいうべき文部次官通牒）が出たので、学校で劇をとりあげることがはばかられるとわかってみると、文部省がやらせないならあえて反抗してみようではないかと熱をかきたてた。また、受験準備の課外授業がさかんな風潮に異を唱えて、受験準備撲滅連盟の旗印を掲げようと、米谷と二人で気勢をあげていた。学校で劇がやれないなら、やれるような道を開こうではないか、伸び伸びと子どもが活動する劇を広めようではないかというのが、それからの運動の目標となった。（前掲『50年のあゆみ』）

教師になった落合が常に思っていたことは「とにかく、子どものためにやってやれることならなんでもやろうと燃えていた。」ということだった。それは「私は中学や師範学校での二年間、いわゆる大正デモクラシーといわれる自由主義的な教育思潮の影響を受けたので、子どもをしめつけることはしなかった。」というように大正期における芸術教育運動の流れをくんでいたのである。仁寿講堂における成城の劇の会はそんな教師たちの思いに灯を点じることになったのである。

学校劇研究会の発足した年、一九三二年といえば、前年には満州事変がおこり、日本の帝国主義が大陸侵略をはじめ、国内的にはファッシズムが強まって、いわゆる「暗い谷間」の時代がはじまっていたころだ。『新興教育』や教員組合運動に関係した教員が検挙され、教育界にも、しだいに息ぐるしい空気がみなぎりはじめていた。しかし、その反面、教育科学研究会の発足や、東北の教師たちによる生活綴方運動など、進歩的な教育運動も、地道に浸透しはじめる動きがあった。演劇界でいえば、プロット（プロレタリア演劇同盟）が、もっとも充実した活動をしたのが一九三二年であり、三四年には大弾圧を受けるが、その後、新劇団の大同団結がおこなわれて、新築地劇団、新協劇団の二つの劇団は太平洋戦争が始まる直前に解散させられるまで、築地小劇場を中心に、新劇史のうえではかつてない芸術的な成果をきずく一時期が続くのである。

このような時期に、東京の公立小学校の教師たちによって学校劇研究会がはじめられ、発展していったことは興味ふかい。（略）

「暗い谷間」の時代に生きる教師としての緊張した姿勢が、学校劇研究会の運動のなかにも、複雑に反映し、その運動を一つの方向にむかわせていたように思われてならないのである。（冨田博之／『学校劇』一九五六年十月号）

というように当時の社会状況を背景にしていたことにも目を向けておかなければならない。仁寿講堂における成城の発表会に刺激を受け、新しい教育運動や新劇界の状況を反映して生まれた学校劇研究会、そこには成城学校劇とはちがう公立学校ならではのありようを追求しようとする若き青年教師たちの情熱と革新性に支えられた強い志向があったのである。

十五　子供の劇場

仁寿講堂での成城学校劇の発表会後、演劇教育運動にはまた別の動きがあった。「子供の劇場」の活動である。

成城の仁寿講堂発表会以来、斎田と成城へ接近して勉強をはじめた加藤、米谷、落合らと、斎田を中心とする関、内山、佐藤、岡本ら成城学園小学部の学芸部のひとたちとで、昭和六年の暮に日本児童劇研究会をつくり、その発表機関として「子供の劇場」をもった。これは学校劇の研究と啓蒙運動を目的とするものであったが、同時にその延長としての一般児童劇の啓蒙をも目的のうちにいれていたので児童劇研究会という名称をとったものである。当時の低俗な脚本といんちきな演出や指導を逆にそぼくだとか簡素だとかいって賞揚する空気さえある状態のなかでは、どうしても学校劇のいい脚本と演出をみせることがいちばん効果的であるという意見から「子供の劇場」の活動がはじまったわけである。（『学校劇事典』）

落合聰三郎も次のように言う。

学校劇研究会の話と同時進行の形で、やはり昭和六年の秋、斎田さんから、児童劇団をつくるんだけれど一緒にやらないかとの誘いがあった。仁寿講堂での発表会の好評に気をよくした成城の先生たちが、学校という制約から解放された劇団をつくろうとしたんだが、成城だけでは人が足りないので、私たち公立小学校の教師も加えようとなったのだろう。（略）

私たちが、学校劇研究会の活動を進めながら「子供の劇場」の運動に参加したのは、一方では学校劇として教育の場に生かしながら、他方では劇団活動で技術的なものを学びとろうという二面作戦からであった。（略）

「子供の劇場」に参加したのは、ほとんどが成城の先生かまたはその関係者で、公立の学校で参加したのは、加藤・米谷・落合とあとは春田房利・菊田要・宮崎靖の人たちぐらいだった。だから、成城の先生と公立小学校の先生が合同しておこなった活動が「子供の劇場」という劇団だということができる。（『演劇教育六十年』）

成城の教師たちは校内だけの学校劇にあきたらず、校外での発表をとおして一般の児童劇の啓蒙をもその旗印とした運動だったが、そこに成城に学ぼうとした公立学校の教師たちが加わった運動だった。なにしろ当時の公立の学校では、文部大臣の訓令のせいもあって、自由に劇の時間を設けたり、学校劇の発表会を催すなどできる状況にはなかった。学芸会でも対話や朗読というかたちで発表していたということは先に述べたとおりである。「子供の劇場」は学校劇の校外発表をおこなう組織だった。

「子供の劇場」は一九三二年（昭和7年）五月、日比谷の市政講堂で第一回の発表会を開いた。その時上演された内山嘉吉の『鉄道開通』が評判を呼んだ。野口茂男は「内山嘉吉さんの『鉄道開通』が忘れられない。」と感想を綴っている。

……わたしは、いわゆる成城ボーイの児童劇には、ノッケから批判的であった。昭和初頭の世界的経済恐慌は、極度の農村疲弊をもたらし、成城に近い私の勤務していた砧村もその例外ではなかった。

赤い屋根に青い芝生、白いベッドに寝ている少年を、小鳥たちが慰める、少年は美しいつるバラに囲まれた窓先から、早く元気になりたいと空を見上げる、といったような、坪内逍遥のお伽劇にもなかった消費的な、夢みたいな大正少女趣味の残滓にはがまんがならなかった。いつの場合でも、子どもたちに夢は必要である。しかしそれは、子どもたちの生きた生活から生まれた、もっと着実なロマンであって欲しかった。

そんな時わたしたちは『鉄道開通』の発表に接した。わたしは感動して絶賛した。このリアリズム、そしてそこに流れる健康なロマンチズム。これこそ学校劇の進むべき道だと、わたしは思った。（略）何よりもこの単純で明快な、生活性行動性に感動した。ここには大人たちの妙に持ってまわった低回趣味や感傷癖はみじんもない。それは明日に生きる子どもたちの、カラリと晴れたリアリティであった。（野口茂夫「新鮮な『鉄道開通』の演出に感動」／『演劇教育六十年』）

第二回発表会は同じ年の十二月、日本青年会館講堂で開かれたが、その時も内山の作品「ぬすんだのじゃない」が上演された。内山のこの二つの作品『鉄道開通』『ぬすんだのじゃない』について『学校劇事典』には「いわゆる生活劇の芸術的完成に於いてその後の生活劇発展の基礎となった」と記されている。

「子供の劇場」は一九三三年の成城事件のため解散することになるが、この「子供の劇場」を含めて、成城学校劇の残したものは大きい。斎田喬の数々の作品や『鉄道開通』、『ぬすんだのじゃない』のように、これまでにはない新しい感覚で子どもの世界を描いた作品が生まれたこと、そして公立小学校教師たちにとっては成城学校劇から「指導力基礎を収穫した」（『学校劇事典』）といわれるように学校劇についての理論や技術など多くを学んだことなどがある。「学校劇は名実ともに成城小学校から始まったといってよい」といわれる所以である。なお、先に述べたテアトル・ピッコロはこの子どもの劇場が呼び水になって生まれたと『日本児童演劇史』には記してある。

十六　学校劇研究会公開発表会

「学校劇研究会」（略称ＧＫ）は発足と同時に加藤光の発案で機関誌『学校劇』を発行することを決めた。『学校劇』は一九三二年六月から十月に五号まで出したが、休刊になる。理由は経営難のためもあるがそれだけではない。『演劇教育六十年』（落合聰三郎）には次のように記してある。

『学校劇』は月刊で五号まで出した。そこで休刊にしたのは、売れゆきがはかばかしくないこともあったが、主張したいことと内容の矛盾が大きかった。たとえば脚本。私たちは、子どもが生き生きと描かれているような作品を期待していたが、そのような戯曲を書いてくれる人は見つからないし、自分たちも書けない。そして、私たちが批判したいようなものも載せることになってしまった。

『学校劇』休刊後、Ｂ５版八ページのパンフレット『コドモの劇』を出すが、これも一九三三年三月一日発行号で休刊になった。

「学校劇研究会」が機関誌を発行することにしたのはそれによって教師を運動に結集しようとすることだった。ところが機関誌による運動の結集は思うように進まなかった。そこで実際に子どもの劇を見てもらうことで学校劇をアピールすることにした。それが学校劇の校外での公開発表会である。その活動は「子供の劇場」の経験があったからである。『演劇教育六十年』には次のように記してある。

学校の先生に、私たちが推進したい劇を見てもらって仲間に引き入れる。仲間に入らなくても、それが刺激となって、劇を自分の活動の中に取り入れていくだろう。そういう実演による運動に自信を与えてくれたのは、「子供の劇場」の二回の公演の経験だった。

また加藤光は次のように述べている。

学校劇は雑誌等を通じて到底分るものではない。實際に舞台で上演して見せ、其の價値を知らせるべきであり、同時に我々も其の實際を通じて問題を發展させ様との二様の目的を持っていた。（加藤光『学校劇研究』一九三七年十一月号／『学校劇』一九五六年十月号）

校内で発表するのが普通だろうが、あえて校外で発表したことについては「外部から批判され、内部でも問題になっていたが、学校劇運動を社会的にみとめさせるのに、一つの役割を果したのだった。」（冨田博之／『学校劇』一九五六年十月号）と言うように一定の意義のある活動だった。

この「学校劇研究会」の第一回発表会は一九三三年（昭和8年）七月、時事新報社講堂で開催された。『演劇教育六十年』には次のように記されている。

この発表会で私たちは自信を持った。演目の半分は斎田さんの作品で、成城の影響は受けているが、発表会を公立小学校の自分たちで開けたのだ。この発表会を見て、私たちの仲間に入ってきた人もいる。これは発表会によって同士をふやすという計画がみごとに的中したのだ。学校の中でやるべき学校劇を、学校の外でやるのは本道でないという批判もあったが、発表会に手ごたえを感じた私たちは、次々と学校劇の会を開いていった。

一九三四年（昭和9年）の一月に開いた学校劇研究会の発表会は文部省の後援だったが、それについて落合は「十年ばかり前には、学校劇の発表会は好ましくないと禁止令ともいっていい通牒を出した文部省だから、私たちは鬼の首でも取ったように喜んだ。これで劇の発表会は解禁になったと考えたものだ。」と『演劇教育六十年』に記されている。

「学校劇研究会」は「一九三八年までに九回の発表会と二回の特別発表会のほか、学校劇講習会、研究発表会を開いた。」（冨田博之『演劇教育』）という。

十七　日本学校劇連盟結成

「学校劇の会」が文部省の後援を受けたことは学校劇の普及上一つの障害が取り除かれたことを意味した。

そのような中で「日本学校劇連盟」は発足した。

一九三七年一月、加藤光は、大阪の帝塚山学院で開かれた三日間にわたる講習会に、講師として出席した。この講習会は、大阪童話教育研究会と帝塚山学院の協力によって開かれたもので、これをきっかけに、大阪学校劇研究会が結成された。この講習会を開かせたのも、加藤のはたらきかけによることが大きいが、加藤はさらに、この講習会を機に、名古屋にも学校劇研究会を組織するようにはたらきかけ、東京、大阪、名古屋の各学校劇研究会を一つにした日本学校劇連盟の結成を計画した。別に結成のためのあつまりはもたれなかったが、一九三七年四月三日を結成の日とし、五月には、大阪学校劇研究会が担当して機関紙『学校劇研究』第一号を発行した。こうして、第一次の日本学校劇連盟は、東京、大阪、名古屋の三つの学校劇研究会が参加して発足したのである。（『学校劇』一九五六年十月号）

日本学校劇連盟は結成の記念に学校劇脚本募集をおこなうが、この募集には全国から三百七篇の応募があったという。入選作品は『日本学校劇集』（教文館／一九三八年）として出版されるが、「当時の学校劇の水準をしめすものとして記念すべき本となった。」と『演劇教育』（冨田博之）には記してある。

「学校劇研究会」の第八回発表会はこの時の一等入選『釣り』（西原康）を含め、四作品が上演されたが、岡田鐳蔵の指導した『釣り』は注目を浴びた。その時の様子を『演劇教育六十年』は次のように述べている。

……『釣り』の幕が開いた。兄弟二人が観客に背を向けている。その二人の背中を見ているだけで、今まで何をしていたか、今何が進行しているかがわかるではないか。しばらくは無言である。観客はシーンとしている。すっかりひきつけられているのだ。こうして劇は緊張感を持ち続けながら終わった。大成功である。

『演劇教育六十年』は続けて次のように述べている。

岡田は、常日頃、ぼくは演劇の研究所でスタニスラフスキーを勉強しているんだと得意気に話していたが、その成果が『釣り』にあらわれたといっていい。前提状況とか正当化などということばは使わなかったが、岡田は勉強のほどを示したのだ。（略）

岡田の演出は、私たちに大きな影響を与えた。私たちは、その頃もうなくなっていた成城小学校の学校劇を目標にしていたが、気がついてみたら、私たちは成城小学校を超えていたのではないか。そういう手ごたえであった。

一九三七年に結成された「日本学校劇連盟」は全国的な運動として発展させようとしたが、それは十分に果たされることはなかった。全国的な規模での活動というよりは地方の研究団体に活動が任されていたという状況だったからである。東京では「学校劇研究会」の活動が中心だった。機関紙『学校劇研究』は一九三七年（昭和12年）から三八年にかけて七号まで発行しただけで廃刊になり、日本学校劇連盟もほとんど発展することなく中断してしまう。学校劇研究会も一九三八年（昭和13年）第九回の発表会の公演を最後に発展的に解消する。「学校劇研究会」が劇の発表会を中断することに至ったことについて『演劇教育六十年』には次のように記してある。

学校劇の公演をする意味が薄くなったというのが、続けて公演活動をしてきた私たちの迷いである。学校劇を広めるには、開催方法や会場に不備もあるが、建国祭やわかもとの連合学芸会が、ある程度その役割を果たしているのではないか。しかし、技術的に高まってきて公演活動をしたいという人たちの意欲も無視できない。技術的高まりがそのまま教育的な深まりに移行するとは言えないが、劇団活動志向を取りあげていこうということになった。「劇団少年劇場」の誕生である。また、学校劇に閉じこもって活動することの限界が見えてきているので、美術、音楽、舞踊などの活動家と手をつないで広範な活動を展開すべきだという声も大きくなってきた。学校劇研究会を発展的に解消して、「劇団少年劇場」を抱えた日本少年文化研究所が誕生する。

ここでいっている「建国祭」の連合学芸会は一九三三年（昭和8年）建国祭本部が主催したもので、「満洲事変という戦火のきざしに国威発揚を旗印とした」ものでそこには「時局の反映があった。建国祭本部は東京の教育局や小学校長の有力者と手を結んだらしく、展覧会と学芸会を年中行事として定着させて紀元節を中心とした大きな行事とした。学校劇研究会の何人かが本部役員に依嘱されて、学芸会の企画運営に関係するようになった。」と『演劇教育六十年』には記してある。さらに『演劇教育六十年』には「この学芸会は希望参加だが、大っぴらに学校の外で上演できるので年々出演希望校がふえてきた。それに出演児童の交通費や道具製作費の補助まで出るのだから、さかんにならない筈がない。上演する劇の内容は、日本神話や楠正行や児島高徳などの武人ものが多かったが、だんだんと時局ものがふえてきた。」と記してある。

また、わかもとの学芸会というのは一九三五年（昭和10年）「わかもと本舗」によって開催されるようになったもので、これにより東京は二つの連合学芸会をもつことになった。建国祭の学芸会もわかもとの学芸会も一九四二年（昭和17年）には中止となった。

十八　日本少年文化研究会のこと

六年間続いた学校劇研究会も一九三九年（昭和14年）には「日本少年文化研究所」のなかに吸収され解体

してしまうのだが、その経過について『学校劇事典』には次のように記されている。

　「聖戦」の名でカムフラージュされた侵略戦争の発展していく政治のなかで、学校劇研究会は学校劇だけの孤立した運動に疑問をもった。あらゆる児童文化が社会的認識も低く、その教育へのはたらきかけも弱く、効果があがらないのはそれぞれの運動の孤立性にあるという結論に達し、学校劇研究会を発展解消して昭和十四年（一九三九）二月「日本少年文化研究所」を結成した。

また『演劇教育六十年』は次のように述べている。

　学校劇に閉じこもって活動することの限界が見えてきているので、美術、音楽、舞踊などの活動家と手をつないで広範な活動を展開すべきだという声も大きくなってきた。学校劇研究会を発展的に解消して、「劇団少年劇場」を抱えた日本少年文化研究所が誕生する。大陸での戦局が身近に迫っていたわけではないが、私たちは大きなものに包まれていたのである。

運動に孤立感をもつことになったり、包み込んでいった大きなものとは　何だったのだろうか。大正デモクラシーは教育の面でも新しい流れを生み出していったことについては先に触れたが、その一方で教育は確実に国家主義教育の方向へ鉾先を向けていた。

一九一七年、時の寺内内閣は「臨時教育会議」を発足させた。そこでは教育改革のためのさまざまな建議、答申がおこなわれたが、特に「教育の効果を完《まった》からしむべき一般施設に関する建議」はその総仕上げともいうべきものだった。この建議について『日本教育小史』（山住正己）は次のように述べている。

　維新以来、開国進取に向け、欧米の文物制度をとりいれ、国運は大いに進展したが、同時に本邦国有の美風・

良俗が衰え、教育勅語はなお効果不十分とし、つづいて「国体の本義を明徴にして之を中外に顕彰すること」「我国固有の淳風美俗を維新し法律制度の之を副《そ》わざるものを改正すること」などを、教育改革の指針として示していた。それはファシズムの端緒であり、アジアへの侵略をすすめる国策にそった教育方針であった。

その後、一九三五年には「教学刷新評議会」が設置され、「臨時教育会議」が示した「国体明徴」は教育の場で徹底的に叩き込まれることになったのである。それは「天皇機関説」を危険思想とした動きにあわせて再度にわたって衆議院で可決した「国体明徴に関する決議」がその流れを強くしていったことは否定できない。一九三七年、文部省は「国体の本義」という冊子を刊行、学校や教育団体に配布した。そこには次のように書かれていた。

抑《そもそも》〃我が国は皇室を宗家とし奉り、天皇を古今に亙る中心と仰ぐ君民一体の一大家族国家である。故に国家の繁栄に尽くすことは、即ち天皇の御栄えに奉仕することであり、天皇に忠を尽くし奉ることは、即ち国を愛し国の隆昌を図ることに外ならぬ。忠君なくして愛国はなく、愛国なくして忠君はない。

こうして天皇制軍国主義教育の路線は確実に敷かれていった。さらにこの年新たに「教育審議会」が設けられ、「皇道ノ道ニ帰一セシメ」るための国民学校を発足させることにつながっていく。

教育の体制強化が進められる中で子どもの文化にも統制が加えられた。一九三八年（昭和13年）内務省警保局から「児童読物に関する指示事項」というのが出される。内務省は戦後廃止されるが、警察や地方行政を管轄する官庁でおおきな権力を有していた。その内務省からの通達である。それは当時子どもの間で読まれていた「赤本」といわれる漫画本のようなものは教育上有害だとし、検閲を含めその出版を規制するものだったが、児童文化関係者は否応なしに対応を迫られることになったのである。たしかに俗悪な子どもの文化が浄化、健全化されるということで受け入れられた面もあるが、結局は文化統制が強化され、弾圧されることにつながることだったのである。昨今、子どもの文化、特に出版物への規制が条例などで規制される動きがあるが、戦前の教訓を忘れてはならないのではないだろうか。

さらに状況は戦時体制の強化の方向へ進む。一九三八年（昭和13年）には国家総動員法が成立、一九四〇年（昭和15年）には世紀の大祭典「紀元二六〇〇年記念」行事が大々的に行われ、国民精神総動員が仕上げられていく。教育体制や出版への統制・強化はまさにその通り道であり、戦時国家体制の確立であった。日本少年文化研究所の設立はこうした背景のなかで進められていったのである。学校劇研究会が独自の研究活動を続けることに孤立感を抱いたり、大きなものに包みこまれていたというのは当時の社会状況の反映だったのである。

『学校劇事典』は次のように述べている。

「日本少年文化研究所」は「機関誌「少年文化」を発行し、また、発表機関として「少年劇場」による公演活動をはじめた。しかし、この活動方向は当時かれらとしてはしかたないことであったが、ファシズム文化統制政策にのるものであり、侵略戦争完成に積極的に協力するものになった。日華事変が太平洋戦争に発展し、政治の急速度な統制によって「日本少国民文化協会」がつくられたとき、この研究所もそのなかに解消して一体となった。

国民学校を経て終戦にいたる過程で日本少年文化研究所は一九四二年、情報局の外郭団体として日本少国民文化協会に統合される。それは一九四〇年発足した大政翼賛会による新体制に組み込まれた結果だった。

「学校劇研究会」は「日本少年文化研究所」に吸収され、さらに「日本少国民文化協会」に統合されていったが、これまでの研究活動の中でできた結びつきが消えてしまうのは忍びないとしてつくられたのが「日本少年文化研究会」だった。「ほんの申しわけみたいな改名だった」と『演劇教育六十年』には記してある。

その少年文化研究会は『少年文化』というガリ版刷りの小冊子を発行していた。「その頃、冨田博之君が「日本少年文化研究会」に入会してきて、学生で時間的余裕があるので『少年文化』の編集印刷を引き受けてくれた。」と『演劇教育六十年』にはある。冨田はその「日本少年文化研究会」との出会いについて次のように述べている。

当時は「学校劇」と呼んでいたものに引きつけられ、やがて、日本少年文化研究所の挫折、解散後に、あたらしく組織された「日本少年文化研究会」(この正式設立の日付が、今のところ分からないが)の準会員(まだ学生ということで会員にはしてもらえなかった。会費は出さないか、少額でいいという優遇措置でもあったのだろう)となった。

この会はぼくらが準会員だった一九四一年から四三年にかけて、ガリ版刷りの「少年文化」という機関誌を出し、非公然スタイルで、かなり活発な研究活動をつづけた。ぼくは、この機関誌の一九四三年六月、第九号まで、編集を担当していた。」(冨田博之「学校劇研究会の戦時形態としての「日本少年文化研究会」との出会い」／『聞き語り少年演劇の歩み』落合聰三郎著作集Ⅰ／二〇〇〇年)

統合された少国民文化協会は「文学部会、紙芝居部会、出版部会、童話部会、蓄音器レコード部会、音楽部会、映画部会、遊具部会、演劇部会、舞踊部会、絵画部会」の十一部門に構成され、演劇部会は第一部専門劇団、第二部学校劇、第三部人形劇に分けられた。文化団体が完全に統制下におかれたのである。演劇部会の幹事長は斉田喬で幹事には落合聰三郎、永井鱗太郎、宮津博、荻野靖三郎、徳山正男、浅野歳郎、小山田秀雄、加藤光、小池慎太郎、田郷虎雄、参事として海野十三、北村寿夫、相談役には青山杉作、伊藤熹朔、飯塚友一郎、久保田万太郎、里見弴、高田保、長田秀雄が名を連ねていた。ここには一九三三年わが国で最初の児童演劇関係の総合的団体であり、一九四一年に解散した「日本児童劇協会」の理事もふくまれていた。

この「日本少国民文化協会」ができるとき、「日本少年文化研究会」は統制側と在野で活動する側とに分かれるという対応をした。

統制側には加藤光と私が入り、後の人たちは在野の日本少年文化研究会で活動することにして、会長には比較的まだ目立たない存在の宮崎靖君になってもらった。「なぜ、まだ解散しないのだ」と咎められても、宮崎君なら「申しわけありません」と、とぼけられると考えられたからある。この段階で、私たちは活動の延命策を講じていたのである。戦争が激化すれば、そんな才覚はけし飛んでしまうかもしれないけれど、それまででも頑張ってやろうというのである。それほど魅力ある会だったし未練があった。（『演劇教育六十年』）

この思いが戦後ＧＫの復活となり、日本学校劇連盟再建へつながっていくのである。

統制側の演劇部会は次のような活動を行っている。

この演劇部会でおこなわれた仕事で、学校劇に関係のあることは、協会創立の年の十一月に、児童劇団用と学校や少年団用の脚本を募集したことと、おなじ年の十二月から、都内の児童劇団と、人形劇団と、十六団体が、交代に出演して、新作を発表するのと同時に、それの演劇部会で研究会をひらき、いいものは学校や工場に働く少年たちのところへ、移動演劇として巡回してもらうという趣旨で開いた、演劇教室がある。（岸田国士編集代表『学校劇の事典』／実業之日本社／一九五三年）

一九四二年（昭和17年）十二月、大東亜戦争一周年記念として開かれた少国民演劇教室は少国民文化協会の第一回の発表会だった。その時の内容は次のようであった。

１　協会文学部選　　詩の朗読　　劇団東童
２　西原康作　　釣り　　日本少国民劇場（テアトル・ピッコロ）

3　東童文芸部作　トンネル　劇団東童
4　井上晟作　或る日の日吉丸　木馬童話劇研究会
5　金子栄一作　狼と仔山羊　日本少国民劇場
（斉田喬「学校劇とともに」／『学校劇』一九五七年二月号）

少国民演劇教室は一九四三年の六月まで七回にわたって開かれた。その活動を総括して『日本児童演劇史』は次のように述べている。

「少国民演劇教室」は、戦時下の、政府による文化統制団体の主催する催しであったという点では、その功罪は問うまでもないだろう。しかし、それが、「帝都に於ける実質ある劇団が全部挙って、この教室に拠り、研究を発表することは児童演劇史にかつて見ざる現象」（斎田喬）であったことは事実だろう。また、東童をはじめとするそれまでの児童演劇が、「本来の観客をもたなかった」ことを指摘し、「少国民演劇教室を通して、帝都の少国民劇団は初めてその対象であるべき少国民大衆に引き合わされたのである。」（長谷川鉱平）という評価のあったことは記憶されてよいと思う。

「少国民演劇教室」が中止された後、日本少国民文化協会は「戦ふ少国民演劇」の試演会を開くが、「この催し以後は、演劇部会としての独自の仕事は、ほとんどおこなわれなくなる。戦局の窮迫は次第に深まり、演劇は全く戦意高揚の手段としてしか存在し得なくなる。」という状況だった。そして、一九四三年には「少国民文化報国挺身隊」が結成され、演劇部会も一九四四年五月「人形劇挺身隊」を結成して東京都内の工場で働く少年少女工員を対象に増産慰問公演をおこなったという。そして、同六月には「協会は疎開児童のための文化挺身隊を派遣する仕事に取り組む。それが、日本少国民文化協会の最後の活動の姿であったといってよいだろう。」と『日本児童演劇史』には記してある。

学校劇研究会が日本少年文化研究所に解消され、さらに日本少国民文化協会に吸収されていく中でも、研究活動が全くなかったわけではない。一九四三年（昭和18年）『鶯』（落合聰三郎作）という脚本で五人の演出者が同時に上演してその演出技術を競うという演出コンクールを実施したと『演劇教育六十年』は記している。

また、「『稽古しないですぐにできる劇』ということを銘うって四谷の第五小学校で私の作品を発表したのは二十年の二月だったと思う。現在のドラマチックプレーよりもややドラマ化したものだった。」（斎田喬『学校劇』一九五七年二月号）ということもあった。

そんな中、和光学園は新しい形式の学校劇発表会をもった。昭和十七年十二月のことだった。その時のプログラムには『銃後奉公のちかい』という戦時色をうかがわせるシュプレヒコールもあるが、他は『蛾』『ひよこがうまれた』『鳥になる子供』『遠足』『傘』『渡り鳥』『子狐』とすべて斉田作品で、特に『遠足』などは好評だったようである。その時のプログラムに当時をうかがわせる文章が載っている。

少國民文化財の中における演劇の地位は理論的には極めて重大なものがあり、又國民學校側においても少國民演劇の重要性は判然と認められるに至ってゐるが、実際的にはまだそれに即應するだけの進展を示すまでには行ってゐないやうである。これは種々の理由に基づいてゐることであろうが、いずれにしても關係者一同の一層の奮起が要望されることはいふまでもない。

日本少國民文化協会においても、この點を中心的な課題の一つとして取上げ諸般の計畫を進めつつあるが、問題は要するに、全關係者が擧って新しく正しい少國民演劇（皇國の道に則り大東亜戰完遂の要請に應え、現下の少國民練成に遺憾なく寄與しうべき演劇）の創造をめざして、さらに精進すると共に、一般社會の理解と協力とを喚起深化すべき運動を強力に展開して行くことになしてゐる。（以下略）（関野嘉雄／『学校劇』一九五六年十二月号）

やがて日中戦争から太平洋戦争へ、戦争の拡大に伴って国民の生活は耐乏を強いられていくことになるが、中でも反体制運動を抑圧するために作られた悪法「治安維持法」が多くの国民に恐怖感を抱かせるために大きな役割を果たしたことはこれまで多くいわれていることである。落合が、「美術レアリスト集団」に関わったということで留置所に入れられることになり、「お前たちは国体を変革し日本を倒そうとしているのだといわれ、そういうことはしていないと弁解すると、合法的にカモフラージュしているが、それにまちがいないと認めろと責められる。」といっている（『演劇教育六十年』）。当時はレアリストという会名さえ危険視されたのだという。また、一九三二年（昭和7年）『学校劇』が創刊されたとき、「創刊号の表紙の〝学校劇〟の文字でちょっとしたことがあった。加藤（光）のところへ『学校劇』の創刊号をもった刑事が、「これはアカの本ではないか」と調べにきた。その頃の左翼的な雑誌は大てい表紙のタイトルが肉太になっているので『学校劇』の文字の太いのがそれと同列に見られて、調べにきたのだ。」ということもあったという。またつぎのような証言もある。「私の所にも、特高が二人来たんですよ。机の中をかき回して、手帳二冊ほどと、ロシアの作家の文庫本、それを皆持っていったの。……」（谷川隆二「学校劇研究会」／『落合總三郎著作集Ⅰ』）

学校劇が直接取り締まりの対象になったわけではなかったが、些細なことでも関わりのありそうな物や、誰とつながりがあるか人との関係を徹底的に追求する、それが治安維持法という法律の実態だった。そうした抑圧体制は結果的にいろいろな活動を停滞させることになったのだが、学校劇研究会が日本少国民文化協会へ解消していったのも戦時統制という大きな流れに組み込まれた結果だったのである。

一九四四年（昭和19年）六大都市の学童集団疎開が閣議決定され、集団疎開が始まった。疎開地では地元の人たちとの交流で劇が演じられるようなこともあったようだが、戦争の緊迫した状況の中では劇どころではなかった。日本少国民文化協会は疎開児童のために文化挺身隊を派遣する仕事に取り組んだが、戦前の学校劇運動はそこまでであった。

昭和前期の十九年間は、初期の短い期間をのぞいて、あとは、暗い谷間と、ファシズムと戦争にふみにじられた年月であった。児童演劇にとって幸福なものでなかったことはいうまでもない。しかし、そんな時代にも、断絶というものはありえない。挫折したものの中にも、圧殺されていったものの中にすら、学ぶものはあり、受けつぐべきものは遺されている。あるときは、反面教師としての役割を果たすものとして継続していくことさえある。

昭和前期の「児童劇」の中からも、学ぶべきものは、まだまだ豊富で、尽きることはないと思われる。

と『日本児童演劇史』は述べているが、このことは演劇教育についてもいえることである。

戦前の学校劇運動の中で、一九三二年から一九三八年までの六年間の学校劇研究会の中で活動した教師たちが、戦後の演劇教育を創りだしていく原動力になったのは、この時代に蓄えられた財産があったからだといっていいだろう。そういう意味では、戦前の活動についてさらに検討が必要なのではないだろうか。

第2章　「演ずること」の発見

一　歌って踊っての演芸会

一九四五年八月十五日の敗戦によってもたらされたもの、それはこれまで重くのしかかっていた絶対主義的天皇制国家という抑圧からの解放だった。その解放感あふれるなか、多くの町や村で素人演芸会がまるで熱病のように流行した。そのころの様子が『農村演劇入門講座』下（農村演劇懇話会編／農山漁村文化協会／一九五八年）のなかで次のように紹介されている。

〈岡山から〉その××村では、劇の間に、唄や舞踊を組み入れて、朝から夜なかの二時近くまで、五十幾つの番組を、ぶっ続けで上演したのであるが、弁当がけで詰めかけた観客が多く、喰べに帰って来る人達も大急ぎで飯をかきこんで会場に引き返して来るといった有様で、二時頃まで、殆んど観客は減らなかったという話であった。××村に限らず笠岡地方の農村に於ける素人芝居は、外題の数が箆棒に多くて、大抵の所は午後一時頃から始まって夜の十二時近くまでやってゐるという事である。（小山祐士「地方演劇の現象」）

〈秋田から〉敗戦後、どの村でも官製青年団は解消して、自然発生的に青年会が生まれた。だが、この青年会はまだ思想的にも政治的にも動きだしていない。青年会の唯一の活動といえばこの演芸会なのである。戦争によって永い間極端に抑圧された人間性の解放は、先ず飲めや歌へやの形をとってゐるわけである。演芸の中心は、流行歌のレコードに合わせて踊る所謂やくざ踊りである。それに、林檎の歌、万才、ジャズ、剣舞、手品など、しかも大抵一つ二つの芝居が含まれてゐる。茶番みたいな笑劇や金色夜叉などの類が多いが、また新劇めいたもの、現実の生活を取上げたものも少なくない。（伊藤永之介「演芸会のこと」）

〈高知から〉土佐では昨年（一九四五年）の暮頃から、復員軍人である若人達を中心に素人劇の催しがあちこちで計画されてゐたところへ、折柄新しい青年団が結成されることになり、一部愛好者の計画が青年団の仕事として取り上げられたという順序だったと思はれます。で、最初はほんの部落中心に、慰安的に始めたもので、軽音楽、軽演劇を相寄って楽しむといった、つまり格別の準備もなく始めたのが、青年団の事業となり、娯楽に飢えた農村人の興味をそそって、忽ち全県下とはいえないまでも娯楽機関や設備の少ない郡部、それも特に西半部の高北、幡多郡方面に、それこそ火のように燃えひろがっていったわけです。（森下雨村「土佐からの消息」）

これは「戦後まもなく創刊された『劇場』という演劇雑誌が一九四六年の六月号から三号にわたって、『地方演劇文化特輯』をし、主として各地に疎開した演劇人・文学者に、それぞれの地方の演劇事情を報告させた」ものだということだが、戦後の解放感をうかがわせる報告である。

こうした活動を支えていたのは報告にもあるように町や村の青年たちであった。戦時中、「大日本青少年団」に半ば強制的に組織され、戦時体制に巻き込まれていた青年たちは敗戦と同時に自主的な組織をつくり、若いエネルギーを発散させていたのである。

この演芸会ブームについて『演劇教育』（冨田博之）は次のように記している。

こういう解放感は、ながいあいだ、むらさきのフクサにつつまれた教育勅語と御真影の奉安所であった村や町の学校へも、なんらかの形で影響をおよぼさないではおかなかった。ある町の小学校の女の先生は、青年たちにひっぱりだされて、やくざ踊りのお師匠さんにされた。

女の先生がやくざ踊りの師匠ということに違和感を覚えないでもないが、一九四六年五月に出された文部省の『新教育指針』に書かれていることを見るとあながち場違いのことだったとはいえないことなのかもしれない。『新教育指針』に次のような一項がある。

新教育指針　第一部後篇　第六章　芸能文化の振興　研究協議題目
五、町村の青年の芸能を指導して、彼等の演芸大会の向上を図ろう。

しかし、熱病のように広がった「演芸会熱も盛んだったのは一九四五年から四六年、四七年にかけてであり、四八年になるとしだいにかげをひそめ、一つの反省期をむかえる」（『農村演劇入門講座』下）のである。そしてそれは、

自分たちが真に上演したい戯曲がないという問題、指導者がいないという問題、技術的なものをどう学んだらいいかという問題、日本の社会に根づよく残っている演劇蔑視をどうするかという問題、それから何のために演劇活動をやるかという根本の目標をあきらかにすることの必要などに、農村演劇にとりくむ青年た

ちはつきあたり、悩みをもちはじめたのである。（『農村演劇入門講座』下）

という状況だった。戦後の解放感がもたらしたエネルギーを、ただ歌ったり踊ったりすることや「やくざ芝居」のようなことに注ぐことだけでは長続きする活動とはなりえなかったのである。しかしこの演劇熱の広がりはその後の地域演劇活動につながる種をまくという役割を果たしたということも確かだった。

戦後の演劇熱は工場に働く青年労働者の間にも起こっていた。『自立演劇運動』（大橋喜一・阿部文勇編／未来社／一九七五年）は次のように述べている。

敗戦一年目の四六年、戦時中の抑圧からの解放と、商業娯楽やマスコミ提供の不足もあり、全国各地には工場芸能祭や演劇活動が自然発生的に広がった。それは盛大なもので、これらの物真似的趣味的な芸能娯楽活動が、労働者が自らの芸術表現を生み出す創造活動へと発展していった。

同書ではその一例として愛知芸能会の活動を紹介している。

「終戦後愛知県下に於ける第一回の工場演劇は、昨年十二月二十三日、大同毛織稲沢工場で行われた。演目は小山内薫『息子』、菊池寛『父帰る』、久米正雄、『地蔵教由来』、小川丈夫『花ひらく』の四つで、各職場別競演の形となった。この第一回の芸能会が相当の出来栄えであって、各方面に非常な感動を与えたので、以前より計画されていた県下希望工場の演劇的組織化の機運が成熟し、本年一月二十七日、大同毛織稲沢工場の第二回芸能界を期して、県下十数工場が集合して、ここに愛知工場芸能会の基礎が生まれたのであった。」（「愛知工場芸能会の活動」〈「テアトロ」一九四六年十月号〉より／『自立演劇運動』）

東京では一九四六年「自立演劇の正しい発展と相互の親睦連絡をはかるため新演劇人協会が世話役となっ

て」「東京自立劇団協議会」が組織され、第一回全東京自立劇団コンクールが開かれた。一九四七年九月のことであった。その時、つぎのようなスローガンが掲げられた。

1、全国の工場・農村に自立劇団を作ろう！
2、職場中のみんなが演り、みんなが見る劇団に！
3、生きた現実を自分で描こう！
4、芝居からウソを追い出せ！
5、希望にかがやく明るく楽しい芝居を！
6、結びつき、学び合い、高い水準に！
7、エロ芝居・やくざ芝居・反動芝居をボイコットしろ！
8、自立劇団の自立性の確立！
9、「文化国家」の中核は勤労者文化だ！

当時の熱っぽさが伝わってくるような内容のスローガンである。その後、自立劇団は一九四八年に全日本自立劇団協議会を結成する。そこには三五〇の劇団が結集したという。

このように日本中に起こった演劇ブームもやがてアメリカの占領政策の転換によって労働運動は弾圧され、そのあおりで自立演劇運動も逼塞状態に陥ることとなる。

青年会の演芸会ブームも労働者による自立演劇の活動も戦後の一時的な現象のようにみえるが、それは新しい民主主義日本への移り変わりを象徴するような現象だったといえよう。戦争からの解放は人々を遊びや笑い、そして文化・芸術の世界に導きいれたのである。まさに文化、芸術の活動は平和なくしては成り立ちえないということの証ではないだろうか。

こうした演芸会ブームのような風潮は学校劇にもその影響を与えずにはおかなかった。教育に関していち早く基本方針をあきらかにしたのは「新日本建設の教育方針」(文部省／一九四五年九月五日)だった。そのなかで「社会教育」については「成人教育、勤労者教育、家庭教育、図書館、博物館等社会教育ノ全般ニ亘リ之ガ振作ヲ図ルト共ニ美術、音楽、映画、演劇、出版等国民文化ノ興隆ニ付具体案ヲ計画中デアルガ……」とあり、また「青少年団体」の項では「従来ノ如キ強権ニ依ル中央ノ統制ニ基ク団体タラシメズ原則トシテ郷土ヲ中心トスル青少年ノ自発能動、共励切磋ノ団体タラシムルモノデアッテ……」とある。敗戦後一か月で出されたこの方針がどれほど影響を与えたかは分からない。しかも、まだこの時点では「国体護持ニ努ムル」などの保守性から抜けきらないでいる。しかし、虚脱状態にあった当時の人々にとっては、平和的、文化的国家建設への期待を感じさせるものになったことは十分に考えられる。軍国主義を払拭し、戦時教育から解放されたことが演芸会ブームのような風潮を生みだしていったのではないだろうか。

その演芸会ブームは演劇コンクールとして全国に広まる。そしてそれは一九四八年ごろが最も盛んだったという。その影響もあってか、学校劇コンクールも盛んにおこなわれるようになる。その状況は次のようであった。

学校劇は、学校劇大会、演劇コンクールのような形で全国的にさかんになっていった。村芝居や素人のど自慢大会などと通ずる基盤で学校劇が上演され、教師の自慰的愛玩物のような教育不在のものもあった。全国各地で学校劇コンクールが行われた。町や村単位のコンクールから、区、郡、市、県単位というような大きな規模のものまでさまざまであった。東京都連合学芸会に出演する学校を選ぶのに、区ではコンクールを行なうという有様であった。それに地方では地元の新聞社までがその風潮を煽る傾向さえあった。（中略）

一九四八年前後が最もさかんであった。そのころ催されためぼしいものをあげてみると、「全国学校劇コンクール」（一八四八年、日本児童文化協会主催）、「近畿学校劇コンクール」（一九四七年、大阪市国語教育研究会主催）、「関東児童演劇コンクール」（一九四九年、読売新聞社主催）などがあり、警視庁主催の「少年芸能コンクール大会」（一九四九年）という、変わったものまであらわれた。

福島県のコンクールでは、審査の結果に異議が申しこまれ、審査の妥当性をめぐって新聞紙上で論戦が行なわれるといったように過熱したのである。しかし、このコンクール熱も、その非教育性が取りあげられると、下火になっていった。

と『玉川学校劇事典』（岡田陽・落合聰三郎監修／玉川大学出版部／一九八四年）には記してある。

二　東京児童文化連盟の結成

八月十五日以前、制限され、自由に活動できなかった児童文化関係者にとっても戦争の終結は明るいニュースだった。そして活動は早々に展開された。

一九四五年十二月、東京市教育局主催で「疎開復帰学童歓迎芸能大会」が開かれた。「建国祭学芸会」の関係者が世話人となって実現した。

この会に上演されたものは、疎開地でしこんだ郷土色豊かな歌や舞踊や、疎開地での生活を劇にしたものなど、疎開生活のにおいを多分に持っていた。いわば、疎開地演芸会の再演のようなものであったが、これがきっかけとなって『東京都小中学校芸能大会』が毎年開かれるようになった

と「私の演劇教育六十年」（『演劇教育六十年』落合聰三郎著作集Ⅲ）には記されている。この芸能大会は東京市の教育局（現在の教育委員会）が主催するいわば官製のものだったが、東京都の連合学芸会のはしりでもあった。その後連合学芸会は教育委員会の手から離れ、現在は小中学校別の研究会によって開催されている。

一方、民間の関係では、東京の心ある教師たちが手弁当で戦後の荒廃した社会の中にさらされていた子

どもたちのための文化の創造をということでつくられたのが「東京児童文化連盟」だった。

「人は、一生のうちに何回かは情熱を傾けて仕事に打ち込むことがあるものだ。私たちにとって、東京児童文化連盟は、そのような貴重なものだった。」と落合聰三郎はいう（「東京児童文化連盟」『聞き語り少年演劇の歩み』／落合聰三郎著作集Ⅰ）。

「一九四六年の新年を迎えた頃のある夜、それはひっそりとした静かな夜であった。落合君と二人で、敗戦後の日本の教育について語り合った。そのとき、われわれのように児童文化にたずさわってきた人間は、子どもたちのために、何かしなくてはならないではないかということに話は発展していった。幸いにしてお互いは、童話、学校劇、音楽、舞踊、人形劇、綴方等の研究者との連けいをもっているから、そういう児童文化の仕事をはじめてみようではないか……ということを話し合った。」（「東京児童文化連盟──思い出すままに──」『聞き語り少年演劇の歩み』落合聰三郎著作集Ⅰ）とは金沢嘉市の思い出である。

そして、かつての日本少年文化研究所の仲間たちなどに呼びかけ、東京児童文化連盟は一九四六年三月十七日、その発会を東京児童文化連盟結成記念芸能大会として東京女子高等師範学校講堂で開いた。経過報告に立った金沢嘉市はつぎのように述べた。

……日本は戦に敗けました。けれども、亡びてしまったのではありません。私たちが戦争に敗けたことは本当に悲しいことでありました。が、いつ迄も泣いたり、ぼんやりしててはなりません。皆さん等の若い心は、丁度焦土から芽生えたたんぽぽの様に生々している筈です。私等は本当にみんな仲良くして、日本の美しいところをみんなで探し育てあって、文化日本、本当によい日本の国を作らなければなりません。どうか皆さん等が立派な国民になってくれる様にと心に祈りながら皆さん等のことを考えたり、仕事をしていくのがこの連盟です。

私等はやむにやまれぬ気持ちで全くの無一文で立ちあがりました。そして地位も名誉ももっておりません。しかし、ただ一つ持ち合わせているのは若い情熱であります。

この会が生まれるまでの度々の会合、雪やみぞれの降る日々、まっくらになっても、めしもたべず、なんとか子供等を幸にしてやりたいと云う真剣な心持です。……（「金沢嘉市の仕事1」／『児童文化とともに』／あゆみ出版／一九八九年）

大会は経過報告のあとつぎのようなプログラムで進行した。

一、歌の指導　春ですよ　野口茂夫作詞／保田正作曲　指導＝関口仲次郎
二、舞踊　めんこい子馬／野ばら　出演＝荒川児童文化研究会　指導＝中條義雄
三、劇　おしくらごんべ（落合聰三郎作）出演＝葛飾区児童文化連盟　指導＝菱沼太郎
四、音楽　故郷を離るる歌（三部合唱）出演＝小石川児童文化研究会　指導＝唐沢真一
五、劇　釣られる（斉田喬作）出演＝世田谷児童文化研究会　指導＝清水
六、舞踊　健康児／お馬に乗って　出演＝目黒児童文化研究会　指導＝佐藤久蔵
七、音楽　蝶々／雲（三部合唱）出演＝荒川児童文化研究会　指導＝田中準
八、劇　京人形（落合聰三郎作）出演＝麻布児童文化研究会　指導＝林正男
九、舞踊　春ですよ　出演＝深川児童文化研究会　指導＝浅原成久
十、音楽　トントン峠／子供弥次喜多（斉唱）出演＝目黒児童文化研究会　指導＝庄司武人
十一、劇　良寛さん（星あきら作）出演＝深川児童文化研究会　指導＝緑川淳
十二、音楽　春ですよ　全員

小雪のちらつく冷たい日曜日だったが、この舞台の上には子供たちが春を迎える悦びがいっぱいに溢れ、魅入っている二千人ものお友達の顔はほんとうに楽しそう。荒んで行く童心を何とかして暖かい心で守り抜かねばならない――こう思ひ立った東京の若い国民学校の先生たちはこんど東京児童文化連盟を作り各区で活発に子供たちに与へる　文化の悦び　の集ひを始めた。これは小石川女高師講堂での各区児童による最初の

作品コンクール、こんどラジオで紹介される新作「春ですよ」の歌を集った子供みんなで力強く合唱して幕を閉じた。

と、三月十八日付の朝日新聞は紹介した。（『児童文化とともに』）

東京児童文化連盟はその後、食糧難のため、飢えていた子どもたちのために救援米懇請運動に取り組み、「秋田県の横手市を中心に音楽、童話、人形劇、映画の会をも催して、三六俵の白米を東京に持ってくることができた。」（金沢嘉市「東京児童文化連盟――思い出すままに――」／『落合聰三郎著作集Ⅰ』）という活動を展開した。金沢はこの活動について「これは、今考えてみてもよいことをしたと思っている。そればかりではなく、文化とは何であるか……ということをあらためて考えるよい機会でもあった」と述べている。

金沢が東京児童文化連盟や救援米運動に取り組んだのは東京の子どもたちのおかれた状況のあまりのひどさにあった。当時の状況について、東京浅草の金竜国民学校のある教師は一九四六年（昭和21年）の夏に次のように書いていると『日本教育発達史』（玉城肇／三一書房）は紹介している。

「見よ。この子供たち。こんなになってしまった。……子供は疎開して田舎をあっちこっち、たらいまわしのように動かされているうちに、家は焼かれてしまい、或るものは親兄弟を失った。もどっても無一文の悲嘆にくれている親許であった。学校はやっぱり焼失した。残った処は戦災者に占められていた。その一隅を見出して、授業が開かれた。雨が降れば履物がない。食糧事情がひっぱくする。朝も昼も晩も雑炊、代用食、代用食というよりも雑草をこねたものである。それもよい。時には欠食する。飛びまわるのはもはや苦痛である。日あたりのよい所で、虚《うつろ》な眼をぼんやりと空にむけている。我慢のできないものは闇市をほっつきまわる。盗みは増加する。放浪第一歩である。進駐軍の兵隊さんを追っかけては「ギブ・ミー・チョコレート」をやっている。また「飯よこせ」のデモに加って、ただ罪もなく眼を怒らしている。……

親は闇稼ぎに夢中である。子供は一枚、二枚、新円をつかんで映画館へ行く。土曜から日曜にかけての子供の小遣は最低五十銭から二十円という話である。その用途は飴、まんじゅう、おでん、映画である。……現在の映画は教育から、子供の生活からほど遠いものである。……子供はそれらに魅せられて、学校生活の楽しさを失いつつある。学校は休む、家へはよりつかなくなる。……勉強時間はもちろんのこと机一つない。また学習材料の欠乏している現状から……学力の低下していることは否定できない……。」（近藤正美「終戦後の児童と教育の現状」／『民主教育』一九四六年七月号）

「子どもたちに、美しくて明るい希望を持たせる文化を与えなくてはならない。それが教育とともに今日の子どもたちに貢献できる私の道であった。」（『ある小学校長の回想』）と金沢は振り返っている。そして「私たちの児童文化観はその基本的なもの、生きていくためのもの、生活に根ざした文化を基本に考えなくてはならないことに気がついたのである。」とも言っている。

生活に根ざした文化を目指した東京児童文化連盟はさらに次の活動に取り組むことになった。有楽町にあった毎日新聞社のホールで始まった毎日子ども会の活動である。

「連盟の仕事の中で特筆すべき第一は、百回をうわまわる『毎日子ども会』の公演である。」（「若き日の思い出」木口嘉津男／『聞き語り少年演劇の歩み』落合聰三郎著作集Ⅰ）と言うように、それは子どもたちに希望を与える優れた文化活動だった。毎日子ども会要項に盛られた「趣旨」は次のように述べている。

「新時代を背負う児童たちに健全な娯楽を与えることは最も緊要なことで、連盟並に毎日新聞では終戦直後より相たずさえて幾多の児童文化事業を行ってきたが、明年よりは定期継続事業として毎日ホールにこども会を新設開催し、良心的、理想的運営企画による「日本唯一の子供劇場」として全教育界と児童のために喜びと希望をあたえてゆきたい。」（金沢嘉市『児童文化とともに』）

そして一九四八年（昭和23年）一月十八日を最初として、その後毎日曜日に開かれることになった。そこには徳川夢声、山本安英、滝沢修、安西愛子、石井漠、江口隆哉、平岡養一、林家正楽、松井翠声、小沢栄太郎、奥田良三、関鑑子、横山隆一、加藤道子、久留島武彦、松旭斎天洋、松田トシなどが出演者として記録されている。

戦時中の日本少年文化研究所の活動を通してつながりをもった人たちが、戦後の荒廃の中にほうりだされた子どもたちに夢と希望をという願いをこめて組織された東京児童文化連盟、さらに毎日子ども会の活動に取り組んだ青年教師たちのエネルギー、私たちは戦後の児童文化運動の先達から、何を学ばなければならないのだろうか。

三　日本学校劇連盟の復活

『学校劇』No.15（一九五五年十二月号）に載っている「戦後十年の学校劇・児童劇年表」によると落合聰三郎を中心とする「少年戯曲の会」が発足したのは一九四五年十二月のことだったとある。メンバーは主にGK（学校劇研究会）の会員で、その他にも希望者が集まったと『演劇教育六十年』にはある。戦後、「少年戯曲の会」に集まったGKのメンバーは学校劇研究会の再建に取り組み、一九四七年一月第二次学校劇研究会としてその第一回研究委発表会を永田町国民学校で開いた。名称は研究発表会だが、内容は劇の上演だった。上演されたのは次のような作品だった。

・斉田喬作「シュプレヒコール　くりの實・他」指導・菱沼太郎（葛飾区高砂小学校）
・落合聰三郎作「ひよこのえんそく」指導・小池タミ子（葛飾区柴又小学校）
・落合聰三郎作「太郎と五郎」指導・清水昂（世田谷区北沢小学校）

・栗原登作「大きなかぶ」指導・鏡美恵子（文京区誠之小学校）

第二次学校劇研究会は一九四七年九月、「学校劇の研究」を東京児童文化連盟とともにひらき、十二月には東京都教育局主催の「児童劇研究協議会」を中心となって開いた。翌四八年五月には神田淡路校で演出の研究会、六月には少年演劇クラブ、千代田区教育研究会とともに「学校劇研究協議会」を十月には葛飾教育研究会とともに「演出研究会」を開き、十一月には戦争の犠牲となってたおれた加藤光、岡田鐳藏両氏の追悼公演を神田明治大学講堂で開くなどの研究活動を続けたが、それらについて「技術的には、第一次學校劇研究会のきずいたものを、ふたたびとりもどすまでには、あとしばらくかかるであろう。」と『学校劇の建設』（富田博之）が述べているように、当面は戦争中の空白を埋めることに力が注がれていた。

第二次学校劇研究会は少年戯曲の会のメンバーが多かったこともあって、脚本研究には力を注いでいたようである。「苦心惨憺して書いた作品が、リアリティの追求にあって、もろくも崩れ去ることなど、たびたびでした。歯に衣着せぬ批評とは、正にＧＫの特色であったように思います。」（「第二次ＧＫの発足の頃」片山利雄／『聞き語り少年演劇の歩み』落合聰三郎著作集Ｉ）とは当時の会員の感想である。

一九四九年「日本学校劇連盟」が復活した。「主に少年戯曲の会が中心となって再建した」と『私の演劇教育六十年』にはある。戦後の少年戯曲の会や学校劇研究会の活動が進むなか、全国的な運動にという機運が高まり、戦前の組織の再建につながったのである。そしてその年の十一月、第一回全国学校劇研究協議会が芝児童館で開かれた。

「芝児童館は有志の寄付を基金にして港区が芝公園内に建てたもので、当時としては珍しい、三百の客席のあるホールを持っていた。役所の正規の予算ならホールを持った児童館など建たなかったろう。昭和二三年にそれができて、そのこけら落しを小学生の舞台発表で飾って欲しいと、当時港区の児童文化部長だった私が港区から委嘱された。そういうわたりがついている関係で芝児童館を借りるのはやさしかった。」と落合聰三郎は振り返っている。（『日本演劇教育連盟50年のあゆみ』日本演劇教育連盟編）

その第一回の全国学校劇研究協議会（略称「全劇協」）は次のようだったと記録にはある。

第一回（東京）一九四九年十一月十二、十三の二日間、芝児童館で開かれた。学校劇の全国集会は、戦後はじめてであったが、参加者は約一二〇名。現在の全国協議会にくらべれば、ささやかな集会であった。「児童劇の脚本について」（斎田喬）「学校と演劇」（桑原経重）「学習活動と演劇」（菱沼太郎）「演技のみちびき方」（松本克平）「学校劇の舞台装置」（吉田謙吉）「新教育と演劇」（宮原誠一）などの講演が中心で、「ふうりん」（菱沼作）「汽車」（斎田作）「風の夜」「写生」（落合作）などの上演がおこなわれた。研究協議会として出発したものの、まだ、講習会的色彩がこく、地方の参加者からの研究発表は、青森・鈴木喜代春氏の「教室劇について」など三名の発表がおこなわれただけで、プログラムには、「今回の研究発表が期待よりすくないが、今後は会の大半を会員諸兄の発表討議でみたし、研究協議会の名にふさわしいものにしたいと念願している」と書かれていた。（第七回全劇協の大会資料）

つづいて第二回の全劇協も同じ芝児童館で開かれた。参加者は二百名と若干増えたが、内容が講習会的という状況からは抜け出せていなかった。会員の間からはもっと協議会的運営にきりかえろという要求が出されるような集会だった。

第三回は東京港区麻布小学校を会場に開かれた。この会はこれまで講習会的といわれていた集会から麻布小学校の公開授業、そしてそれをめぐっての協議、参加会員の研究発表など、研究協議会へと発展した集会となった。この時、「新潟県の高橋昭氏が「生活劇の提唱」をおこない、生活綴方と学校劇の結合をさけんで注目された」と記録にはある（第七回全劇協の大会資料）。「演劇教育と生活綴方」については『演劇教育』（冨田博之／国土社／一九五三年）でも述べられているが、そのこともふくめて、生活劇、あるいは生活綴方と演劇教育ということについて考えてみたい。

四　生活劇の始まり

1 斎田喬と生活劇

斎田喬は自らの劇作への開眼として宝塚少女歌劇と並んで築地小劇場の創立をあげており、その時見た『休みの日』に強く引き付けられたことについては前章で触れたが、それが一つの作品を生み出すことになった。その経過について『斎田喬児童劇作十話』(晩成書房／一九八〇年)には次のように記してある。

「休みの日」は何の変哲もない市民生活を素材にしながら、そこに登場する人物の会話から、人間の生き方、生活の姿といったものが、胸にずしりと響いてくるんですよ。今まで見てきた芝居と、こんなに違う表現の世界があるのかってね……。その時から、子どもの芝居にも、こういった作品が生まれてこなければならないと考えついたんです。童話劇といったもの、いわゆる童話を芝居にするといったものとは別に、子どもの生活の底にひそんでいる真実を、リアルに取り上げなければいけないという自覚が生まれてきたんです。そして、一気に書き上げたのが「訪問」という脚本なのです。後に改題して「海から来た客」としました。

と述べ、さらに作品については次のように解説している。

大正十四年の作。

都会の中産階級とみられる環境で育った秋雄(中心人物)は、病弱のため、一年半ほどまえ、とある海辺の村へ転地療養に出かけたことがある。舞台設定は、その当時、いっしょに勉強したり、遊んでくれた親しい友だち（国市・時次・はま・ゆき）を、自分の家に食事にまねいて、なつかしい思い出話に一時を過ごそうとするのである。

一見、スケッチふうな淡々としたドラマであるが、秋雄のひたむきな善意と思いやりを主軸にして、素朴で純真な浜の子どもたちを対比させながら——秋雄の鷹揚な態度ふるまいにとまどう浜の子どもたちの心をふとかすめる郷愁——といったものを、作者は登場人物に好意をよせて、リリカルに描きあげている。

そして斎田はこの作品に生活劇の原点を汲みとってほしいと言っている。

この『訪問』という作品について『成城・学校劇六十年』（北島春信）は「私はこの「訪問」は、作品としてももちろんであるが、その後日本の学校劇の中に、確固とした位置を築いている「生活劇」の創始であることの意義が大きいことをいいたい。」と述べ、つづけて「この「訪問」を期として、内山嘉吉の「ぬすんだのじゃない」「鉄道開通」をはじめとする、児童劇作家たちの「生活劇」が生まれてくるのである。」と言っている。成城学校劇のなかの生活劇のはじまりはこのあたりからと考えてよさそうである。

しかし、「生活劇」ということばはまだ一般的には使われていなかった。落合聰三郎は次のように述べている。

　昭和十五年頃には、生活劇ということばはほとんど使われていなかった。生活綴方に対応して使われたのは戦後になってからである。

　生活綴方を研究推進していた先生たちが、たくさん警察につかまった。生活綴方の生活が当局の忌避にふれたのである。私が昭和九年に検挙された時は、美術レアリスト集団のレアリストが禁句だったのと似ている。どちらも左翼的な運動やその温床とみられたのである。私の戦中の脚本は、貧乏などのきびしい局面をあえて書かなかったので、まだ生活劇とはいわなかった。私に対して、菅忠道さんや国分一太郎さんが生活劇の先駆者と言ったのは戦後になってからである。（「私の演劇教育六十年」）

『演劇教育実践シリーズ20』（日本演劇教育連盟編／晩成書房／一九八九年）「演劇教育小事典」の「生活劇」の項には

　子どもの日常生活を素材とした劇作品。わが国の児童劇は明治時代の「お伽芝居」に端を発するが、一九二〇年代になるとリアリズムを基調とする「生活童話」がさけばれるようになり、児童劇の分野でも子どもの生活をリアルに描いた「生活劇」が生まれるようになった。生活劇は子どもの生きた生活感情にもとづいてこども達の当面する問題を素材に人間の生き方を考える上で、重要な学校劇のジャンルだといえる。

とある。生活劇の誕生は斎田喬の作品や生活童話の書かれた時期からと考えられるが、「生活劇」ということばが使われ出したのは戦後になってからなのである。斎田喬は『児童劇作十話』のなかで「私が学校劇を書きはじめたころ――つまり大正十年ころは、こういうことばはなかったんですね。」と言っている。これは、先の落合聰三郎の言っていることと重なる。

「生活劇」ということばが使われたかどうかはともかく、個性尊重を掲げ、子どものことばで子どもの生活を描こうとした成城学校劇の流れの中で斎田喬や内山嘉吉の生活劇といわれる作品は生まれたが、戦後の学校劇作家として多くのすぐれた作品を残した落合聰三郎の生活劇はどのようなものだったのか、彼の作品を振り返ってそのことを考えてみようと思う。

2　劇作家落合聰三郎の誕生

落合聰三郎は青山師範専攻科生であったとき、斎田喬をたずねている。その時の様子を斎田は次のように述べている。

ある日、私の教室をノックしたものがあった。ドアをひらくと、二人の青年が立っていた。一人は長身、もうひとりはやや小柄であるがともに眉目清秀である。ニコやかに笑っている。すなわち招じいれて話す。二人は青山師範の専攻科生であった。長身の方が米谷義郎、やや小柄のほうが落合聰三郎君であったのだ。私はそのとき、マスクをかけていたので、季節は初冬から、春にかけてのことと思う。してみれば、仁寿講堂の前年であったのかもしれない。この好感のもてる二青年はしばらく語りあううちにすっかり共鳴し合って、別れるときは、米谷君は学校演劇を、落合君は油絵を、私とともに研究しあうことを約しあったように思う。

（「学校劇とともに」第八回／『学校劇』一九五六年八月号）

落合聰三郎は美術を専攻する学生だった。卒業して学校に勤めるようになっても研究所に通い、絵を描き続けていたが、仲間たちと「美術レアリスト集団」という団体の結成に関わったということで代々木警察署に連行される。レアリストという名前が危険視されたのである。転向手記を書いて十日ほどで釈放されたが当時のことを次のように振り返っている。

そのことがあってから、張りつめていた情熱が抜け落ちたように、暫くは私は絵が描けなくなった。そして、絵の題材を戯曲に書くことになった。劇作に梶を切りかえる発端である。（「私の演劇教育六十年」）

劇作家落合聰三郎は絵の題材としてあたためていたものを絵にかくような気分で戯曲を書き上げた。その作品が『塀の前』だった。

裏通りの陽ざしの明るい板塀に子どもたちが落書きをしている情景である。落書きの勢いがあまって隣の領分に侵入する。やられた方はやりかえす。そこでお互いに相手の絵をめちゃめちゃに描きなぐる。そしてエスカレートしてめちゃ描きが拡大する。もうみんなおもしろがって落書きのふざけっこになる。その最中に塀の持主が出てきて「こらっ！」と一喝する。みんな、はっとなって立ちつくす……。あやまって、みんな仲よく落書きを消すところで終る。（略）

もう一つは『お使い』。夕方で薄暗くなっていく時の、もうじき「ごはんだよ」と呼ばれる前の一時を遊んでいる子どもたちの姿を書いた。お使いを頼まれた子がお金を落とす事件があるが、夕方裏町で遊ぶ子ども群像を書いた。（略）

この二作がきっかけになって、子どもの生活をスケッチしたものを気のむくままに書いた。」（『私の演劇教育六十年』）

こうして劇作家落合聰三郎が誕生した。

3　『掃除当番』のこと

学校劇研究会の第八回発表会で「日本学校劇連盟」が創立と同時におこなった学校劇脚本の懸賞募集で入選した作品のうちの四編を上演した。その時の『釣り』（西原康作・岡田鐳蔵指導）については前章で触れたが、四作品の中に須藤克三の『強い弱い』があった。須藤克三は一九八二年十月、七十五歳で亡くなったが『演劇と教育』一九八二年十二月号はその追悼の辞を載せた。「須藤克三氏を悼む」のなかで冨田博之は

戦後の須藤克三氏といえば「やまびこ学校」の無着成恭氏、「村の一年生」の土田茂範氏を生んだ山形県児童文化研究会や、そこを母体とした「山形童話の会」をつくるなど、山形県の児童文化運動の指導者として、あるいは農村の青年運動や文化運動の推進者として広く知られているが、戦前の学校劇研究会以来の、学校劇の実践家、脚本作家であり、戦中・戦後に数冊の学校劇脚本集を出しているということは、あまり知られていない。戦後も、山形にあって、再建された日本学校劇連盟時代からの会員であり、たえず、学校演劇・児

童演劇に心を寄せつづけておられた人だったことは、日本演劇教育連盟の会員にもあまり知られていないかもしれない。

須藤氏は一九七二年（昭和四七）に第十二回久留島武彦文化賞を受賞されたのを記念して『カヤ野のすずめ』（みどり新書の会刊）という文集を出している。それは、学校劇、童話、口演童話、随筆の作品を集め、それぞれの作品にまつわる回想を書きそえた本だが、その冒頭の章を「私の中の『学校劇』」として戦中・戦後それぞれの時期の学校劇の脚本六編と、劇あそびの小脚本十篇を選んでのせ、脚本を書きはじめたいきさつや、その頃の思い出を書き記している。

と述べ、作品『強い弱い』については次のように述べている。

この作品は、原っぱで子どもたちが相撲している遊びの世界をえがいた生活劇だったが、前記『カヤ野のすずめ』に、この作品について次のように回想している。

「小学校の近くには、いたるところに原っぱや藪から荒れ地が多く、こどもたちの遊び場になっていた。ここを舞台にしたものだが、日支事変といわれた戦争がいよいよ深刻になり、勝った勝ったで、軍国主義風潮がひたひたと押し寄せていた頃、この『強い弱い』は消極的であったが、私の思想をこめてみたかった。」（『演劇と教育』一九八二年十二月号）

須藤克三は学校劇の実践家であると同時に、生活綴方運動の実践者でもあった。その須藤克三が取り持つことで実現したのが綴方と学校劇で活躍中のメンバーによる特別座談会だった。一九三七年六月のことである。「私の演劇教育六十年」はこの会について次のように述べている。

綴方教育関係で参加した人は、百田宗治、滑川道夫、吉田瑞穂、野口茂夫、高野柔蔵などの人たちで、須藤君が司会をした。用意された問題点について深める話し合いは不十分であったが、綴方と劇と、違ったジャンルの人達が顔を合わせて話したということは、その後の活動にとって有意義だった。すなわち、劇だけに閉じこもらないで他のジャンルとの交流を深める先鞭をつけたのである。

一九三七年九月、学校劇研究会は東京舞踊研究会と提携して「学校舞踊と学校劇の会」を開いた。これもジャンルをこえた交流の一つだった。そこで落合聰三郎の『掃除当番』が金沢嘉市の演出で上演された。この『掃除当番』の原作者は槇本楠郎である。槇本楠郎は早稲田大学を中退、その後社会主義思想に共鳴し、プロレタリア児童文学に積極的に関わった童話作家、評論家、童謡詩人である。一九三六年には『新児童文学理論』を発表、そのなかで生活主義童話理論を展開した。その槇本楠郎と落合聰三郎の出会いは次のようだったという。

槇本さんの『掃除当番』という童話を読んだ。僕がこれまで生活スケッチの中で取り上げた作品とは違った素材であることを感じた。学校の中で、隣同志の組が掃除道具を取り合って喧嘩になる話だった。そういう素材は、今まで取り上げたことはなかったんだけど、集団と集団とのぶつかり合いのようなことに大変興味を持った。早速、脚色をして原作者の槇本さんに見てもらった。「よくやってくれた」というわけで、それ以来、槇本さんと大変親しくなって影響を受けるようになった。この出会いが、集団の対立をモチーフに作品を書くようになった大きなきっかけである。（『落合聰三郎脚本選集』落合聰三郎著作集Ⅱ）

さらに『掃除当番』については次のようなエピソードを紹介している。

演出の金沢君は、劇中の問題点について出演児童に討論させて深めていったので真剣味をおびた舞台になった。この脚本が、あとで豊島師範附属小学校の学芸会で上演された時、子供の発言の中に学校を批判することばがあったので、けしからんと職員会議で問題になったと聞いた。私は、学校が批判されて教師が反省することもねらいの一つなので快哉を叫びたいような気持になった。これはまた原作者槇本さんの意図でもあったと思う。（「私の演劇教育六十年」）

落合聰三郎と槇本楠郎の交流はその後も続く。

私は『掃除当番』につづく戯曲を書こうとしていた。そんな模索の中で『学級図書館』ができた。この作品ははじめは『五年生の教室』という月刊誌に『図書係』という題で発表したものである。勧められて脚本集を出すことになり、脚本の題名を書名にするにあたって、『図書係』を『学級図書館』と変えて書名にした。『学級図書館』という題名を考えついてくれたのは槇本楠郎さんである。槇本さんの『掃除当番』という童話を脚色してから、私は槇本さんと親しくなり、吉祥寺のお宅にたびたびお邪魔したし、槇本さんも拙宅に来られた。そういう交流の中で、私はやさしさとかいたわりといった自分に乏しいものを学びとっていた。槇本さんのプロレタリヤ児童文学理論よりも、人柄に影響を受けたようである。

と「私の演劇教育六十年」には記してある。

昭和初期、プロレタリア文学の高揚期の影響もあって、児童文学の世界でもプロレタリア児童文学の活動が展開されたが、槇本楠郎は創作においても評論においてもその分野での精力的な活動家だった。しかし相次ぐ弾圧と取り締まりでプロレタリア文化運動とともに、プロレタリア児童文学運動は組織的にも解体状態に陥ってしまうのである。槇本楠郎の『新児童文学理論』はそんな時にまとめられた。菅忠道は次のように言う。

槇本楠郎の評論集『新児童文学理論』（昭和十一年）はプロレタリア児童文学運動が極度に困難になった昭

和八年八月（運動の最高司令部である日本共産党の中枢も壊滅状態の時期）から、二・二六事件のあった昭和十一年六月にかけて執筆したものを収めている。この時期の情勢と、児童文学の問題に照明を与え、ともかく抵抗的な活動を方向づけていたものとして、記念碑的な重要さをもつ文献といえる。この評論集の主題は、プロレタリア児童文学運動の解体後に、創作方法や組織問題について地についたかたちでおこなわれだした自己批判と、それに立っての守勢的な前進の方針である。（菅忠道『日本の児童文学』／大月書店／一九六六年）

槙本が活動していた時代はちょうどプロレタリア文学運動の転換期であった。一九三四年八月、「第一回ソヴィエト作家大会が開かれ、コミュニスト作家だけではなく、あらゆる立場の作家を網羅する単一的なソヴィエト作家同盟が成立した。その過程で、創作方法としての社会主義リアリズムが、ゴーリキーの指導のもとに確立されてきていた。」（『日本の児童文学』）のである。こうした流れを受けて日本の児童文学も社会主義リアリズムから生活主義・集団主義童話という流れが生まれるのである。菅は次のように言う。

社会主義リアリズムの創作方法が、プロレタリア文学のヴェテランたちを、文学者本来の立場にめざめさせ、はげましとともに慰めの役割を果したのと、ちょうど同じようなことが、児童文学の特殊事情とのかねあいで展開したところに、生活主義・集団主義児童文学の成立があった。自己批判と抵抗意識と現実的妥協とが入りまじっている複雑な立場で、作品活動はおこなわれていた。その積極的な側面をとりあげて論評したものとして、塚原健二郎の「集団主義童話の提唱」という評論の意義には高いものがある。昭和八年九月二日から四日間にわたって、「都新聞」（「東京新聞」の前身。文化的な新聞としては影響力の大きな存在）に発表された。（略）

従来日本の童話は、個人主義的な作品か、若くは児童生活を類型的に取り扱ったお伽噺的作品か、でなければ観念的なプロレタリア作品かのどちらかで、児童の生活を社会的関連に於て具体的に描いたというような作品は少なかったのではないかと考える。（『日本の児童文学』）

このような立場で集団主義的な作品として槇本の『掃除当番』が挙げられている。社会主義リアリズムの立場に立った塚原は槇本の『掃除当番』を高く評価している。そのような塚原の影響下にあった槇本は『新児童文学理論』に収められた「児童文学の新段階」のなかで次のように言う。

「真に正しき児童文化（児童文学）」とは、「児童の生活を正しく向上発展せしめ、児童の正しい生長を助長するものである。」それは「要約すると、児童の日常生活の中から、正しい集団的・自主的・創造的生活を導き出し、それをヨリ合理的な社会生活へと、彼等自身によって、高めさせて行くことである。勿論この場合大人の強制は許されない。強制や強要ではなくて、児童自身の自由な集団的・自主的・創造的生活によって、その正・反・合の弁証法的発展によって、彼等自身が否定すべきものは否定し、揚棄すべきものは揚棄して成長するようにせしめねばならぬのである。」（『日本の児童文学』）

菅忠道はこの後に続けて、「これが「生活主義」または「集団主義」の理論的根拠であった。」と述べ、さらに次のようにも言う。

「生活主義童話」または「集団主義童話」の実質的なねらいは、児童の生活に即して民主主義的原則をつらぬくことにあり、作品の主題としては、児童における社会性の発達を扱ったものが多かった。（『日本の児童文学』）

このような児童文学史の流れの中に生活童話としての槇本楠郎の『掃除当番』は位置づけられる。プロレタリア児童文学から社会主義リアリズムへ、そして生活童話の創作へと進んだ槇本楠郎、その槇本の作品に惹かれた落合聰三郎が書いた戯曲『掃除当番』は、学校劇におけるリアリズムの追求の証しであり、そこには落合聰三郎生活劇の本質があったのだと見ることができるのではないだろうか。落合聰三郎はその後『学級図書館』をはじめ、多くの作品を世におくり、演劇教育における脚本の新しい境地を切り開いていくのである。

五　生活劇とドラマ

全国学校劇研究協議会の第三回大会で、「生活劇」の提唱があったことは先に触れたが、それは生活綴方と演劇教育との結びつきを求めるものだった。一九三〇年代から運動として広がった生活綴方は「リアルな目で生活を観察させ・表現させ、できた作品を中心として学校集団のなかで「話しあい」をさせ、なんらかの「考え方」をつくらせていく」（『生活綴方ノート』国分一太郎）というもので、それは文を綴る作業をとおして子どもの物の見方や考え方、感じ方を育てようとするものだった。戦前、その綴り方運動はきびしい弾圧をうける。一九四〇年（昭和15年）二月、山形の村山俊太郎が検挙されたのをはじめとし、その年の十二月から翌年春にかけて全国で三百人余りの北方教育関係者が検挙され、運動は壊滅的な打撃を受けたのである。紀元二六〇〇年祝賀の記念式典が行われたのはその年（一九四〇年）の十一月十日だった。

戦後、経験主義教育といわれた新教育のなかで生活綴方運動は戦前の伝統を受け継いで活動を始める。しかし運動もすぐには活発な動きにはならなかった。生活綴方教育運動復興のきっかけとなったといわれたのは山形県山元村中学校生徒の生活記録『やまびこ学校』（無着成恭編）だった。国分一太郎は次のように述べている。

この本がはじめて出た一九五一年は、わが国戦後生活綴方運動にとって、まったく大切な年であった。生活綴方復活の年とされているからである。そしてこの『やまびこ学校』の出版こそは、小・中学校での生活綴方復興の機運をうながし、また、おとなが書く生活綴方・生活記録の運動へのキッカケをつくったものということができる。（『やまびこ学校』／百合出版／一九五六年）

この無着の実践は「ひとりひとりの子どもの、その段階その段階における独自の物の見方・考え方・感じ方を大切にしながら、それをクラスの集団に提出させ、それについて話しあいをする中で、共通する点と相違する点をあきらかにし、そのよってくるところを深くさぐらせ、ともにみんなのものとすることのできる点にまとめさせていくことを大切にする生活綴り方のしごとは、いわば集団的に、みんなの思想と感情をきたえあげていく作業である。」（『生活綴方ノート』）という生活綴方教育の本来のねらいを実践的に明らかにしたものだった。

本物の教育をしたいという思いから生まれた『やまびこ学校』の実践は、同じように考えていた多くの教師の共感と感動をよんだ。生活を綴ることに教育の可能性を見た教師が生活を演じる学校劇でもそのことが可能なのではないかとして生活劇を提唱したのは当然のことだったのかもしれない。

「生活劇」の提唱をした新潟の高橋昭は自らもその実践を試みていた。雑誌『教育』の一九五二年十二月号に紹介（『学校劇』一九五九年四月号に再録）されている実践がそれである。それは次のような内容のものである。

中学二年の佐藤政美が書いた作文がある。それは要約すると「初雪の降る寒い朝、峠をはさんだ二里ぐらい離れている村から通ってくる伊藤先生はその日も遅れて学校にやってくる。運動場に並んだ生徒たちに告げられたのは雪深い峠を越して学校へ通うことができなくなった伊藤先生が隣郡の中学校へ転任するということだった。お別れの挨拶を聞いて涙を流す生徒もいる。昼食後もいろいろ話し、夕方になって学校を出ていく先生に繰り返し「さようなら」と叫ぶ。誰かがいった「グートバーイ」に先生はニコニコしながら答える。先生がニコニコなさったのはこの時だけだった。今でも先生の元気な顔が見えるようだ」という内容である。高橋はこの作文を読んで「雪——若い先生——純朴な子ども——別れ、これは劇になると思った」のである。そして「前にも一度脚本を書いたことのあるキミと、テーマや、人物、構成などを話しあって」『先生のみずうみ』という脚本ができあがる。それは次のような内容のものだった。

山村の小さい中学校の教室である。

忠男　さむいなあ、ぼくんちのじいさんは、おらうまれてから、こんなに早く雪の降ったのははじめてだって、ばあさんと話していたよ。ほんとに寒いなあ。

と子どもたちが寒そうにして登校して来る。やがて火鉢に火をおこし、峠をこして来る先生の話をはじめる。

定吉　南雲先生（伊藤先生のこと）は今日お休みになるかも知れないよ。

れえ子　どうして来れないの。

定吉　どうしてって、峠は道がついてないだろう。

ふさよ　あんなに遠い本校から、わざわざ毎日通わなくとも、この村に宿をとればいいのにね。

健二　うん。

…………（中略）…………

やがて子どもたちは一時間目の自習に入ろうとするが、

忠男　おい——みんなして詩を作ろうや、いいだろう。題は勝手だよ。だけど南雲先生のことを書くことだけは忘れないで。

ふさよ　さんせい。

ということになって、各人詩を作ることになる。

健二　よし、じゃ、ぼく読むからみんな笑わないでくれよ。（立つ）
忠男　ああ、ちょっとちょっと、読む人は教壇に上って読むことにしようや。
健二　（教壇にのぼり、帳面を見ながら、大きな声でゆっくり読む）

詩――みずうみ
先生の顔にみずうみがある。
きれいにすんだみずうみ
その中に何かうつっている。
青空――
それからぼくの顔と
みんなの顔がうつっている

みんな拍手する。その時、

定吉　先生だ、先生が来たよ。
一同　え、先生！

みんなワイワイいいながら教室を出る。しばらくして話し声が聞こえ、先生を囲んで登場する。
この後、先生がみんなとお別れしなければならなくなったことを告げる。そして、次のような展開になる。

南雲先生　でも、みんなのことは一生忘れないよ。みんなの顔は先生の胸のかがみの中にうつって、もう絶対に消えないからね。

忠男　先生、健二君が、先生の顔にみずうみがあって、ぼくたちの顔がうつっているという詩を作ったんです。

南雲先生　ほう、健二君、先生にきかせてくれないか。

そこで健二は、再び先生のみずうみの詩を朗読する。…………（以下略）

原稿二十枚の作品になったが、それは順調に進んだわけではない。脚本を創作するという技術的なことというよりキミの家が貧乏で書くひまがないという状況からくることが大きかった。電線を引く金がなく電燈がない中、夜おそくまでランプをともすことができない生活のなかでは脚本を書くということは大変なことだったのである。その実態を知り、高橋は次のように考える。

雪という自然を単にのがれがたい宿命と考えさせず、自然をどのように克服して行けばいいか、それをはばんでいるものは何であるかという、生活態度や社会意識にもっていかないかぎり、この山村の子どもも、学校をはなれる先生も、そしてまだランプしかないという現実の貧困さも解決されてはいかないのだ。そういう現実に正面からぶつかり、それを押しきって生きる人間をつくるために、キミに脚本を書かせなければならなかったのだ。

私の仕事は「五十人の子どもをどうするか」にあらねばならなかったのだ。私はこのわかりきったことを〝山芋〟〝山びこ学校〟を読むことによってはじめて知った。私は演劇部を解散し、五十人の子どもと取りくむことにした。学校劇は教育の仕事だ。教育の仕事だということは、「演劇はかくあるべきだ」ということの前に「どんな子どもをつくればいいか」ということが、まず問題にならなければならないということだ。そして、「どんな子どもをつくればいいか」のために、学校劇は強力な教育の武器として、「どのように使えば、もっとも効果的であるか」という風に考えなければならない。(『学校劇』一九五九年四月号)

この高橋実践に対して演出家の岡倉士朗は「学校劇の役割は何か」というなかで次のように言う。

高橋さんの報告のはじめにある佐藤君の綴方は、なかなかうまい文章で、子どもなりの素朴な感覚がよくあらわれている。この綴り方の内容は、非常によく生徒がぶつかることだ。ぼくもこういうふうに涙を流したこともあった。しかしこれは単に生活描写であり、抒情的な綴方で、これを劇に仕組もうということは、これを読んだ範囲では考えられない。ところがそれを読まれた高橋さんは、劇になると思ったといわれる。そういわれてあらためて劇にしようとするならば、子どもの非常にしたった先生が何故学校をかわらなければならなかったかという理由と、新しい若い先生がくるという不安とを、子どもたちが知ろうとする欲求から、劇的行為が生まれるように思われる。ところが、この中には生徒の欲求の具体的なありどころを描いてはいない。それなのに高橋さんが劇になると考えるのは、この綴方の背後にある劇的行為を、文章からではなく、教場の生活から実際に知っていたからであろう。しかし、残念なことには、書きあげられた結果は、単に綴方を会話に移したもの以上にでていないのではないかと思われる。

さらに岡倉は次のようにも言う。

ここで、劇的な行為とは何をいうのかを少し考えてみたい。それは、何故生活綴方ではなくて劇がとりあげられねばならないかという根本的な問題が、十分明らかにされていないと思われるからである。たとえば、文学は言葉をもって考える仕事である。綴方においても、子どもたちは文字をもって考えることにより人格を形成すると考えよう。文学における言葉、彫刻のネンド、絵画のエノグ、音楽における音（あるいは楽器）に値するものは、劇においては、アクション（人間の身体を素材にして、また、同時に芸術の成果[対象]となる）＝行動（行為）である。劇の一単位を幕（Act）というのは、人間（個人あるいは集団）の行為（Action）の一単位の意味だと考えられる。

行為は欲望によって喚起される。しかも劇は、ドラマであるためには、日常行為の文学的羅列ではなく、欲望がみたされないためにその障害を克服しようとするはげしい行為をとりあつかわなければならない。はげしい行為というのは、外的なはげしさばかりをいうのではなく、内的なはげしさである場合もある。欲望が何の障害もなく満足（完了）されるところに劇はなく、欲望があって、それがなかなか成熟されない、つまり障害が大きければ大きいほど、内的にか外的にか、はげしい行為をよびおこすものなのである。

佐藤君の綴方から劇をつくる仕事を、高橋さんはあとで自己反省しておられる。これは教育の一般的な問題として提出されているのだが、じつはこの自覚にいたる過程にこそ、学校劇がとりあげるべき重要なモメントがひそんでいると考えられる。雪の山村の現実にぶつかり、電灯もないほど貧しいキミにどうやって脚本を書かせるか、という至難事にぶつかって、子どもと先生が生活条件の「峠道」をどうやって克服してゆくかという現実的行為をともにした。高橋さんに、劇を何のためにとりあげねばならぬかをはじめて考えさせたこの実際の劇的行為からこそ、劇を生み、劇によって生成してゆく次の行動課題＝主題がくみとられねばならないのではないか。

岡倉は行動によっておこるドラマという視点から高橋実践の問題を指摘したのである。

高橋の報告はこの『先生のみずうみ』のあと『おれたちははだかになるんだ』をめぐっての実践が続く。それは子どもたちに学芸会に子どもたちの身近な問題をとりあげて、人間の生き方を考えさせようとした高橋が、子どもたちにみんなに聞いてほしいことを書かせるところから始まる。集まった作品のなかで子どもたちが一番胸をうったのは、朝四時に起きて雪踏みをする義一の作文だった。

雪が降ると道をふまんばならん。俺が道をふむことがわかっていると、自分の場所をふまないで、俺にさせようとする家がある。俺はおもしろくないから、その家の前だけは、モサンモサンと大またに通る

子どもたちは「儀一君が朝四時に起きて雪ふみをするというのに、自分の家も儀一君にふませようとするのはズルイな。」と口々に憤慨した。このほかボロボロの長靴を教室に持ってこれず、廊下のマントの陰にかくした実のことや、シャツがぼろぼろで、体操の時間に上着がとれないという重信、アカギレで雑巾をつかえないのがみんなに悪いからと、かくして頑張っているアサノなどがみんなから特別にあげられた。これらをもとに討議を続け、「みんなが困っているんじゃないか。ただそれを隠しているだけなんだ。かくしあっていては、みんなが助け合うことも明るい教室をつくることもできないんだ。みんなが裸になって、苦しいことも、困っていることも話しあって、そして助け合っていこうじゃないか。そしてこれを劇にしてみようということになった。」のである。（『おれたちははだかになるんだ』の脚本は日本学校劇連盟編『日本学校劇名作全集　中学校用』（国土社／一九五四年）に掲載された）

この実践について岡倉士朗は次のように言う。

「俺たちは裸になろう」のテーマのとりあげ方は、本当に子どもたちがみんなの切実な問題を相談した結果として、現れてきたようには思えない。上着を脱がない子どもたちには、縫ってくれるヒマのない母があり、そういう家が村でどんな位置にあるかは、生活の中で具体的に子どもは身にしみているだろう。それらの切実な感覚をよび起こし、自分の位置を自覚させることに発展しないので、子どもたちは学校という一つの場で発見した自分に閉じこもってしまったのではないかと思う。義一君の生活から劇のテーマが発展しなかったのも、ここに原因があろう。だからテーマは何か学校の中だけの生活を心理的に処理するためのスローガ

ンをかかげるだけにとどまってしまったのではあるまいか。そのような観念化された教育の効果を排除し、人生に対する深い疑問を起し、どうしてもそれを乗りこえようとせざるを得ないところへ、子どもを追いこむこと、子ども自体の劇的行動をよび起すことこそ、教育なのであり、また学校劇の目的なのではあるまいか。

その点から考えると、見せるための劇に反対する高橋さん自身、その問題を拒否するためだけにとどまったために、逆に学芸会のためにやるという性急さの中で本当に問題を探りきらないで、人間の生き方の描写的展開を劇という様式にしたがって、観念的につくりあげたという印象をうける。

学校劇は家庭劇であり社会劇でなければならないのであって、子どもが学校の中で発見した自分をあつかうだけに終わってはならない。学校綴方というものがないように、学校劇というものはなく、生活劇でなければならないのだ。（雑誌『教育』一九五二年十二月号掲載・『学校劇』一九五九年四月号に再録）

学校劇と生活綴り方の結合をと叫び、自ら取り組んだ高橋の実践は戦後の生活劇のありようを提起するものとして意義あるものだったが、さらにドラマという観点からの劇づくりになったなら、この実践はより深まったのではないだろうか。私たちが考えなければならないのは、子どもの日常にドラマ的に見えるような生活があったとしても、それがそのまま劇になるのではなく、劇的行動をおこすための状況をどうつくるかが問われなければならないのである。高橋実践はそのことを教えてくれている。生活劇とはそこに生活のドラマをつくることだということを深く考えさせる実践であった。

六　学校劇と生活綴方

一九五一年の第三回全国学校劇研究協議会で生活劇の提唱があったことで、学校劇と生活綴方の関係を実践的にあるいは理論的にもあきらかにすることは避けては通れない課題となった。『学校劇』の一九五五年八月号に『『学校劇』の方法と『生活綴方』の方法」（冨田博之）が掲載されるが、それはそのことに応えることだった。（この論考は『演劇教育』に再録されている。）

そこでは生活綴方も学校劇も、大正期の芸術自由主義教育運動としておこった『赤い鳥』運動から起こったが、「『赤い鳥』の綴方を批判し、大多数の国民生活からかけはなれた余剰的文化を基盤とする芸術主義・作品主義の綴方でないもの――「生活綴方」へ発展したのにくらべて、「学校劇」のほうは、その後もなお、綴方における「赤い鳥」と同じ道を歩み続けてきた」という教育運動のちがいが述べられている。そしてそのちがいが出てきたのは

I　「わが国における演劇そのものの歴史的・社会的地位がとくべつなもので、特に学校教育のなかには演劇のそだつ基盤が第二次大戦敗戦前まではまったくなかったということ」であり、

II　「歴史的・社会的に、それほどおくれているわが国の演劇文化が、そのうえにまた、大都市に偏在しているということ」そして

III　「生活綴方のばあいには、国定教科書によってしばられていた当時の教育界のなかで、それに反発を感じ、なんとか、もっと人間性にそくした真実の教育がしたと考えた教師たちが、国定教科書にはしばられない、自由のみとめられている場所として「綴方の時間」にうちこんでいった」のだが、「学校劇のばあいには、その自由な時間一つなかった。学校劇をやるためにはまず、カリキュラムの改造が必要だというカベに、学校劇運動はつきあたり、なやまなければならなかった」と自戒をこめていう。そしてさらに

IV　「演劇のもつ構造・機能の複雑さから、その本質などもなかなか、とらえにくく、教育のなかに生かしていくばあいにも、かんたんに解決のつかない問題が、かなり多いということに教育運動の難しさがある」と言っている。（内容は要約、整理してあります）

さらに冨田論文は教育方法としての「学校劇」の特殊性について述べているが、要約するとそれは次のような内容である。

1　学校劇では、まず第一に想像力をのばすことをねらいとするということ。

2　劇では、すぐれた脚本（＝フィクション）を子どもたちが演ずることによって、生活の事実からだけではまなびとることのできない、人生や社会にたいする深くひろい洞察力をまなばせることができるということ。

3　生活綴方でも、個人の作品を集団のなかで読みあい、話しあうことによって、ひとりびとりの見かた・感じかた・考えかたの共通な点、ちがう点を論じあい、集団として高まるようにみちびき、子どもたちの社会的な連帯感をつよめていくことを、大きなねらいとしているが、劇では「劇をつくりあげる全過程で集団的なきたえあいをする。「演ずる」といういとなみは、それ自体が集団のなかでの社会的なしごとである」とし、学校劇と生活綴り方のちがいをあきらかにしている。さらに続けて

4　二重三重の複雑な関係のなかで、子どもたちは、つよい自我をそだて、同時に社会的な連帯感を身につけていくことができること。

5　注意力・忍耐力などを、つよく、こまやかにやしなっていくためにも、学校劇は大きなやくわりをはたすこと。

6　学校劇では、意識の「概念くだき」のうえに、肉体までもふくめた内的・外的な諸機能を統一した「人間の概念くだき」をめざし、美しく、正しい、表現的な肉体をつくることにも、学校劇は大きな役割をはたすこと。

7　ことばづかい・表情・動作などを、表現的に、しかも論理的なものとして訓練することがもっと重視されるべきだということ。

8　教科の学習に適用することによってほんとうに身についた学習として役立たせることができる。（『学

校劇』一九五五年八月号）

と八項目にわたって学校劇の特殊性を明らかにしているのだが、これはまさに演ずるということをとおして演劇教育の本質に迫る内容である。それなら学校劇は生活綴方からなにを学ばなければならないのだろうか。

「生活綴方の方法は、主として東北の農村地帯の教師が、当時の農村の子どもたちの現実の前に立って、その子どもたちを「どんなにかしこく幸福に、愛情をこめて、育てていくべきか」になやみその結果としてさぐりあてた」（国分一太郎「北方教育の歩んだ道」『生活綴方ノート』）方法」というのにたいして冨田は「学校劇の運動は主として都会の教師の「全人教育」とか「芸術教育」とかの要求から出発している」とし、「そのために、これまでの学校劇では、子どもの現実から出発し、教育の民族的な課題にそって進むというよりは、むしろ、教師の趣味的・文化的要求がさきになるというさかだちの現象が多かったように思う」と述べ、「教育運動としての自覚を持つことが少なかった」ので「学校劇では、そういう点をきびしく自己批判し、子どもの現実から出発し、教育の民族的な課題にこたえることを、生活綴方の運動からまなばなければならないと思います。」と言い、さらに、

学校劇の指導者は生活綴方の教師にくらべて、子どもを知ろうとする努力がたらなかったのではないかと思います。子どもとの接しかたが、たいへんに傍観者的であることが特チョウではなかったかと思います。脚本を書くのにも、ドラマという、なにかきまったものがあって、それを子どもの世界に適用する方法でしか、書かなかったのではないか。ところが、子どもの現実のなかにこそ、ほんとうのドラマがあるのです。それを大きく見のがしていたのではないかと思うのです。それを、生活綴方の教師が子どもを見る見かたから、逆に教えられるような気がします。

と述べ、さらに続けて

生活綴方では「赤い鳥」を批判しながら、その自然主義的リアリズムのなかから、リアリズムの方法を正しくうけつぎ、そのことによって生活綴方をふとらせているのですが、学校劇のほうでは「成城学校劇」をどう評価し、そのなかのなにをうけつごうとしているのかを、はっきりさせたことがあるでしょうか。」と自己批判し、「学校劇では過去の理論や実践を正しく評価しながら、うけつぐべきものはうけつぎ、批判すべきことがらは批判するという態度が足りなかった」「生活綴方の運動から、そういう態度を、今後、まなんでいきたいと思います。（『学校劇』一九五五年八月号）

と述べている。

論は「生活綴方的教育方法」についてふれ、「演劇的教育方法の存在を主張できる日のくることを願わずにはいられない」とし、最後に「封建的な人間関係の残っている日本社会のなかでは「話す」よりも「書く」ことによってこそ「自己改造」ができるというならば、わたくしたちは、そういう方法を尊重しながら、一方では、そういう日本社会のなかで「話す」よりも「書く」ことによってしか自己改造のできないような傾向をもつ子どもたちの心身を、演劇の教育によって、しだいに変革していくことをこころざしたいと思うのです。」と結んでいる。

この論考にたいして次の号（一九五五年九月号）には国分一太郎が、その次の号（一九五五年十月号）には岡倉士朗・竹内敏晴がと、二号にわたって意見が述べられている。

国分の論は次のように展開する。まず、学校劇の運動が教育運動のなかで位置を占められなかったことについては、「生活綴方のしごとがそだつためには、学校制度のなかに「綴方科」という官許の学科があったからであり、学校劇には「学校劇科」とか「演劇科」のような正規の学科がなかった」からだとし、「学校劇が育つ地盤は、せいぜいのところ、一年に一回か二回おこなわれる程度の学芸会ぐらいのものであった。こういう困難が、『赤い鳥』の精神の流れをくむ学校劇をあのかたくなな公立小学校に、容易に入りこませない原因とした。」という。そして「『学校劇研究会』などの動き以外には全国的にも地方的にも大きな動きを見せなかった」のであり、「まして、全国の農山漁村や小都市・大都市の労働者街の地盤から、『下から』学校劇運動をいっそう生活的なもの、社会の動きとともに質をかえていくものにしていく力はあらわれにくかった。」と言う。

生活綴方が農村恐慌や貧困の広がる中で、子どもたちに生活の実態を綴らせ、物の見方や考え方を育てようとした下からの運動だったのに対し、学校劇には生活綴方のような実践の蓄積がなかったということだろう。

このことについて岡倉・竹内論文は次のように言う。

> なぜ、学科のなかに綴方があって、演劇はなかったのだろうか？　なぜ、綴方には自由な場がみとめられ、学校劇には自由な時間が許されなかったのか？　それは、冨田さんもいわれるように、演劇が遊芸としていやしめられてきたことに大きな原因があることはたしかだ。しかし、演劇がルネサンス以来の近代社会のなかで人間解放のために果たしてきた役割と、演劇の本質とを考えると、問題は――たとえ意識されなかったにせよ――もうすこし深いところにあるように、現在からは考えられるのではないだろうか？　「学校劇をやるためには、まずカリキュラムの改造が必要」だったと冨田さんは指摘されているが、つまり学校劇は全教育体系の変革を、けっきょく教育のめざす人間像のまったくあたらしい質を要求するということになる。教育の他の部門でももちろんだろうが、以上の意味で学校劇は、戦後の教育方法の質を明白にし確立すべき任務をもっているといえるだろう。

そして「演劇は、精神と肉体とが同時的に統一されて行動しうる人間を前提としているのだし、そういう人間をつくりだす方法をみずからのなかにもっているのである。——そのことが、人間改造・解放に役立つ演劇固有の力なのであるから。ここに、演劇が教育にかかわる本来の意味があると思われる。」と述べている。

国分論文にいう生活性や社会性とともに質を変えていく運動を、あるいは岡倉・竹内論文が指摘するように、教育体系の変革や教育法の質を明らかにしていくという仕事は、過去のものではなく、今にも続く演劇教育の基本的な課題だと言って良いのではないだろうか。

国分論文は学校劇運動の進め方についてふれ、脚本を創造普及すること、子どもたち自身に脚本をつくらせることなどについて述べるが、特に子どもたちに演劇活動をさせることによって、子どもたちの身体的・精神的な成長と発達に寄与することについて生活綴方のしごとや生活綴方的教育方法は次のようなことで寄与できるという。それは「第一に子どもたちの認識の力や質＝精神的資質が、脚本の部分部分の演出・演技を質のよいものにするだろう」ということ「第二に「話しあい」の過程できづかれる集団的な結びつきの強化や集団の認識・モラルを向上させていく生活綴方的教育方法の成果が、集団的な人間のたかまりをことのほか必要とする演劇的活動に、なにものかを寄与せずにはおかぬだろう」ということ。そして「第三に生活綴方的教育方法の採用が、子どもたちの現実的な集団生活や学習生活のなかの生きた芸術的・演劇的要素が、学校劇の活動部面に、部分的にとり入れられるねうちをもつだろう」というのである。

これに対して岡倉・竹内論文には二つの大事な点が指摘されている。ひとつは戯曲の創造についての問題である。国分論文が「子どもたちをとりまいている自然や社会の現実の事物の観察と研究から、彼ら自身の生活経験から、生活綴方以上の、一種のフィクションを加えた、ごく初歩のドラマツルギーによった児童劇脚本を、個人で、共同で、また教師との協力で創造させようとすることであるから、かならず生活綴方のしごとの過程をたどるべきであろう。」というのに対し、岡倉・竹内論文は「演劇にとってフィクションは根本的な要素である。それはドラマというものが本質に要求するもので、部分的な作劇上のテクニックではない。逆にいえば、上述のような脚本のつくり方をしたら、これは演劇となんの関係もない、一種の文学作品にすぎないといえるだろう。」とし、「ドラマというのは、一人の人間、あるいは集団（の主人公）がある願望・欲求をもってその目的実現のための行動をおこしたとき、障害にぶつかっておこすたたかいのことである。それは、生活現象から言っても激烈な形をとることもあり、あるいはほとんど目立たぬほどに進行していることもある。日常においては無意識のことだってある。いずれにせよ、日常的なこまごました現象にうもれている主人公の欲求、欲求達成のための一貫した行動をするどく示してくることのために、戯曲は構成される」という。

もう一つの問題は「演劇という『認識』の一方法を教育の場でどのようにあつかうか」ということである。国分論文が演劇活動を「まず読んで、その脚本の文章がしめす映像を頭脳のなかにハッキリと描き出す作業」と規定していることに対して岡倉・竹内論文は「俳優として認識するということは、ドラマを体験することである。相手に話しかけ、笑いかけて、相手を変革しようとしたり、逃げようとして出口をさがしたりすることである。そこではじめて、子どもたちは、行動と行動の対立のなかから戯曲の精神的価値を感じ、戯曲をつうじて、自分が人生のたいせつな価値にむかっていることを感じとるだろう。理解することでなく、感じとること、このことによって、子どもは日常の自分とちがったものになる。そのことが、子どもたちに、ひろい人間理解の視野をひらくのである。演劇とは、こういうものだ。」として演劇の本質に触れる論を展開している。重要な指摘だ。

冨田博之の論文にはじまり、国分一太郎、岡倉士朗・竹内敏晴と続いた「学校劇と生活綴方」をめぐる発言は、単に学校劇と生活綴方という分野に限られたことではなく演劇教育の本質にかかわる重要な内容がふくまれている。冨田は一九五八年に『演劇教育』（国土社）をまとめるに当たってこの論考を再録しているが、それは「私にとっては、学校劇に対する見方を一歩進めることのできた、わすれられない文章という意味」もあってのことだと述べている。そして冨田は『演劇教育』の中で、演劇教育の独自の教育的意義を明らかにすることへつなげていっているのである。そういう意味では冨田博之の『演劇教育』は一九五〇年代に盛んになった生活綴方運動に刺激を受けていたと言えるのではないだろうか。

こうした生活綴方と学校劇についての論が展開される中、生活をえがく劇は新潟の高橋昭だけでなく他にも広がりをみせていた。兵庫の和田たかおは同じ兵庫の小西健二郎の実践記録『学級革命』の中の一節「部落のボス」を脚色した作品『朝あけの子』を書いた。『朝あけの子』は日本演劇教育連盟編『中学校学校劇脚本文庫　第Ⅱ集』（国土社）に載っているが、作者はこの作品を書くことについて次のように言っている。

> ぼくは、生活綴方的な教育のいとなみのなかに呼吸しつづけながら、それによって子どものじかの生活としっかり結びつき、ぼくのその子どもたちを味方にしながら、そのような生活のなかで自信と安心をもって脚本を書くことにより、ドラマというフィクションの世界を克服して行きたいと思っています。学校劇を教育のしごととして、その意義をより高めひろめていくために。（「生活綴方的教育の呼吸のなかで」／『学校劇』一九五六年十一月号）

『朝あけの子』は小西健二郎の『学級革命』を脚色したものだが、この『学級革命』に触発されてボスたいじをテーマにして書いた脚本が岩手の菅原恭正の『ピンポン』である。『ピンポン』は日本教職員組合と日本学校劇連盟の共催による第二回学校劇脚本募集に応募、佳作に選ばれた作品である。「どんな方法によってボスたいじしようかと考えました。そしていちばん先に頭にうかんだのは、小西健二郎さんの『学級革命』の実践でした。」と菅原は述べている。ここにも生活綴方の流れが見られる。

このように新しい生活劇を生み出そうとする実践は続けられてきたのだが、そこには「生活綴方ではなくなぜ劇なのか」という岡倉士朗の提起にどうこたえるかという課題を常に負っていたのである。戦後の生活綴方が「しだいに学級内人間関係における愛情と仲よしの強調と、抽象的な、対象への積極的な働きかけなしの「物の見方・考え方」の強調へと落ち込んでいった。」（川合章『民主的人格の形成』／青木書店／一九七二年）としても、生活綴方からは戦前の運動もふくめて学ぶことが多い。しかし演劇には演劇の特質がある。生活劇をつくるということは単に生活綴方の書かれた世界――それがたとえ感動的であったとしても――を劇という形におきかえることではない。あくまでドラマとしてどう成立させるかをしっかり軸に据えなければならない、そのことをこれらの実践から学ばなければならないと思う。

七　『どこかで春が』の実践

「民話劇をやったり、研究をすることも大切だけれど、いまの中学生の生活のありのままをえがいて、友達や父兄にわかってもらうことも大切なんじゃないか。ぼくらの先祖に明るい話が生まれてなければ、ぼくらがつくればいいじゃないか。」

これは大阪府布施市第四中学校の片岡司郎の実践報告「演劇部の一年間」（『学校劇』一九五七年二月号）に紹介されている中学生ＯＢのことばである。（この実践記録は同年十一月三一書房から出版された『どこかで春が――演劇教育の実践記録――』に再録されている）

片岡の指導する布施四中の演劇部は夏休み中毎晩町々に幻燈会をやってまわることを始める。一九五五年の夏休みのことである。このなかでやった民話の話の評判がよかったこともあって民話劇の研究を始めるのである。そしてさらに郷土の民話をスライドにする活動に発展するのだが、そこからは『寝太郎』や『彦一』のような知恵やユーモアのあるはなしは生まれてこない。その討論のなかで先のＯＢの発言が投げかけられたのである。部員たちはそこから現代の民話づくりという活動に取り組んでいくのである。そして実践は「〝寝太郎〟や、〝づう〟のもっていた祖先の悩みや苦しみと通じるものが現実の自分達の生活の中に無数に潜んでいるという共感と、民話の主人公が生きるためにきりひらいていった願望が、それなら今の自分達の生き方の上ではどういう風にあるべきなのかという態度ときりはなせない関係をもっています。祖先の悩みや苦しみの共感を通して、民話の主人公に自分たち自身がなろうと意識したのであります。」（『どこかで春が——演劇教育の実践記録——』）という方向に進んでいくのである。

話し合いを続けるなかで次のような劇の筋ができ上がった。

幕が上がると、放送室の場面。ドアの横に小黒板が立てられていて〝九州の炭鉱の友だちに送る荷物はこの室でうけつけます〟と書いてある。演劇部員達がなごやかな雰囲気で、たくさん集まった衣類や食料品を整理している。次々と各級の代表が物資をとどけにくる。さあ、これで全部の級が集まったと発送の荷造りをしようとして、もう一度ノートを整理してみると、三年八組がまだ届けられていないことに気がつく。三年八組には源太がいる。源太は父親がヒロポン患者。三年八組がおそいので、たずねにいったNがなぐられて鼻血を出してかえってくる。つづいて源太が室にはいってくる。〝おい、お前ら、誰にことわってこんな集めやがるんじゃ。貧乏人にあてつけにする気か〟とどなりこみ、荷物をめちゃめちゃにする。

そこまで筋ができたが、先へ進まない。「これからさき、どないすんねんな。」頭を抱えた生徒達は筋書きにそった即興を繰り返したり討議を重ねながら「幕ぎれ近くに〝これを送ってくれ〟という声、窓からシャツが投げこまれる。みんなそれが源太のシャツだと気がついて、ほっとほほえみあう。」というところで幕にしようと決めたのだが、どうして源太をそんな気持ちにさせるのかが残されたのである。これはこの劇がドラマとして成り立つためにどうしても通らなければならない関門だった。部員たちは源太に手紙を書くということを何度も繰り返すなどしながら劇を完成させるのだが、この取り組みについて片岡は、生徒達は〝源太〟の劇をつくっていく稽古から、作文をしていく中から、大切な二つのことに気づいたのです。その一つは、源太のような人達には、うわつらだけの説教や、理屈なんかでいくらいってみた所で、本当にわかって貰えないということ。自分からさらけ出して、すなおに話す態度でなければいけないということ。自分のことをかくして人に素直になれといっても駄目だということ。もう一つは、この劇を本当に完成さすためには、この劇を作っている部員自身が自分の心の中にある源太的なもの（暴力、ひがみ、ねたみ……）を追い出すことと、自分の身のまわりの学級や地域を住みよい立派なものにする努力をしなければ、本当は駄目なんだということ。

と振り返っている。

『どこかで春が』の実践は生活をえがくというとき、そこにどのようにドラマをつくるかということ、そして生活をえがくということは自分たちの生活をもう一度見直すということなのだということを明らかにしてくれている。生活とドラマの問題はこうした実践を通してさらに深められていったのである。

八　民主教育への道

敗戦によって日本の教育はこれまでの皇国民錬成の教育から民主主義教育への転換を迫られていた。新たな教育方針を早急に決めなければならなかった文部省は、一九四五年九月十五日、『新日本建設ノ教育方針』を発表する。その方針とは

……今後ノ教育ハ益々国体ノ護持ニ努ムルト共ニ軍国的思想及施策ヲ払拭シ平和国家ノ建設ヲ目途トシテ謙

虚反省只管国民ノ教養ヲ深メ科学的思考力ヲ養ヒ平和愛好ノ念ヲ篤クシ智徳ノ一般水準ヲ昂メテ世界ノ新運ニ貢献スルモノタラシメントシテ居ル

というもので「戦時的教育訓練の一掃」や「教科書の訂正削除の指示」などが盛り込まれていた。子どもたちが先生の指示で教科書に墨を塗るという光景が全国の学校で展開されたのはこの方針がでて間もなくのことだった。

敗戦にともなってやってきた連合国軍は教育についても次々に改革のための指令を出し、軍国主義教育や超国家主義教育からの解放を指示した。さらに教育の民主化を進めようとした連合国軍総司令部長官マッカーサーはアメリカ本国に教育使節団の派遣を要請した。その教育使節団が来日したのは一九四六年三月初めのことだった。日本側も委員会を組織して対応に当たったが、それは「この教育改革の理念に貢献するところがあった」（五十嵐顕・伊ヶ崎暁生『戦後教育の歴史』／青木書店）というものだった。報告の内容は「アメリカ教育使節団報告書」として一九四六年三月三十日、提出された。その勧告にそって「教育基本法」「学校教育法」（一九四七年三月三十一日公布）、「六三制」（一九四七年四月一日実施）、「教育委員会法」（一九四八年七月十五日公布）等の施策が制度化されていくのである。

アメリカ教育使節団報告書が提出された一ヶ月後一九四六年五月、文部省は「新教育指針」を発表した。この「指針」には「ファシズムとその教育について文部省が歴史的に総括する能力を欠いている」（『戦後教育の歴史』）という面もあったが、「進歩的側面と同時に教育における『民主主義』の理論を共存させていたこの『新教育指針』は、各学校で教師たちに活用され、新教育への導入の役割を果たしていった」（『戦後教育の歴史』）という積極性をも合わせ持っていた。

この内容については一部先に触れたが、第一部後篇「新日本教育の重点」第六章「芸能文化の振興」のなかに次のような叙述がある。

> 戦後の復興・建設は実に容易ならぬ事業である。われわれは多くの困難を乗り越えて、長い道を忍耐強く進まねばならない。前途に希望を抱きながら、いらずらに焦ることなく、落ちついて確実な一歩一歩を踏みしめてゆかねばならない。そのためには生活の「ゆとり」と「うるおい」とそれを有効に用いる「たしなみ」とが必要である。この要求を充たすものが、まさに芸能であって、人々が戦後に芸能を求めているのは、このゆえであり、また芸能文化の振興が新日本教育の重点とせられるのも、このゆえである。……………
>
> 芸能の本質は広い意味の美であり、そして美は統一と調和とに成り立つ（ママ）。絵画において描かれた事物の形や色彩や陰影は、たがいによく、つり合い引き立つように統一され調和されて、美を実現する。音楽において、多くの音はそれぞれ固有の高さや強さや長さを保ちながらも、全体がよく統一され調和されて、美しい調子《リズム》と旋律《メロディー》とをあらわす。演劇においては、舞台や衣裳の美しさと、音楽や言葉の美しさと、踊りや動作の美しさなどが、さらに大きな統一調和にもたらされる。このような芸能においては、それを構成する個々の要素が、それぞれ固有の特質を発揮しながら、全体としてよく統一調和を保つことによって、美しさをあらわすのである。それはあたかも民主的な社会において、人々がそれぞれの個性を発揮しながら、秩序と協同にとによって結びつき、平和な生活をいとなむことと同じ原理に立っているのである。

文部省は戦後の復興と民主社会の建設に向けて教育面での芸能文化の必要性を説くなかで、絵画、音楽とならんで演劇も併記している。その後、教育基本法、学校教育法などが公布され新しい教育制度が整うと文部省は学校教育の内容を示す『学習指導要領』を試案として発表する。そこには次のようなことが記されていた。

これまでの教育では、その内容を中央できめると、それをどんなところでも、どんな児童にも一様にあてはめて行こうとした。だからどうしてもいわゆる画一的になって、教育の実際の場での創意や工夫がなされる余地がなかった。このようなことは、教育の実際にいろいろ不合理をもたらし、教育の生気をそぐような

ことになった。（略）

この書は、学習の指導について述べるのが目的であるが、これまでの教師用書のように、一つの動かすことのできない道をきめて、それを示そうとするような目的でつくられたものではない。新しく児童の要求と社会の要求とに応じて生まれた教育課程をどんなふうに生かして行くかを教師自身が自分で研究して行く手びきとして書かれたものである。（『学習指導要領』一般編（試案）（昭和二二年度）／文部省／一九四七年三月二十日）

ここにはそれまでの画一的な教育への批判と、教師の自主性を尊重するという姿勢がうかがえる。この中で新しい教科課程が示されたが、そこにはいくつかの特徴があった。小学校のそれでみると、ひとつはこれまでの修身・公民・地理・歴史に代えて、新しく社会科が設けられたことである。また家事科は家庭科と名前を変え、男女に課すことをたてまえとした。そして「自由研究」という時間が設けられることになった。先の「新教育指針」にあった絵画、音楽はそれぞれ「図画工作」と「音楽」として教科に定められたが、教科枠としての演劇はなかった。

九　学習指導要領〔試案〕と演劇教育

戦後教育はそれまでの軍国主義教育、超国家主義教育からの脱却であり、教育の自由と民主主義化を図ることであった。その改革は初めのうち占領軍の指令によるところがあったのは確かだが、日本側教育委員会は「教育改革は日本人が自分たちの責任において構想をまとめ、進めるべきだという強い信念を持っていたのです。」（『日本の教育』堀尾輝久）という立場に立っていた。その後、日本側委員会は「教育刷新委員会」として一九四六年八月九日に設置され、その後の改革に大きな影響を与えることになるのである。戦後の教育改革がすべて占領軍の押しつけだったということではなく、主体性のある態度をもち続けていたのである。

改革が進められる中、当然のことながら教科書も大きく変わらざるを得なかった。敗戦直後の墨塗り教科書については先に触れたが、翌一九四六年度の教科書は「大みそかも正月も返上して、二十一年［注・一九四六年］の新学期を迎える小学生のために作られた教科書は、もちろん紙や印刷事情が悪いせいもあったが、新聞用紙を流用し刷りあげたタブロイド版三十六ページ、閉じてもないシロモノ。」（読売新聞社編『日本の新学期』／一九五五年）で「パンフレット教科書」と言われた。

一九四七年（昭和22年）六三制がはじまり国語教科書も装いを新たにした国定教科書が発行された。「小・中・高三十四冊平行しての強行編集で、」「編集委員には、谷川徹三、中野好夫、河盛好蔵、輿水実、麻生磯次、片岡良一、川端康成、岩淵悦太郎、佐藤信衛、西尾実、小林英夫、吉田精一、石井庄司らの諸氏が名を連ねている。」と栗原一登が紹介している。（「遠い「あした」という日」／『演劇と教育』一九七九年十月号）

でき上がった小学校の国語教科書には「子ども自身で上演できる劇、生活劇・童話劇は六年を通じて約九、狂言一、かげえ・人形劇三、呼びかけ二、舞台劇ではないがシナリオ類三」の劇教材が載った。

○「こくご二」（一年後期）
六　山びこ（生活劇）
七　かげえ
（一）ゆびのかげえ　（二）全身のかげえ（六場）
九　春をむかえに（よびかけ）
○「こくご三」（二年前期）
一　春の声（よびかけ）
○「こくご四」（二年後期）
十　うらしまたろう（五場）

十三　はごろも

○『国語』第三学年・上

一　私の旅（対話劇）

○『国語』第三学年・下

二　（二）ありときりぎりす（二場）

三　かかし（シナリオ）

八　つりばりのゆくえ（六場）

○『国語』第四学年・上

三　もんしろちょう（シナリオ風教材）

七　にげたらくだ（二場）

○『国語』第四学年・下

八　なかよし（生活劇）

○『国語』第五学年・上

三　日の光（シナリオ）

七　ぶす（狂言）

○『国語』第五学年・下

五　人形しばい（指人形の作り方）

○『国語』第六学年・上

五　電話（生活劇）

○『国語』第六学年・下

六　幸福の国（「青い鳥」から）

この教科書をつくるにあたって広く作品を募集したが劇部門での応募は皆無だったという。「したがって、童話作品、民話・伝説等の劇教材は、旧文部省本掲載のものばかり」だった。それでも「春をむかえに」（一年後期）や「春の声」（二年前期）のような「呼びかけ」というジャンルの作品が載ったのは初めてのことだった。この「呼びかけ」と名付けたのは石森延男監修官だったと言う。

日本の国語教科書に戯曲形式の教材が載ったのは一九三三年（昭和8年）から使われるようになった第四期国定教科書（サクラ読本といわれる）の時からである。そこには狂言の「末広がり」やシェークスピアの「リア王」などがある。ほかにも「電話遊び」や「カチカチ山」「羽衣」などもあった。その後の第五期国定教科書にも「ウサギとカメ」「うらしま太郎」「羽衣」「サルトカニ」「ねずみのちえ」「うさぎとたぬき」「白兎」「北風と南風」「つりばりの行くえ」「養老」「末広がり」などが扱われている。教材としてはほとんどが童話や古典の物語である。これらの教材について栗原は「生活言語をめざしながら、劇教材の中でのそれは生気のない「書かれる話しことば」に終わっている」と言っている。こうした教材について教育現場では、戦時色の高まりとともにさしたる反響は呼ばなかったと言う。（「遠い「あした」という日」／『演劇と教育』一九七九年九月号・十月号による）

一九四七年（昭和22年）度の教科書に劇教材が載るようになった経緯について栗原は次のように述べている。

スミヌリ本時代のある日、石森（延男）図書監修官から文部省で会いたいという便りを受けた。新橋駅周辺に闇市が並び、カーキ色の軍服を着た復員兵や国民服、モンペの市民があふれていた。シューシャイン・ボーイと呼ばれた戦災孤児の靴みがきの少年たちが、ガード下にたむろしていた。なすすべもない大人たちは虚脱感にうちひしがれ、ただむなしく彷徨しているといった日々だった。そうした世上の緩慢な空気とは裏腹に、文部省の監修官の部屋の空気は張りつめていた。無謀に等しい短日月での編集作業に耐え、開き直ったとでもいえる緊張感があった。その席上で、わたしは石森監修官の口から、新しい教科書には「演劇的教材を多く取り入れたい」という計画を聞いた。これまでの演劇教材（戯曲風な形式をとった対話教材）の無味乾燥さを知っているわたしには、まさに前代未聞の画期的な発想と思われた。（「遠い「あした」という日」）

石森延男について栗原は「もともと氏は、演劇・映画・音楽に対して理解が深く、作家としても、作品の中にそうした色合いを強く出していた人である」といい、だから「責任編集という場で、多年の希望を国語教育に反映させようとしたものであろう。」と言う。

石森延男は戦後根こそぎ占領軍総司令部に追われた図書監修官のなかで、ただ一人残された図書監修官だった。戦後の演劇的教材の登場は、解放された文化運動のなかで演劇文化が教育にとって必要だとされたことの証だと思うが、栗原は次のようにもいう。

「そうした氏（石森）の意図が、新教科書を監修するＣＩＥの担当官の理解や示唆によって支持されたことも忘れてはなるまい。」と。

当時、連合国軍総司令部（ＧＨＱ）に教育・宗教・マスコミなどを担当する民間情報教育局（ＣＩＥ）がおかれていた。このＣＩＥにフェファナンという女性がいた。フェファナンはカリフォルニア州の教育局初等教育部長として全米に知られた存在だった。彼女は小学校の社会科も担当し、その指導に当たったが、学習指導要領の作成作業が同時に進められており、国語の分野にも目が向けられていたのは当然だった。そのフェファナンについて栗原は次のように言う。

女性ながらなかなか見識があって、しかも国語教育の本質をつかんでいた。やはりすぐれた学者だった。ドラマプレイなど、とくに力を入れて支持してくれた。だから、わたしは、教科書に紙芝居とか、人形劇、シナリオ、よびかけを掲げることにした

こうして劇教材が教科書に載ることになったのだが、栗原はその時の心情を次のように述べている。

最後の国定教科書本に新機軸を出し、新しい時代に対応する姿勢を示そうとすることに、わたしは賛成し、期待したものだった。特に演劇の面で教科書に場を得ることは、教育と演劇を結ぶ最大のよりどころとなるわけである。当時小・中学校の教育とは無縁の、大学勤めの演劇の徒であったわたしも、事の重大さと、民主教育の到来に興奮せずにはおれなかった。（「遠い「あした」という日」／『学校劇』一九七九年十月号）

こうして出来上がったのが先に述べた内容の教科書だったのである。しかし、このときはまだ国語科の学習指導要領は出来上がっていない。したがって一九四七年（昭和22年）度版国語教科書は学習指導要領によるものではなかったのだが、その目指していることは指導要領にほとんどが取り入れられていた。

一九四七年十二月、できあがった小学校学習指導要領国語科編の国語科学習指導の目標は次のようであった。

児童・生徒にたいして、聞くこと、話すこと、読むこと、つづることによって、あらゆる環境におけることばの使い方に熟達させるような経験を与えることである。

そして、それを具体化すると次のようになるとして次の四点をあげている。

一　表現意欲を盛んにし、かっぱつな言語活動をすることによって、社会生活を円滑にしようとする要求と能力とを発達させること。

二　自分を社会に適応させ、個性を伸ばし、また、他人を動かす手段として、効果的に、話したり、書いたりしようとする要求と能力とを発達させること。

三　知識を求めるため、娯楽のため、豊かな文学を味わうためというような、いろいろなばあいに応ずる読書のしかたを、身につけようとする要求と能力とを発達させること。

四　正しく美しいことばを用いることによって、社会生活を向上させようとする要求と能力とを発達させること。

さらにこの四つの言語活動を眼目として次のような能力の発達をはかるとしているのだが、そのなかには次のような項目がふくまれている。（抜粋）

二　相手によくわかるように、はっきりとものをいう。

（一）発音、語調などに気をつける。

（二）なるべく、方言や、なまり、舌のもつれをなおして、標準語に近づける。

（三）口ごもること、語尾のあいまいなことをなおす。

（五）表情や身ぶりを考える。

三　すらすらと読んだり書いたりできるようにする。

（五）音読や黙読がよくでき、また、正しくはやく読めるようにする。

（八）新聞・雑誌・読み物などをよく読み、紙芝居・映画・演劇・ラジオ放送などを、よく見わけ、聞きわける。

四　児童・生徒の言語活動を、次のような表現によって多種多様にのばしていく。

（四）脚本・ラジオ台本・シナリオ・詩劇・謡曲・狂言など

「話し方」の指導（小学校一、二、三学年）に進むと次のような内容が示されている。

教師の注意することとして

（一）発展の初期段階（入学当初）

1　形式的でない過程として

（2）児童が遊びそうなものを考え、また遊ぶ機会を与えてやる。この遊びから、なんでも思うままのことを、話しあうように導く。

（3）遊びとして、ねうちのあるものを示してやる。

3　なかば形式的話しかたの時間をつくる。

(1) おもしろいお話をしてやる。

(2) 事実や空想の話をさせる。

(3) 日常のできごとや、物語をしばいふうにしくんでみる。

(二) さらに進んだ発展段階（一年前期）

4　ままごとあそび・店やごっこなど、集団的な遊びの間に話しあいをさせる。

7　紙しばいや、人形しばいなど、かんたんな演劇のなかに、実際の生活活動をおりこんで、ととのった会話のかたちを実演する。

そして、次のようにも述べている。

遊びや劇をすることは、話しかたにおいて、大きな役割をもっている。児童は、ことばと行動によって、しだいに真実に近いものを表現することを学ぶ。また、日常の経験がその材料として用いられることが望ましい。

小学校四、五、六学年の国語科学習指導、話しかたの、「話しかた学習の場所とよい機会」の項には次のような内容が示されている。

(三) 演劇会

1　子どもしばいや人形しばい、かげ絵などの演出もする。

2　台本を読んだり、それについて話しあったりする。

3　脚本をよく理解して、そのせりふのいいかたをくふうする。

4　しぐさや表情などを考えて、みんなで話しあってなおしていく

5　観劇後、その演出や素材などについて話しあう。

この指導要領では「演劇」ではなく「子どもしばい」という言い方をしているのが目立つ。このことについて栗原は次のように言っている。

——なお指導要領の中では、〈子どもしばい〉という呼称が使われている。このことについて、石森監修官は、「子どもたちが、〝劇をやる〟〝劇をする〟とかよく言う。これはまちがいではないが、〝ゲキ〟ということばのひびきがおもしろくないのである。やはり、〝しばい〟という、ながく使いなれた和語の語感がなつかしいし、子どもにも、この方がわかりやすいと思う。」と言っている。たしかに〝劇をする〟は小学校の独特の発想であり、〝ドラマをする〟の直訳的不自然さを感じさせる。しかし、〝子どもしばい〟も歌舞伎の子役芝居への連想もあって、一般には定着しなかった。——（前掲「遠い『あした』という日」）

用語にも歴史的な流れがあることを感じさせる挿話である。

さて、一九四七年度版学習指導要領国語科編は五章より成っているが、第一章はまえがきで、第二章・三章は小学校、四章は中学校、五章は小中共通の文法の学習指導という内容になっている。小学校は一、二、三学年の学習指導と四、五、六学年に分かれ、低学年では「話しかた」「作文」「読みかた」「書きかた」の四節、高学年はそれに「辞書の利用について」「学校新聞について」が加わり六節からの構成になっている。劇的教材は主に「話しかた」の中に取り入れられているが、「作文」の中にも、「読みかた」の中にもそれは触れられている。

第二節　作文

○童話や簡単な子どもしばいの脚本（の創作）（後期発達段階における学習指導　二年後期から三年まで）

○国語教科書の教材を手がかりとして、これを対話文に改めたり、脚色したり、また感想を書いたりする。

（「作文の指導」第四学年）

○一つのできごとを、散文として書くだけでなく、物語や詩にしたり、紙しばいにしたり、シナリオにしたりして、いろいろな形で書いてみる。角度をかえて書くところに、新しい表現意欲がわく。（「作文の指導」第五学年）

○国語教科書の教材を通して、子ども各自の個性により興味によって、いろいろな創作活動へ導いていく。たとえば、詩歌をうたったり、思索をしたり、それを記述したり、時には、子どもしばいの脚本をつくったり、放送台本に書き改めたりする。また自治会の報告文をつくったり、学校新聞の編集をしたり、文集の発行をしたりする。（「作文の指導」第五学年）

第三節　読みかた

○読みにおいて、動作や身ぶりなどは多く用いられることが望ましい。たとえば、劇をするばあいなど、身ぶりは実際に表現される。童話や詩・物語などを脚色して演出させることも、身体的表現が必要になり、さらに、理解をふかめることになる。（「学習指導要領」低学年後期　二年中期より三年）

○読みかた学習の材料

脚本・シナリオ・よびかけ・詩劇・謡曲・狂言など（小学校四、五、六学年の国語科学習指導）

このような内容が試案として示され、教師の自主的、自発的な創意工夫に任すとされたことは、教則や教授細目に縛られ、画一的な教育を強いられた戦前の教育からからみれば大きな転換であった。国語教育に劇が取り入れられたのは、先にふれたように、石森延男の演劇への思いやフェファナンの指示があってのことだけでなく、戦後教育の流れが、社会科の導入に見られるように、「つねに児童の生活に結びつけ、生活を通して、生活のなかから体得すべきである」（『新教育指針』）という考え方によるところが大きかったのではないだろうか。

それが国語科における「あらゆる環境におけることばのつかいかたに熟達させるような経験を与えること」という学習指導の目標に現れるのだが、それは機能主義あるいは生活経験主義だといわれ、その後批判されることになる。しかし少なくとも「これまでとかく上の方からきめてあたえられたことを、どこまでもそのとおりに実行するといった画一的な傾きのあったのが、こんどはむしろ下の方からみんなの力で、いろいろと、作りあげて行くようになってきたということである。」（『学習指導要領』一般編　試案　昭和二二年度）という方針に教師たちが新教育の可能性を見いだそうとしたことはたしかである。

十　ゴッコ学習と演劇教育

戦後教育において中核となった教科は社会科だった。社会科はもともと戦時中の修身、歴史、地理が廃止され、かわるものとして誕生した。そのモデルはアメリカのヴァージニアプラン（そのあとカリフォルニアプランも伝えられる）による教科書だった。

『日本の新学期』（読売新聞社編／一九五五年）に次のような記述がある。

日本の新しい教育の土台になった社会科という言葉がはじめて口にされたのは、二十一年になってから。ある日、教科書局第一編集課長だった石山脩平氏がＣＩＥのオズボーン少佐に呼ばれた。
「君は社会科というものを知っているかね」
「知らない」と答えると考えて見給えという。帰宅して当時中学校でやっていた公民科と国民学校の国民科地、歴をよせあつめたのを持っていったら、オズボーン少佐は腹をかかえて大笑いした。そして机の引き出しからヴァージニア州の社会科の教科書を取り出して「これを読んで見給え」と言った。

さらに『日本の新学期』にはその後の様子が次のように述べられている。

はじめヴァージニア・プランで出発し、途中からカリフォルニア・プランに変更されたと人人はいうが、この新しい教育は具体的にいうと、どのようにしてやるのか、NHKの第五スタジオに通っていた文部省の役人にも次第にわかって来た。なんということはない、いまの大人たちにわかりやすくいうと、電車ゴッコ、郵便ゴッコ、お店ゴッコなど、つまり「ママゴト」の組織的積みあげがいわゆる新教育の正体なのだ。（略）たとえば「お店ゴッコ」というのをとって見ると、まず先生が生徒を連れて町へ見学に出かける。店先で行われている取引を子供に見せる。つまりこれがモノを「調査」するという教育になる。見学して学校に帰ってくる。そしてお店ゴッコをはじめるのだが、そのまえに店の模様や背景を描いて作る。これが「図画」の教育だ。次にその店で売る商品を作り、お金を作る。これが「工作」ということになる。「図画」と「工作」の中に加えられるために必要な「字」も習うことになる。こうして用意ができると、いよいよゴッコのはじまりだが、客になる子供は〝お金〟をもって〝商品〟を買いに行く。十円のものを七つ買って百円出しおつりが三十円ということで、こんどは「数学」が登場する。終わってから感想を書かせるとこれが「作文」である。

生活経験を重視する教育とはこういう内容だった。こうした方法にならって社会科の教科書作りが進められていった。できあがったところでそれは実験に移された。一九四七年（昭和22年）一月十六日、東京芝新橋の桜田小学校でその授業は行われた。その時の授業者は日下部しげ先生だった。その時の授業の様子を『日本の新学期』には次のように記している。

日下部先生がやってのけたのは「郵便ゴッコ」であった。子供を数人ずつのグループに分ける。まず田舎の知人あてに手紙を書く子供、書いた手紙を「田村町郵便局」になりすましている子供のところへとどける。田村町から芝の本局へ、さらに中央郵便局へ、ここから汽車になった子供がシュッシュッポッポと田舎に運ぶ、田舎の郵便局の子供がうけてあて名の人に配達する。手紙をうけた子供たちが返事を書き、また逆に東京へとどける——という段取りである。日下部先生自身はハガキや便センや切手を売る店のオバサンになっていた。

「先生、ハガキを下さい、切手下さい、十円でオツリは、えーと」

「先生、便セン下さい、私は百円札です」

日下部先生はハイハイと応ずる。もちろんこれが新教育、十円もってハガキ二枚を買ってオツリがいくらというのを通じて「数学」を教えて行くわけだ。何回も役目を代えてくりかえす。

「おばさん、また返事を書くからハガキ下さい」「オバサン私には切手下さい」オバサン、オバサン、「先生」がいつの間にかオバサンになっていた。朝の九時からはじめて、もう二時間もたつのに子供たちはあきないどころか、ますます熱心にとけ込んでいたのだ。見ていて重松氏が目をうるませるようにして言った言葉を、日下部先生はいまでもハッキリ覚えている。

「これはオモシロイ、これならやれる!」

アメリカからもらった新教育に文部省がはじめて自信らしきものを持った瞬間の言葉であった。(『日本の新学期』)

「ごっこ学習」は国語科にも共通する学習方法だった。栗原一登は先の「遠い『あした』という日」のなかで「フェファナン女史の次の担当官やイデー女史から「お客さまごっこ」「電話ごっこ」「学校ごっこ」といったものによって子どもに生活の中で言語経験をさせる——ドラマプレイの示唆があった」ということを倉沢栄吉が回顧記の中で述べていることを紹介しているが、社会科がそうであったように国語科においてもアメリカの教育理論の影響があり、ＣＩＥ担当官からの示唆も影響していたのである。

「学習指導要領」は一九五一年(昭和26年)に改訂が行われ、第二次試案が発表された。内容は多少整理されたが、演劇に関する内容は基本的に継承された。一九四九年(昭和24年)、検定教科書が登場するが、そこには「でんしゃごっこ」(二葉国語二年)、「ラジオごっこ」(二葉国語二年)、「おきゃくあそび」(光村国語一年）、「おみせごっこ」（教育出版藤村国語一年）、「ゆうびんごっこ」（学校図書一年）、「がっこうごっこ」（日本書籍太郎花子讀本一年）、等々のごっこ教材が取り上げられている。　こうした流れは次の改訂（一九五八年（昭和33年））がされるまで続けられる。

一九五五年文部省発行の『小学校学習指導書国語科編』にはごっこや劇化について具体的な指導内容が述べられている。

たとえば低学年児童の国語学習能力という項には「ごっこ遊びをはじめ、簡単な劇、幻燈・紙しばいなどを利用することによって、注意と興味を持続させながら学習させること」とある。また「学習指導をどのようにすすめるか」という項では「電話ごっこ・買物ごっこ・郵便ごっこなどのいわゆるごっこ遊びをはじめ、かくれんぼ・石けりなどの遊び、カード遊び・かるた遊びなど、学習指導に取り入れることのできる遊びがいくらもある。「ごっこ遊び」は普通の遊びに対して、おとなの生活の模倣を主としたものをさしているが、児童の楽しい遊びであることに変わりはない。ごっこ遊びやその他の遊びによる学習は、低学年児童の興味や欲求を全面的に生かしている点で、適切に指導すればまことに効果的である。学習の目的に沿って、いろいろな遊びを児童にくふうさせることは、模倣や創造の能力を伸ばすのに役立つ。このような能力は高学年に進むにつれて、あるいは劇的活動に進み、あるいは現実の生活経験に接近していくものである。」とある。

「動作化や劇化によって学習を進める場合の指導」の項には次のような叙述もある。「国語学習は、これを、ことばだけでなく、ことばとして理解したものを動作・行為とともに表現し、さらに進んでは劇的表現によって、これを確実的確にすることができるものである。たとえば、入門期の語いの学習において、「いぬ」には犬の動作をしてみたり、「かなしい」には悲しい表情をしてみたりするとか、また簡単な文をそのまま動作化したり、教科書の中のある教材・物語、などを劇にして国語学習を進めたりするもので、児童にとって興味のある方法である。」

こうした内容は演劇教育と言えるのだろうか。宮原誠一は日本学校劇連盟の第一回全国学校劇研究協議会での講演で「ごっこ遊びが安直なまねごとにおわって、演劇的な表現をとっていない」と述べ安易な方法を批判した。

戦後教育は子どもの興味、自主性が強調され、経験主義に基づく教育が広がった。それがアメリカからのおしつけかどうかというより、日本の教育の在り方にどんな理念があったのか、そのことが問われなければならなかったのである。そしてそれは演劇教育についても言えることであった。カリキュラムづくりはその一つの方向性を探るものだったかもしれない。

十一　カリキュラムと演劇教育

「郵便ごっこ」の実験授業をおこなった桜田小学校は、その後「桜田小プラン」という教育計画を作り、さらに実践を続けていったが、社会科という教科の新設は「なにをどう教えるか」という教育計画づくりを促すことになる。それは、アメリカの「コース・オブ・スタディ」などの影響をうけたカリキュラム作りだった。兵庫師範女子部付属小学校の「明石付小プラン」、東京都西多摩小学校の「西多摩小プラン」、広島県本郷小学校の「本郷小プラン」、山形県大石田小学校の「大石田小プラン」、その他「川口プラン」（川口市）、「魚崎プラン」（兵庫県）、「北条プラン」（千葉県）、等々、地域の実態に基づくプラン作りは全国的に広まった。そうした動きをうけて一九四八年十月、「コア・カリキュラム連盟」が結成され、カリキュラム改造運動はさらに広がっていく。

「コア」とは〝芯〟、カリキュラムとは教育計画ということになる。具体的にいうと社会科を中心におく、低学年の社会科というのはいわゆるゴッコ遊びだ。たとえば汽車ゴッコ、郵便ゴッコをしながら、交通、通信というものの初歩的な姿を見せる。それを見せながら葉書や切手の売買で初歩的な数学も教える。字も教える。つまり真ン中に社会科をおいて、その周辺に数学や国語などの基礎学問を並べる。社会の機構を教え、それを動かすのに必要な基礎的な学問を教えるというやり方が新教育である。コア・カリキュラムというのはそういうものの並べ方である」と『日本の新学期』は説明している。先に触れた「ヴァァージニア・プラン」も「カリフォルニア・プラン」もコア・カリキュラムのひとつだったが、この考え方を日本の新教育に生かそうとしたのである。その後、コア・カリキュラムはその生活主義や経験主義への批判が起こり、新しい生活教育へつながっていくことになる。

カリキュラム運動は学校劇の中でも追求すべき課題となった。

「学校劇を、教育のなかの、どのような場所に位置づけたらよいかという追及は、その後もすすめられ、一九四九年から五一年ごろにかけては、学校劇も独自なカリキュラムをもつべきだということが課題になり、学校劇のカリキュラムや、演劇の能力表をつくることに多くの人々が努力した。」と『演劇教育』には述べられているが、第二回学校劇研究協議会では「演劇とカリキュラムを主題として討議し、演劇カリキュラムの作製と演劇教育の理論や指導の基準を確立するために、演劇指導手引書が必要であるとの結論が出された。」（永井鱗太郎『学校劇図説』／岩崎書店／一九六六年第三刷）という。そして「一九五一年十一月に東京の麻布小学校で開かれた第三回全国学校劇研究協議会は、全教科のカリキュラムのなかで、劇的活動がどういかされるかという、当時、最大の問題であった「学校劇のカリキュラム」の実験を、麻布小学校の全校をあげてこころみたものであった。」（『演劇教育』）という状況だった。

冨田博之には『学校劇の建設』という著作があるが、その副題には「学校劇のコース・オブ・スタディ」とあり、それは「学校劇のカリキュラムへのこころみを提出するつもりで書いた」（『演劇教育』）というものだった。同じ年、復刊された第二次『学校劇』（一九五〇年二月号で休刊となる）に菱沼太郎は「カリキュラムと演劇」という論を掲載する。そこでは視聴覚教育における代用経験としての直感活動が演劇活動につながるとして演劇が学習方法としてとりあげられるべきだと主張している。これは冨田の考えと重なる論であった。

一九五二年（昭和27年）『国語学習と学校劇』という本が出版された。斉田喬、内山嘉吉、篠崎徳太郎、柴田秀雄、磯崎淳、宮武二郎、相原永一、中村晋、山浦常克が編集同人として名を連ねている。その中に「私たちは学校劇カリキュラムをこう考えている」というAとBの対話という形式でまとめられている記述があるが、そこには次のように述べられている。

A　戦後文部省から各科のコース・オブ・スタディ（学習指導要領）が出ただろう。それで「演劇のコース・オブ・スタディ」がいるんじゃないかとか、社会科でスコープと共にいわれたシークェンス（児童の発達段階）という言葉があるね。それで「演劇のシークェンス」も考えられねばというようなことが出発点だ。しかもこうした新教育用語を学校劇にあてはめて考えるというだけでなく、もともと各教科の学習指導上の問題を真剣につきつめていったところに起ってくる問題でもあるんだ。

B　ずいぶん複雑なんだね。

A　つまりどの教科でも演劇や、演劇的な活動が学習指導上非常にとり入れられたことね。国語についていうと、戦後の教科書の中に、「詩」「文法」「物語」「生活記録の文」とならんで「演劇」の群れとして、劇や、放送劇、紙芝居、人形劇、よびかけが入り、結局話し言葉の重視ということだ。

B　国語はまあわかるけど他の教科は……

A　まず社会科では、劇にしてみるという活動が相当あるし、ドラマチックプレー（ごっこ遊び）ね、演劇でいったすっきりした形よりも、まあ演劇的な要素を含む活動としてだが……。算数でも「ごっこ遊び」があるし、体育じゃ模倣物語遊び、リズム遊びなんか大分演劇的なものがある。音楽でも、音楽劇のような指導も行うよう、新しい指導要領に上ったし、理科でさえも指導法に劇を利用する場合があげられている位さ。

B　なるほど新教育は学校劇には将に時の氏神だね。ところで「演劇指導要領」とか「演劇のシークェンス」とかが、どうして必要になるの。

Ａ　それはね。そんな活動を考えて指導するうちに、そうした劇、劇的な活動が十分に上手に指導されることが、その学習効果をよりあげるものであるということから、先生方の「演劇の指導の手引」がなければいけないということ。また、社会科などで紙芝居をよくつくるけど、ただつくらせるだけで終わって三年と五年の差異がいい加減に考えられているんだね。そこで三年ならこの位、五年ならこの程度までといったような紙芝居のシークェンスが考えられねばいけないじゃないか。同様に広範囲な「演劇のシークェンス」がつくられたならより児童を知り、学習効果が上げ得るだろうっていうことからなんだ。（斎田喬編『国語学習と学校劇』／牧書店／一九五二年）

演劇を教育の中にどう位置づけ、なにを学ばせるのかについては、学校劇が興った時から常に問い続けられている課題でもあった。それが戦後のカリキュラム改造運動の中で、改めて明らかにすることが求められたのである。冨田博之の『学校劇の建設』がそれに応えようとしたものだったことは先に触れたが、冨田は後にこの著作について「学校劇の理論としては、視聴覚教育論における代用経験の理論を、意義あるものと考えた時期があったことを告白しなければならない」とし、「私自身の著書が、急に内容空疎なものにおもわれ」たと、社会科などにおける劇的活動などに演劇教育を位置づけようとしたことを批判的な立場で振り返っている。

十二　「逆コース教育」のなかで

一九五〇年八月、来日した第二次アメリカ教育使節団は「極東において共産主義に対抗する最大の武器の一つは、日本の啓発された選挙民である」とする反共政策を教育に求めた。それは一九四六年の第一次教育使節団による報告の内容とは大きく異なるものだった。「占領政策の民主化措置は共産主義者を利する」と述べたのはアメリカ国務省のジョージ・F・ケナンであり、「対日占領政策の目標をアジアにおける「反共の防壁」におくことを言明した」のはロイヤル陸軍長官だった。一九四九年から五〇年にかけて総司令部顧問W・C・イールズは全国の大学を回り「共産主義教授」の追放を公言した。それは大学の自治と学問の自由に対する攻撃であった。その後、占領軍と反動的な行政によって強制的に行われたレッド・パージは一七〇〇名におよぶ教職員を職場から追放するものだった。

こうした「逆コース」といわれた流れの中で、日本教職員組合は「教え子を再び戦場に送るな！」というスローガンを掲げ、教育研究大会を開くことを決めた。それが第一回全国教育研究大会である。日光で開かれたこの会に助言者として出席していた丸岡秀子は次のように述べている。

「教研も、日光集会にはじまって、いま源泉を出ようとしている。一滴、一滴のしずくを集め、沢の水を呼び、支流を合わせて、勢いを増そうとしている。創造の仕事に苦しみはつきものだが、それだけに熱いよろこびや美しさが潜んでいることは交響詩（「モルダウ」）と変わりはない。

そのころの雑誌に、「日本の良心が日光大会にあつまっていた」と書かれていた。わたしはそれを気恥ずかしく思うまえに、会場を満たす表情に、ときどき涙をのみこむことがあった。その一つは靴のことである。分科会場にはいろうとすると、そこにぬがれていた靴の多くは、こうやくが張（ママ）ってあり、底もちびていた。その靴の傷《いた》みは、長い戦争の傷みと、まだつながっていた。ピカピカ光った満足な靴は、それこそ一足もなかった。どれをはきちがえても、だれかが損をすることのない、平等な破れ靴ばかりであった。……

教研は、これからの過程で、戦後日本の文化的業績としての面からも評価されるべき姿を明らかにしていくだろう。この源泉、この源流は、これからどのような大河となって、水量ゆたかに流れるか。それを可能にすることができるか。次第に他人ごとと思えなくなって、私は東京に帰った。そして、そこにどのような荒削りの部分があろうと、踏み迷う場合があろうと、この苦しいが、たのしみであり、きびしいが、美しさ

のある仕事のなかに、わたし自身を置きたいと思うようになっていた。」（丸岡秀子『ある戦後精神』／一ッ橋書房／一九六九年）

権力支配が強まる中、自主的・民主的教育研究は新しい教育の創造への道を歩み始めていた。民間教育運動の台頭である。それは戦後の生活単元学習や経験主義的な教育から脱却し、系統性と科学性を重視するものだった。同時にそれは平和と民主主義を標榜するものでもあった。日本学校劇連盟もそうした流れの中で「学校劇では、どのような子どもをそだてていかなければならないのか」という課題の前に立たされたのである。

ごっこ学習や劇化などの広がり、さらに一九五一年改定の「学習指導要領」で国語能力表が示されたことで、カリキュラムづくりと重なった演劇の能力表づくりなど、新しい動きはあった。しかし、学校劇の運動はそのことに十分に応えきれるものではなかった。冨田博之は『演劇教育』の中で「運動は量的に発展していたが、理論的にも実践的にも、学校劇は大きなカベにぶつかっていることを感じないわけにはいかなかった。」と述べている。さらに冨田は「教育のしごととして考えるとき、そこには、どうしても、科学性のある方法論がなければならない。」とし「「学校劇をやっていくのに、なんとかして、客観性ある目標をもち、科学性のある方法論をもちたい」――それが、学校劇にとりくむ多くの教師のねがいなのである。そして、それが、少しもあきらかにならないところに、学校劇運動のつきあたっているカベの原因があったのである。」と述べているが、そのカベを乗り越え一筋の光明を見いだすことになったのがスタニスラフスキー・システムとの出会いだった。冨田はそのことについて次のように述べている。

学校劇が、スタニスラフスキーによる演技創造のシステムに目をむけはじめたとき、ながいあいだとざされていた、ぶあついカベのむこうに、かすかな光のさしこむのを感じとることができたのは、このことによるのだ。つまり、スタニスラフスキー・システムのなかに、演劇を創造する科学性を発見したから。そして、そこから演劇の・演劇による教育＝学校劇を見なおすとき、学校劇にも、科学性のある方法がうまれてくるのではないかという期待をもつことができたからである。

十三　スタニスラフスキー・システムとの出会い

戦後の我が国へのスタニスラフスキー・システムの導入について八田元夫は次のように述べている。

　占領軍のＣＩＥ（民間情報教育部）の図書館に『ＡＣＴＩＮＧ』という本があった。オデッツの推薦文が帯に書いてある。これだ！と思って借り出してみた。あった！　戦争中、アメリカで研究されていたというスタニスラフスキー・システム関係の諸論文がピックアップしてのせられている。当時、私の自宅でやっていた演劇寺子屋でも早速タイプでコピーをとって翻訳をはじめた。そのうち、山田肇訳になるこの一冊におさめられていたラポポルトの『俳優の仕事』がテスピス叢書（未来社刊）の第一冊として刊行、ついでスタニスラフスキーの『劇場と俳優の倫理』が土方与志訳により、スダコフの『俳優の創造』が山田肇訳で、ザハーバーの『俳優芸術の原理』が馬上義太郎訳によって、とＫ・Ｃ関係の研究論文が次々と訳されていった。

（略）

　ちょうどその頃、演技者の基礎訓練がはじまったばかりの、中央演劇学校や、舞台芸術学院でテキストとして取り上げられただけでなく、ぶどうの会では岡倉士朗が、新演劇研究所では下村正夫が、演出研究所では私が、ラポポルトだけでなく、スダコフの『俳優の創造』、サハーヴァの『演出の原理』等を手がかりに『俳優修業』第一部だけでなく、更に英訳で入手された第二部にまで手をひろげて、あらためてスタニスラフスキー・システムに真向から取組んでいくといういとなみが、千田（是也）の『近代俳優術』の刊行とオーバーラップして開始された。

スタニスラフスキー関係の諸文献の次々の翻訳、ロシア語原文の文献の野崎韶夫による翻訳紹介等を手がかりに、演技志願者を対象にしての、一種の純粋培養的な土台づくりが開始された。これと並行して、土方与志は、ミローノフの『演出教程』（五月書房演劇論大系第三巻）を訳出して、スタニスラフスキー・システムによる演出の方法論のお手本を示した。

（略）

ともあれ、演技の土台づくりを餓えたもののように求めていた私たちには、乾いた土が水を急速に吸いとるように、平易な文章だが事柄が「難解」のスタニスラフスキーの『俳優修業』を、これらの諸文献を手がかりに具体的に会得しはじめ、戦前からの演技者の一部をもふくめて、このＨＯＷ　ＴＯが、それぞれの世代のうけとめ方のニュアンスの差はあっても、ひろく日本の新劇のなかに浸透しはじめていった。（八田元夫「演技論史」／『演劇論講座４』／汐文社／一九七七年）

スタニスラフスキー・システムが学校劇との関連で考えられるようになったのはこうした新劇界の動きと無関係ではなかった。

一九五四年十月、福島で開かれた日本学校劇連盟の第六回の全国学校劇研究協議会は「地方における学校劇のあり方」をテーマに、「演劇は創造的な人間をつくる」「学校劇をすべての子どものものに」の二つのスローガンをかかげ、岡倉士朗が記念講演をおこなった。この時の岡倉士朗の講演について冨田博之は「岡倉士朗氏の講演は『学校劇における演出・演技の問題』というテーマで、スタニスラフスキー・システムによる、あたらしい演技創造の問題を話され、学校劇の演出・演技の考え方に、大きな示唆を与えてくれました。」（『教師の友』一九五四年十二月号）と述べている。この年、機関誌『学校劇』が復刊したが、冨田博之が「学校劇運動は、この年から、教育運動としての自覚をもって、あゆみはじめたのである。」（『演劇教育』）と言っているように演劇教育はこの時からその方向性を見いだしたのである。

一九五五年の第七回全国学校劇研究協議会では下村正夫が「新しい演技の創造」というテーマで演技実習を伴う講演をおこない、スタニスラフスキー・システムによる演技の指導が公開されたが、それは学校劇に科学性のある方法が生まれてくることを予感させるものであった。

スタニスラフスキー・システムはもともと演劇創造における科学的理論であり、俳優教育のためのものであった。それを演劇教育に携わる者が学ぶことの意義を『演劇教育』のなかで冨田は次のように言っている。

教育とは、もともと、人間の諸能力を自然の本性に即して全面的に発達させ、創造的な人間をそだてることを、その目的としているのであるが、スタニスラフスキー・システムでは、舞台で演ずるという環境のなかで狂わされた自然の本性をとりもどすために、もう一度、「見たり、聞いたり、歩いたり」することを学ばせようとする。教育という仕事が、本来なしとげようとしているものを、俳優の教育として、組織的・系統的にやろうとしているのである。つまり、スタニスラフスキー・システムによる俳優教育の方法、あるいは演劇創造の過程のなかに、人間の成長・形成をめざす教育の仕事が、より、意識的・組織的なものとして、再構成されているといってもよいだろう。（「スタニスラフスキー・システムと演劇教育」／『演劇教育』）

科学的な演劇創造の方法は、演劇活動を体験するなかで成長・発達をとげることができる、それが演劇教育における教育力なのだということに到達したとき、演劇教育の展望が開けたということだったのである。

第七回全劇協の翌年に当たる一九五六年の一月、「第一回学校劇指導者合宿研究会」が発足する。そのときの講師はスタニスラフスキー・システムの代表的研究者であった八田元夫、岡倉士朗、下村正夫だった。（その後講師には竹内敏晴・林孝一・道井直次が加わる。）この合宿研究会は演劇教育の指導者として必要なスタニスラフスキー・システムについての学習を目的とする会であり、演劇の新しい創造方法の問題をからだでつかみとろうとしたのである。そしてそこには、子どもを創造的にするためには教師自身が創造的にならなければという思いがこめられていた。

この合宿研が開かれた一九五六年、雑誌『学校劇』はその八月号から林孝一の「スタニスラフスキー・システム・ノート」の連載を始める。この連載は一九五九年三月号まで三十二回にわたって続けられた。ここでは「役を生きる」ということの説明から始まり、「行動」「注意の集中」「筋肉の解放」「創造的想像力」「舞台的行動」の基礎練習としての「無対象行動」、その発展としての「エチュード」などが述べられている。それはスタニスラフスキーの「俳優修業」を学ぶ上でも大きな参考になる連載だった。

合宿研究会はその後、演劇教育の指導者として系統的・科学的に演劇創造の基礎を学ぶことをねらいに「未来をつくる演劇大学」として引き継がれ、一九六七年まで続くことになるが、一九五〇年代から六〇年代にかけての演劇教育はスタニスラフスキー・システムについてからだをとおして学びながら演劇教育の実践を続けた時期だったのである。

十四　「演ずる」ことの発見

合宿研などを通してスタニスラフスキー・システムを学びながら、なにが明らかになってきたのだろうか。冨田博之は次のように述べている。

スタニスラフスキー・システムは、子どもの演劇教育とは、本来、何の関係もない、専門の俳優芸術のための科学的な方法論である。しかし、それは、有機体である俳優が、自然の本性をうしなわずに舞台の上に「生きる」、つまり、正しく「演ずる」ためには、どのような内的技術をそだて、どのような外的な身体の訓練を必要とするかを、科学的な方法としてしめしたものであり、それは、そのまま、子どもたちが、演技をすることが、子どもたちの心身に、どのような作用をもつかということを考える上に、貴重な示唆をあたえてくれたのである。こうして、わたしたちは「演ずること」の作用を考えることから、演劇教育の意義を、科学的にあきらかにする手がかりをつかむことができるようになったのである。（『演劇教育』）

さらに冨田は「生活綴方の復興がさけばれ、「書くこと」が子どもの人間形成に、どのような役割をもつかを、はっきりさせる必要があるとされ、さまざまな角度から、「書くこと」の意義が検討された。それとおなじような問題意識から、演劇教育では「演ずること」の意義をはっきりさせることの必要性が考えられるようになり、「演ずること」の作用に目をむけることによって、これまで観念的にしかとらえられなかった演劇教育の意義が、しだいに、科学的・具体的にとらえられるようになったのである。」と述べているが、生活綴方運動に注目していたことは先に述べたとおりである。冨田はなぜ生活綴方に目を向け続けたのだろうか。それは生活綴方運動が、北方教育以来の教育におけるリアリズムの追求にあったということに大きな関心をもったからではないだろうか。演劇教育においても教育におけるリアリズムの追求は共通する課題であったのである。そしてそれはスタニスラフスキー・システムのリアリズムの思想と重なるものだったのである。

こうして「演ずる」というはたらきのなかに演劇教育の意義を見出し、その方向性を明らかにしていった。それは、作文教育における「綴る」ということ、美術教育における「えがく」という作用、文学教育における文学作品を「読む」という作用、音楽教育における「歌う」という作用と共通する。そこでは概念的なものではない、より創造力をいかしたものが求められるのは当然のことであった。演劇教育でも、これまでの子どもの演技では型にはまったものであっても外見がよければよいとしたが、「演ずる」というなかにこれまでとは違う新しい創造的演技の方法を見いだしていったのである。

「演ずる」とは子どもたちがもういちど人間として意識的、積極的に生きて学ぶことを意味する、ということ、それは、脚本に書かれたセリフを暗記して、うまくまねをするのではなく、なにをやるか目的をはっきりもって積極的に自分のやっていることに集中し、能動的に行動する、ということである。注意を集中し、目的をはっきりさせて行動する、そのことで人に見られているという緊張感から解放され、心身の有機性がとりもどせる。そして、演技の創造性を高めるためには「役を生きる」ということが大事なのだということが強く意識されたのである。「役を生きる」とはちょうど幼児が「ごっこ」遊びをしている時のような自然な演技のことなのだが、すなおでいきいきした演技を、みちびき、そだてていくことが重要なのであり、そのためには想像力をはたらかせなければならない。演劇教育では演ずることをとおして想像力を刺激し、そだてることをもっとも大きな目的の一つにしたのである。

つまり、演劇教育ではそれまで、なにをめざし、どのような子どもをそだてようとするのかということにこたえきれなかっただけでなく、方向性も十分には明らかにされていなかった。その中で、「演ずる」ことのはたらきを考えることから演劇の創造方法にあたらしい道が開けたのである。「演ずる」ことの発見は演劇教育における一筋の光明だった。

冨田は「演ずる」というはたらきのなかに演劇教育の意義を見出したが、同時にそれはたしかなる教育論でもあった。冨田は次のように言う。

劇という一つの秩序のなかで、自分のやることに継続的に注意を集中し、能動的に考えたり、感じたり、行動したりするという体験は、子どもたちの心身に、つよい刺激をあたえずにはおかない。（略）劇では、論理を自分のあたまで考えていくというだけでなく、劇の論理にしたがって、能動的に行動するということをとおして積極的な思考力と、能動的な行動性とを育てるのである。（略）「演ずる」ということは、子どもたちが、もういちど人間として意識的・積極的に生きて学ぶことを意味する。それは、真の意味で創造的な人間をつくることなのだ。人間のさまざまな能力を、その本性に即して、のばし、そだてていくことが、教育というものの本来の目的であるとするならば、演劇教育というものは、「演ずる」というるつぼのなかで、教育本来のいとなみを、より圧縮したすがたで、より強力に、全体的にはたそうとすることを目的としているといえよう。「演劇教育とは、教育の二乗の作用をもつ教育である。」といっても、よいのではなかろうか。「演劇教育は教育の二乗の作用をもつ教育である」とは演劇教育の教育たることを明らかにしたことばだった。一九五八年に出版された冨田の『演劇教育』はそれを総括したものだった。

一九五〇年代から六〇年代にかけての演劇教育運動は新しい演技創造の道を開くとともに、教育におけるリアリズムを演劇教育の立場から追求しようとしたものだった。「演ずる」ことの発見はその証でもあったのである。

十五　「日本学校劇連盟」から「日本演劇教育連盟」へ

一九五七年八月の第九回全国学校劇研究協議会は第一回の芸術教育全国連合研究集会として日本学校劇連盟、美術教育全国協議会、日本教育版画協会、音楽教育の会の四団体の共同によって開かれたが、その後、この形での連合研究集会はもたれていない。

この第九回全劇協で「演劇教育についてみんなが共通の概念をもつための三つの提案」が常任委員会からされた。スタニスラフスキー・システムを学ぶことで、演劇教育の方向性が見え始めたとき、どうしてもその基本的考え方を共通のものにしておかなければならないと考えたのである。三つの提案は　①演劇教育の意義について　②演劇教育の位置について　③演劇教育の諸分野についての三点だった。特に①の意義については「演劇の創造をとおしての教育」と「演劇の鑑賞をとおしての教育」をあげ、創造の教育では「演ずる」ことの意義を主張した。この提案をもとに演劇教育とはなにかが明らかにされていった。そのことをもとにまとめられたのが一九五八年に出版された『演劇教育』だった。

冨田は「演劇教育」のなかで、「概念を整理する」必要を説き、「学校劇」の代わりに「演劇教育」という用語をもちいることを提案していることについては第1章でふれたが、それが具体化し、一九五九年の第十一回全国学校劇研究協議会の時の学校劇連盟の第十一回総会で会の名称を「日本学校劇連盟」から「日本演劇教育連盟」に改称することが決定された。当時、事務局長だった石原直也は「『日本演劇教育連盟』という新しい名称の決定を、私は感動をもって総会の壇上から報告した」(『日本演劇教育連盟50年のあゆみ』)と述べているが、このことばに強い思いを感じる。機関誌『学校劇』は一九六〇年一月号より『演劇と教育』に改題された。それを決めるための常任委員会では『演劇教育』ではなく、『演劇と教育』に、「と」を入れることになったが、その議論は長い時間がかけられたという。「日本学校劇連盟」から「日本演劇教育連盟」への変更、そして『学校劇』から『演劇と教育』への改題、これらのことは単に名前を変えるということではなく、新しい運動の始まりを確かめあうものだった。

冨田博之は一九六〇年『岩波講座　現代教育学8　芸術と教育』に「演劇」の項を執筆する。それは先の『演劇教育』で述べたことを、さらに整理された演劇教育論としてまとめられたものだった。そこでは「演劇教育とは何か」については次のように定義する。

演劇教育とは何かを、ひとくちに定義すれば「特殊な性格と機能をもつ芸術の一種である演劇の創造活動を体験させ、または鑑賞させるいとなみをとおして、子どもたちの全面的な成長をはかり、さらに、その本質、機能を日常の教育活動全体にいかすことによって、教育の仕事をよりゆたかで、いきいきしたものにしていこうとするもの」といえるだろう。つまり「演劇教育とは何か」というとき、わたしたちは、つぎのような三つの仕事を、そのなかみとして考えるのである。

(一)　演劇の創造活動を体験させることをとおしての教育。
(二)　演劇を鑑賞させることをとおしての教育。
(三)　演劇の本質、機能を教育全体にいかして、教育の仕事をよりゆたかで、いきいきしたものにすること。

そして「演劇の創造活動を体験させる」ことのなかで先に「演ずる」や「役を生きる」と言っていたことについて詳しく述べている。それは要約すると次のような内容である。

①「有機体であるなまみの心身をつかいこなして演ずることをとおして、心身の有機性をそだて、意志的・能動的に行動する創造的な態度を身につけ、さらに注意の集中についての能力を養うことができる。」

②「虚構にもとづく戯曲のなかの人物を演ずることによって自己以外の役割を体験することができる」

③「集団による複雑な過程をとおしての創造活動に参加することで集団のなかでの生き方を身につけることができる。」

また「演劇の鑑賞教育」についても

① 演劇は、一定の空間と時間との約束のなかで、俳優というなまみの心身による表現をもちいて創造されるという特色をもっていることから、それを見るときの観客の舞台への同一化の質が、映画とはちがう直接性、同時性をもち、いきいきとした感動をうむ。

② 観客が創造に参加することによって舞台の創造が、はじめて完結するという特質によって観客は映画やテレビなどの映像芸術よりも、能動的な見かたを要求され、想像力や注意力を刺激され、動員されることが、より強く、大きい。

③ 演劇が劇場で演じられ、それを見るのは集団であり、とくに、演劇教室などの場合には、同じ学校の生徒であったり、同じクラスのなかまだったりすることから、舞台と観客、観客と観客の間にいきた交流がうまれ、「感情の感染」（ヤコブセン）ともいうべき作用がおこって、感情の教育に大きな役割をはたす。

④ 演ずるものと見るものとは、同時に同じ空間で、呼吸をし、血をかよわせている、生きたなまみの人

間あるという点で、劇場において、人々は、人間的な連帯感を回復し、人間性をよみがえらせることができる。

と、かなり丁寧にその必要性を説いている。

さらに、『演劇教育』では「演劇的教育」ということばを使い、「劇のある教室・学校」といっていたはたらきについては、「演劇の本質、機能をいかして教育のしごとをとりゆたかで、いきいきしたものにするしごとが、演劇教育にとって重要な側面である」とし、「コミュニケーション」や「劇のある教室・学校」「心理劇」「役割劇」「物語りあそび」「ごっこあそび」「学校行事や儀式などの演劇的手法」などをあげ、そこにも演劇教育の重要な側面があるとしている。

このあと、論は幼児の劇指導から小学校の劇指導、中学校の演劇クラブ活動、高校の演劇クラブ活動と発達段階をふまえた指導法について述べているが、このなかで「演劇教育でも段階を追った科学的な指導がどうしても必要なのである。」と述べていることが、冨田博之にとっては演劇教育を進めるためにあきらかにしなければならない次の課題だったのである。

『演劇教育』から「岩波講座論文」への経過のなかで、冨田博之の演劇教育論は演劇教育の理念をかなり明確にした。しかし、運動としての演劇教育の道のりは決して平坦なものではなかった。

第3章　「ドラマ教育」の登場

一「ドラマ教育」との出会い

1　劇が消える

一九五八年十月、学習指導要領（小学校、中学校）の大幅な改訂が行われた。この改訂は、それまでとはその性格を異とする全面的な改訂であった。はじめて文部省告示として官報に公示され、その内容は拘束力をもつものとされたのである。それは、試案とし、教師の自主性を重んじるとした一九四七年度版からみれば大きな転換であった。演劇教育の面から見てもこの改訂では劇の扱いが軽くなったが、それは指導要領から劇が消えていく前兆でもあった。

考えてみれば戦後教育の民主化が進められたのは敗戦からわずか数年だった。第二次米教育使節団来日、レッド・パージ、朝鮮戦争を経るなかで教育はその進むべき航路の舵を大きく切り変えていったのでる。一九五一年九月、サンフランシスコ平和条約、日米安全保障条約という二つの条約が調印され、翌年四月、その条約は発効した。これによって日本は一応独立国となり、主権は回復することになったが、アメリカ占領軍は駐留軍として留まることになり、半占領下といわれる状態が続くことになったのである。

一九五三年九月、当時自由党政調会長であった池田勇人はMSA協定を結ぶため渡米し、ロバートソン米国務次官補と会談した。そしてこの会談では教育内容について次のような確認がされたのである。

> 会談当事者は、日本国民の防衛に対する責任感を増大させるような日本の空気を助長することがもっとも重要であることに同意した。日本政府は、教育および広報によって日本に愛国心と自衛のための自発的精神が成長するような空気を助長することに第一の責任をもつものである。……

その後、日本の軍事化、基地化は着々と進められていった。「日米行政協定によって全国五〇〇か所以上の軍事基地とその施設利用が確認された。警察予備隊は保安隊・海上警備隊として改組され、七万五〇〇〇人の警察予備隊と名乗る「軍隊」はここで一一万に増大された。」（五十嵐顕・伊ヶ崎暁生『戦後教育の歴史』／青木書店）のである。

こうした状況の中で、平和教育が求められるようになったのは当然のことであった。演劇教育運動の中でもその動きはあった。第四回学校劇研究協議会（一九五二年）のとき「平和のための脚本を」という声がでたのもそうした情勢に応えようとするものだった。日教組が「平和を願う児童劇脚本」の募集をおこなったのも同じころである。

一九五三年五月、かつて満州国総務長官や内務大臣を務め、戦犯として追放されていた大達茂雄が文部大臣の座についた。彼の就任直後、ひとつの事件が発生した。山口県の県教組が編集した『小・中学生日記』が「県教組編集の日記はアカである」とされたいわゆる「小中学生日記」事件である。

「親ソ的」とされた欄外記事は文部省推薦図書『朝日年鑑』から抜粋した「ソビエト連邦」であり、「再軍備と戸締り」では、在日米軍基地への疑問をなげかけたものであった。毛利元就の三本矢の話も、中共の思想だと攻撃され、このような〝偏向教育〟という武器に県教組分裂の攻撃がかけられた。」（『戦後教育の歴史』）のである。そして

「大達文相は徹底的にこれを利用し、「教育の中立性確保」の名目で、教員の政治活動の禁止をたくらんだ」（『戦後教育の歴史』）のである。その後教員の思想調査事件が相次いで起こり、さらに法制化されることによっていっそうその攻撃は強められていくのである。

政府は五四年二月一六日の閣議で教育公務員の政治活動を国家公務員法（一〇二条）、人事院規則（一四―七）を適用することによって一切禁止しようとする「教育公務員特例法の一部を改正する法律案」と、義務教育学校教職員に特定の政党等を支持・反対させる教育をおこなうことを教唆・煽動したものは懲役、罰金を科するという「義務教育諸学校における教育の政治的中立の確保に関する臨時措置法案」を決定し、国会に提出した。文部省は二四の〝偏向教育〟事例を発表し、それによって中立性が犯されているという世論誘導を試みた。（『戦後教育の歴史』）

事例として挙げられたのはたとえば次のようなものだった。

京都市、市立大将軍小学校

○「日の丸」軽視、皇室侮辱

1　二十七年度一年生国語教科書に「日の丸」の教材があるが、先生はこれを教えない。

2　「ラジオで君が代が出たら急いで切れ」と教えたので、子供が家でそれをする。

3　天皇巡幸の折、五年生の児童会で、先生が「天皇も橋の下の乞食も同じ人間だ」といった。又、「陛下を

お迎えにゆくな」ともいった。

…………

岩手県胆沢郡姉体村、姉体村立中学校

1 教室に憲法第九条を生徒に抜書きさせて貼っていた。又、図表を書かせ、その内容に、和解と信頼の講和と題して、戦前戦後の領土を比較させて、全面講和の正当性を印象付けようとした。

…………

京都市、市立旭丘中学校

○再軍備反対、軍事基地反対

1 数学、理科の時間に「軍事基地反対」「再軍備反対」「平和運動」等の話をし、「アカハタ」を読んで教える。

2 「原爆の子」「ひめゆりの塔」「雲流るる果てに」「蟹工船」「禁じられた遊び」「ひろしま」等の映画鑑賞、全生徒に感想文を書かせる。（『資料日本現代教育史』）

こうした事例に対して該当校からは反証の声が上がった。京都府大将軍小学校は

「提出された当校に関する資料は、事実と相違すること甚だしく多くは全然無根の例が挙げられています。……提出された資料には何等信憑性もなく、しかもその出所が不明なるに至っては遺憾の極みであります。当校教育上、重大なる影響あるものと断じ、学校長の責任に於て当該資料の取消を要望致します。」

という学校長の証言やＰＴＡや育英会の意見書、決議文が上がったのである。このように文部省が挙げた事例のなかの多くは事実に合わなかったり、与党の調査委員が「偏向の事実なし」と報告したりで、その根拠はきわめて薄弱なものであった（『戦後教育の歴史』）のである。

同じころ、教員に対する警察による直接間接の思想調査事件が新潟、静岡、鹿児島、山口等で発生した。作文サークルの動向や綴方教育の目的はなにかを聞かれたり、女教師が駐在所から呼び出され、教研集会

の参加者等について調べられたということもあったという。

そんな中、「教育二法」は五月二十九日強引に可決された。その後、教育の現場では社会科のカリキュラムを作りかえるとか、時事問題については発言を避けるなどの傾向がみられるようになった。「教育二法」の成立は教師の自主性を奪い、自由を抑圧する働きをしただけでなく、心理的な影響を与え、もの言わぬ教師を生みだしていったのである。

偏向教育の攻撃は教科書にも向けられた。一九五五年、時の政権党「民主党」は「憂うべき教科書」を発表した。

「それは偏向教科書の四つのタイプとして、「教員組合をほめるタイプ」（宮原誠一編　高校『一般社会』）、「急進的な労働運動をあおるタイプ」（宗像誠也編　中学『社会のしくみ』）、「ソ連中共を礼賛するタイプ」（周郷博編『あかるい社会』六年）、「マルクス・レーニン主義の平和教科書」（長田新編『模範中学社会』三年下）をあげ、まったく非科学的なひぼうの口調をもって平和と民主主義の教育に攻撃をかけてきた」（『戦後教育の歴史』）のである。

偏向の名を借りてかけられた教師や教科書への攻撃はさらに反動的な諸政策を打ち出してきた。一九五六年鳩山一郎自民党内閣は教育基本法改正や教育制度全般改革のための審議会を設置する「臨時教育制度審議会設置法案」、公選制教育委員会を廃止し、教育行政の中央集権化を意図した「地方教育行政の組織及び運営に関する法律案」、そして教科書の国定化をねらった「教科書法案」の三法を国会に提出した。「地教行法」は衆議院での強行可決に続き参議院では五百人の警官隊を導入しての強行採決で成立させた。「臨教審法案」と「教科書法案」は「地教行法」強行採決のあおりで審議未了となり、廃案となった。しかしこれらはその後政策として実行されていくのである。教科書についていえば、新たに教科書調査員制度が創設され、採択についてもその採択権は教委にありとして検定、採択の統制が強化された。一九五七年度用教科書の採択の際に起きた「F項パージ」はその検定統制の象徴であった。普通検定にはＡＢＣＤＥ五人の調査員が当たるのだが、一九五七年度使用教科書の検定では、五名の調査員の採点合計が合格点以上になっているのに不合格とされた教科書が数種類に及んだのである。調査の結果第六の人物Ｆの存在が明らかになった。Ｆの意見で検定が不合格になったことからそれはＦ項パージと呼ばれた。

あげられたＦ項意見には次のようなものがあった。

「新憲法が国民の総意によって作られたという表現は一方的である。」

「完全な無防備がかならずしも最善ではない。現実についていろいろな立場から研究されるべきである。この点につき現実から離れた理想的平和論の立場にたって一貫した記述がなされている。」

「基本的人権の解説では、権利だけが強調されていて、国民の義務が軽視されている。」

その後Ｆは反日教組を旗印として自由文教人連盟を結成した高山岩男であることが判明した。教科書への思想統制の攻撃は弛められることなくその後も続けられるのである。

一九五六年の地教行法によって新たに生まれた任命制教育委員会は教職員に対する勤務評定を実施することからその仕事は始まる。勤評は愛媛で始まったが、それは県の財政赤字を解消するため評定によって昇給を押さえるということが実施の理由とされた。しかし真のねらいは教育現場に対する管理体制の強化にあった。この勤務評定は一九五七年から五八年にかけて全国的に実施されることになる。東京の場合は一九五八年四月二十三日実施、提出は九月十五日と決められた。当時東京都北区立堀船小学校の校長だった伊藤吉春は評定書を提出しなかったことにより懲戒免職を受けた。評定書は提出したものの、勤評には反対だった金沢嘉市は次のように書き残している。

東京都の今日のような勤評のやり方には私は賛成することができなかった。とにかく職場の人間関係を大事にして、どの教師もみんなよい教師となって父母と子どもの期待にこたえる学校、そういう明るい学校を経営しようと思っている私には賛成できないのである。教育は自由と信頼がなくてはなりたたない。自由と信頼が確保されている中でこそ教師の生き生きしたエネルギーが育ち、それが必然的に児童生徒に生き生きとした影響をあたえていくのである。ほんとうに教育を伸ばすためではなく、教育を権力の末端に従属させていくようなやり方には賛成できないというのが私の見解であった。（『ある小学校長の回想』）

新しい教委法は教育委員会に対し学校の管理運営について規則を定めるよう求めている。それをうけて全国の教育委員会は「学校管理規則」を制定した。そのことがさらに教職員の管理統制を厳しくしていく方向へ向かわせたのである。

一九五八年学習指導要領の改訂はこうした状況のなかで進められたのである。この改定では道徳教育の徹底や基礎学力の充実、科学技術教育の向上など、教育課程審議会の答申の内容に沿うものだった。内容の精選は各教科にわたった。国語科ではこれまでの「能力表」に示されたのは「羅列的で軽重が解らない」として整理がおこなわれた。その結果、劇についていうと、「聞くこと、話すこと」の項につけたしのように、一・二学年では「動作化をする」、三・四学年では「劇化をする」、五・六学年では「劇などをする」とし、そのあとに「なども望ましい」という表現にまとめられている。他には「読むこと」の項で三学年から「脚本などを読む」ことや、五学年からは「朗読をする」などもあり、それらは六学年まで続いているが扱いの軽さは否定できない。「書く」の項では五・六年で「物語などを脚本に書きかえる」などもある。「劇化」ということばが「道徳」にも見られ、一応劇活動は残されたがその扱いは「……することが望ましい」というものだった。これは「できる限りそのように努められたい」という意味で、そのとおりにしなければならない「……するものとする」という表現とは明らかに違い、それほど重要視しているわけではないのである。

扱いが軽くなったとはいえ一九五八年度版はまだ劇は残された。しかし、一九六八年度版の指導要領では劇が完全に姿を消した。その時、当時日本演劇教育連盟の顧問であった栗原一登は次のような意見を朝日新聞に発表した。

「聞く・話す」に必要

小学校学習指導要領が発表された。学習指導要領は、教育課程を編成する基本となるもので、学校教育はすべてこの路線に沿って実施されるのである。

その第一節に国語科が挙げられている。それには国語科の全体としての目標が示され、続いて各学年の目標と内容、その取り扱いが述べられている。

目を通して驚いたのは、演劇に関するいっさいが除かれていることである。昭和二十二年、二十六年、三十三年に公示された指導要領には明示されていた項目も、忘れられたように消えているのだ。

これはいったいどういうことであろう。新指導要領は、事項の精選が特色だという。その限りにおいては異存がない。しかし精選した結果が演劇の消滅では救われない。演劇は、国語教育と無縁のものであろうか。「聞く・話す」場での劇的な指導、「読む」場での文学ジャンルのひとつとしての脚本の理解、鑑賞、それらを抜きにしてよいものであろうか。

戦後の国語指導要領は「読む」「書く」だけでなく、「聞く・話す」ことを重視して来た。これは国語教育として大進歩である。

欧米の初等教育でも、このことは地に着いた方法で実施されている。スピーチのための国語教育者が養成され現場に配属されている。そして彼らは、演劇的方法をあまねく活用して、「聞く・話す」ことに効果をあげている。

新指導要領でも、国語科総目標のひとつに「国語に対する関心を高め、言語感覚を養い、国語を愛護する態度を育てる」とうたっている。りっぱなことである。だが国語の教室では、どのような方法で指導するのであろう。目的的な、その場の対話や会話だけでなく、生活のあらゆる場に立っての言語活動が出来るためには、児童の関心や興味にみちた修錬の場を作ってやらねばならない。それには演劇的方法がいちばん有効なのである。いわゆる「ごっこ遊び」の類にしても、児童は特定の条件を設定して意識的に言葉を選び構成している。そしてこうした繰り返しの中で社会人に近づく言葉の学びをしているのである。この力をなぜ領域で活用しないのであろうか。

「読む」ことと戯曲

戯曲はもっとも精錬された話しことばで構成された文学である。そのゆえにこそ旧、現指導要領にも、詩や童話、物語とともに「脚本を読む」ことが指示されているのである。いずれの年度の指導要領にも触れられていないが、暗誦（あんしょう）・記憶ということも言語訓練には必要なことである。外国の子どもが、バイブルや戯曲の一部の暗誦を強いられることから、成人しての日常の会話にも、それが多様に生かされていることは、だれしもが知っていることである。

戯曲に表現された話しことばの、記憶するまでの読みのかみしめが、「言語感覚を養う」有力な手がかりとなるのである。もちろんその作品を上演するとなれば、いやがおうでも記憶しなければならない。そして表現する上では、指導要領の「聞く・話す」項で要望されている「正しい発音」「ことばの発音、抑揚、強弱に注意する」最適の教材にもなるのである。

復活を期待する

学校の演劇というと、商業演劇の縮刷版を想像するむきもある。しかし小学校の演劇は、演劇の持つすぐれた面を多角的に利用して、教育を効果的にする働きをしているのである。そして「国語」での位置は、新指導要領の2に示された「国語による理解と表現を通して、知識を身につけ、心情を豊にする」ことにも当たっているのである。

演劇のこれまで国語教育で果たした実績を評価してほしい。さらに一歩進めて外国なみに教師の養成機関に演劇関係の課程を設けて、それがすぐれた日本語の教育の支えとなるように大系をたててほしい。

案が成文となって告示されるのは七月と聞いている。余りにも短時日であるが、その復活を期待しているのは、私だけであるまい。

この一文が載ったのは一九六八年（昭和43年）六月二十九日だったが、文部省はこうした意見に耳を貸すことはなかった。同年七月十一日第四次学習指導要領は告示されたが、その指導要領から劇は消えたのである。この時の指導要領に取り入れられた教育における能力主義によって詰め込み教育は強化され、小学校の低学年からできる子、できない子の格差を生みだし、いわゆる大量の落ちこぼれをつくりだしていった。「現代化」をうたったこの時の教育方針は多くの授業についていけない子をつくりだしたのである。学習指導要領は一九七七年第五次の改訂が行われるが、そこでも劇が取り扱われることはなかった。

2　新しい演劇教育の潮流

戦後の経験主義教育への批判から、新しい教育運動として民間教育運動が起こったことについては先に触れたが、生活単元学習を批判することから研究活動を始めた数学教育協議会（略称「数教協」）もその一つだった。数教協は計算体系としての「水道方式」を確立し注目を集めるが、その数教協について教育学者堀尾輝久は数教協のリーダー遠山啓の言葉を引用しながら次のように言っている。

遠山さんの言葉を引用しますと、「このように寸断され、バラバラにされた知識によって、当の問題解決が果たしてできるであろうか。英和辞典がアルファベット順に並ばずにバラバラだったらどうなるか。数学にもアルファベットがある。」と書いています。これはわかりやすい言い方ですね。数学のアルファベット、数学のアルゴリズムをきちんと教えることが必要だと言っています。このアルゴリズムというのは、わかりやすく言えば定石ですね。将棋や碁を始める人はまず定石を覚えるでしょう。定石を知らずにいきなり実践したって、ほんとうに強くはならない。こういうイメージと重ねて理解すればわかりやすいと思います。あるいは、アルゴリズムというのは構造をもつものですね。それぞれの教科に即しての構造があるわけで、それをきちんととらえさせる。（堀尾輝久『日本の教育』／東京大学出版会／一九九四年）

さらに続けて堀尾は次のように言う。

数教協の、そして遠山さんの問題提起は、戦後教育のある種の甘さ、経験主義の数学における現れにたいする批判であると同時に、教育一般にも通用する批判であったわけです。それだけに、数教協の研究運動はその他の民間運動に大きな影響を与えます。（『日本の教育』）

当時、それぞれ分野ごとに自主編成運動に取り組んでいた民間教育運動に数教協の問題提起は大きな影響を与えた。

スタニスラフスキー・システムに学びながら科学的方法論としての「演劇教育論」を明らかにした冨田博之の次の課題は、演技の創造における段階的な指導法の探究だった。そして考え出されたのが「エチュード方式」だったが、それは遠山啓や数教協の問題提起や実践に少なからぬ刺激を受けていたことは彼の言からも推量できる。

――方式というい方には、数学教育における、あの高名な「水道方式」というのがあります。「エチュード方式」などといえば、それにあやかったいい方のようで気がひけないでもありませんが、水道方式が主として数学教育における計算練習の体系的な指導法に対して名づけられた名称であるとすれば、主として演劇教育における演技創造の体系的な練習方法であるわたしたちの方法をエチュード方式とよぶことは、あながち、あやかりだけをねらうものではなく、事実に即した、適切な呼びかたといっていいでしょう。（「エチュードの体系試案」(2)／『演劇と教育』一九六五年八月号）

と冨田は言っているが、「ぼくは演教連ではむしろ、五六年頃から、つまりスタニスラフスキー・システムなどを勉強しようとした時期から考えていたと思う。科学化、体系化という問題はそのころから考えていた。」（『演劇と教育』一九六七年七月号「座談会／戦後演劇教育運動小史」の発言）と言っているように問題意識としてははやくから持っていた。

冨田はエチュード方式をつくるにあたって「これまでの演劇教育運動のなかにおける研究や実践の蓄積を整理し、生かせるものは十分に生かしていく」ことと並んで「諸外国の演劇教育の研究や実践から学ぶ必要がある」ことをあげている。そして提案の中でスタニスラフスキー・システムにおけるエチュードやアメリカのクリエイティブ・ドラマティックスの基礎練習を紹介している。エチュード方式はこれらを参考にしたと思われるところが多い。

クリエイティブ・ドラマティックスについては、一九五八年四月号の『学校劇』に、アメリカの演劇教育家イザベル・B・バーガー氏がその概要を寄稿している。この時、冨田は「クリエイティブ・ドラマはフォーマルな戯曲によらずに、子どもたちがみずからの表現として劇活動をおこなうことによって、子どもたちのパーソナリティを育てようとする演劇教育の運動」だと紹介している。

バーガーの原稿の訳者は早稲田大学で河竹繁俊氏に師事した西尾邦夫だったが、西尾は一九六〇年の第十二回全劇研で「アメリカにおけるクリエイティブ・ドラマティクスの紹介」という報告をしている。その後一九六六年にわが国でクリエイティブ・ドラマティックスをはじめてまとまった形で紹介した『クリエイティブ・ドラマティックス入門』(福村出版)を出版する。そのなかで西尾はクリエイティブ・ドラマのとりこになったのは冨田博之氏からその輝かしい成果の話を聞いたからだと言っているが、そのことからも冨田が、はやくからクリエイティブ・ドラマに関心を寄せていたことがわかる。冨田は『クリエイティブ・ドラマティックス入門』のなかで、

「アメリカのクリエイティブ・ドラマティックスは、ハーツ女史の、ニューヨークにおける「教育劇場」の運動などの後を受け、一九二〇年代にはじめられた、アメリカ独自の、たいへん特色のある演劇教育の運動ですから、わが国の演劇教育運動が、坪内逍遥の児童劇論を一つの土台として発展してきたとすれば、クリエイティブ・ドラマティックスの運動は、もっと早く、一九三〇年代か、少なくとも戦後には、紹介されているはずのものでした。」

と述べ、この本が出版されたことは、わが国の演劇教育運動にとっても、たいへんよろこぶべきことだとし、さらに、

「戦後二十年をへた日本の演劇教育運動では、演劇教育についての、科学的・体系的な方法の確立が強く求められ、そのための実験や研究が進められているのですが、クリエイティブ・ドラマティックスは、そういう課題をもつ私たちにとって、何よりも大きな示唆を与えてくれるものとなるということです。」

と述べている。こうした考えが「エチュード方式」の提案へつながっていったのである。

クリエイティブ・ドラマやムーブメントといった欧米の演劇教育については落合聰三郎や岡田陽が海外との交流を続けるなかで学び、導入を心がけた功績も大きい。

一九六四年第一回国際児童演劇会議がロンドンで開かれた。「この会議は「英国児童演劇協会」が世界の国々に呼びかけて開かれたもので、はじめての世界的な会議だった。」と落合は報告の中で述べている（『世界の児童演劇』演劇教育研究所資料／2）。その会議に向けて日本からは岡田陽、岡田純子、落合聰三郎、落合初枝、川村庸子、時岡茂秀、村上常雄、八重垣緑の八名が日本代表として参加している。

この会議で「クリエイティブ・ドラマと児童演劇について」という研究発表があったことは記してあるが、それ以上のコメントはない。それは、予定していた通訳がいなかったため、内容が理解できなかったことによるものなのか、あるいは他の理由なのかは分からない。しかし、「どこでだかおぼえていないが、ある時、波多野完治さんに「落合さん、イギリスの学校には、ムーブメントというものがあります。研究してごらんなさい」と教えられた。」（『演劇教育六十年』落合聰三郎著作集III）ということばが心に残っていた落合にとっては、国際児童演劇会議はそのことを明らかにするチャンスだったはずである。会議を通じて落合にはなにかしら学びとるものがあったに違いない。国際児童演劇協会はその後「国際児童・青少年演劇協会」（ＡＳＳＩＴＥＪ＝アシテジ）として設立され、その第一回アシテジ会議が一九六六年に開かれる。六八年には第二回が、七〇年には第三回と継続して開かれるようになる。

落合はこうした児童演劇の国際会議に精力的に参加しながら、欧米の児童演劇に触れ、クリエイティブ・ドラマやムーブメントなどを中心にドラマ教育の在りように深い関心を寄せていく。一九七〇年の『子どもと家庭』（№35／日本児童問題調査会）に載った落合の論文にもそのことがうかがえる。

イギリスの小学校の劇の教科書をみると、脚本はない。あっても一冊の中に一篇ぐらいで、あとは全部脚本形式をとっていない。ストーリーがあって、それをどのように展開していくかの示唆をし、予想される発展が書かれている。子どもたちはストーリーに沿って、ことばや動作を考え、演ずるようになっている。アメリカの学校で行われているクリエイティブ・ドラマティックスもこの方式である。（『演劇教育六十年』）

第三回のアシテジは参加できなかったものの、一九七二年第四回アシテジでのクリエイティブ・ドラマとの出会いはその後の落合の活動に大きな影響を与えることになる。落合は授業の実際に立ち会った時の様子について次のように述べている。

イギリスの大学の先生、ドロシー・ヒースコート女史が、全体会議でクリエイティブ・ドラマの指導を公開した。指導された子どもは12～13才ぐらいで15人足らずであった。乗っていたボートが流されてしまったという状況が子どもたちに与えられた。「漕ぐものは持たない、食料も水もない、そこで君たちはどんなことを考え、何をしますか」。子どもたちの発言の中から、女史は「生きるか死ぬかわからない緊張状態にあること」と「どうしたらいいかと意見が分かれて対立すること」に焦点をしぼっていくように示唆してあとは自由にやらせた。子どもたちは、だんだん自分たちのおかれた容易ならぬ状態に没入して行った。目つきも変わってきて、やることに真実味が出てきた。ボートが沈みそうだから戻ろうとか、いや大丈夫だから進もうと対立する。女史が「ボートはどうなっているんですか」といった。「そうだ。漕がなければだめだ。」「漕ぐものが無いんですよ。どうしたらいいの。」「そうだ。靴で漕ごう」。靴を脱いで漕いでいく。「腹がへった」「靴の紐をつなぎ合わせて魚を釣ろう」。靴の紐をたれたら魚でなく海草がかかった。それを子どもたちは食べる。初対面の子どもたちを、わずかの時間で劇的状況に誘いいれ、真実味のある演技をさせたのに感心したが、女史が途中から子どもたちと共にボートに乗り、靴を脱いで漕ぎ、海草を食べたのが特に印象的だった。（『演劇教育六十年』）

この時のクリエイティブ・ドラマとの出会いについて蓑田正治は次のようにコメントしている。

先生の数多い海外の児童演劇視察の旅の中で、一九七二年のカナダ・アメリカにおける第四回国際青少年演劇会議での見聞は特筆すべきものだったと思う。帰国後その実態を熱っぽく語られたことからも、その後の先生の活動の傾向によっても察せられる。それはクリエイティブ・ドラマとの出会いである。（『演劇教育六十年』）

その後、落合は少年演劇センターを中心に日本でのクリエイティブ・ドラマの実践研究活動に取り組むことになるのである。

一方この国際会議参加のため同行していた岡田陽は会議が終わってからもイギリス、スイスに滞在、アメリカを回って帰国するまでの七ヶ月間のうちにいろいろ見聞したことがきっかけになり、クリエイティブ・ドラマやムーブメントへの研究に取り組むようになり、さらに「イギリスへ出かけて行ってみたり、アメリカもカリフォルニア西海岸だけですけれど、そういう目的で出かけてみたりしました。」（『演劇と教育』一九七八年十二月号）という活動を続けるのである。岡田の業績をたどる年表（「岡田陽先生の主なる仕事」／『げき』９／晩成書房）には次のように記してある。

一九六四年（昭和39）ロンドンの「国際児童演劇会議」に日本代表団（落合聰三郎団長）として参加。以後、約七ヶ月にわたりイギリスを起点に欧米諸国を視察。この時、多数のクリエイティブ・ドラマやムーブメントの資料・映画等を入手・購入。以後、映画等を使って、クリエイティブ・ドラマ、ムーブメントを日本に紹介

そして岡田は一九七三年（昭和48年）ジェラルディン・シックス／岡田陽・高橋孝一訳『クリエイティブ・ドラマチックス／子供のための創造教育』を玉川大学出版部より刊行する。さらに、アメリカの各大学の演劇教育講座で教科書として使われていた「Development through Drama」の存在を知り、『ドラマによる表現教育』（ブライアン・ウェイ／岡田陽・高橋美智訳／玉川大学出版部）を出版する。こうした海外の演劇教育の紹介と導入はこの先日本の演劇教育に大きな影響を与えることになる。そして新しい表現教育としてのドラマ教育が少しずつその輪を広げていくのである。

二　表現教育としての「ドラマ」

1　「ドラマ」か「シアター」か

ブライアン・ウェイの『ドラマによる表現教育』は次のような書き出しで始まっている。

さまざまの単純な疑問のうち、情報に関するものについては知的教育が、直接経験に関するものにはドラマが回答する。例えば、ここに「盲人とは何ですか」という質問があったとする。答はきっと「盲人とは目の見えない人のことです」となるだろう。しかし、こんな答も考えられはしまいか。「目を閉じてごらん。ずーっ

とつぶったままでいるんだよ。この部屋の出口を探してごらん」。初めの答はまさしく正確な情報であり、知的満足を与えるものである。後の答は直接経験に訴え、知的理解を越えて、心と魂に触れるものである。これが端的に言ってドラマの役割である。

さらにつぎのような叙述がある。

ここに混同してはいけない二つの活動がある。一つは演劇（theatre）であり、一つはドラマ（drama）である。「演劇」は主として、俳優と観客の間のコミュニケーションである。「ドラマ」は観ている人とのコミュニケーションは一切問題にせず、一人の参加者の経験である。

ブライアン・ウェイのこうした考えが紹介されることによって、あらためてわが国でも演劇教育における表現教育としての「ドラマ」について考えさせられるようになる。

「ドラマ」というとき、私たちは「一人の人間、あるいは集団がある願望・欲求をもってその目的実現のために行動をおこしたとき、障害にぶつかっておこすたたかい」（岡倉士朗）というように考えてきた。しかしブライアン・ウェイのいうドラマは意味が違う。ブライアン・ウェイ本人が「ドラマはすべての意味で教育の方法である」というように教育の方法なのである。岡田陽は「原書でいうdramaに適当な日本語がないので、そのままドラマで通すことにした。今後教育用語として定着さす必要からもぜひ日本語で言えるようにしたい。」と言っているように本来的な意味を考えると紛らわしさは否定できない。しかし、ドラマということばに適当な訳語がない以上演劇教育における用語として使われるようになっていったのはやむを得ないことであった。いずれにしても表現教育としての「ドラマ」ということが広く取り上げられるようになったのはこのあたりからだと言っていいだろう。

ブライアン・ウェイはdramaとtheatreを混同してはならないという。そのことから演劇教育の場ではドラマかシアターかという論議か交わされることになる。しかし、どちらがいいというような二者択一的論議はあまり建設的ではない。冨田博之は「子どもと演劇文化ということのかかわりを考えてみると、やはりシアターとドラマの両方だという気がする。」(『演劇と教育』一九七八年十二月号)と述べており、演劇教育においては両面の活動が必要だという立場に立っている。そしてシアターについては次のように言う。

シアターをとおして子どものいろんな能力が発達するということがある。「見せる」ということからくる緊張感のようなものが、子どもにとっては非常に貴重な体験だという面もあるわけです。(『演劇と教育』一九七八年十二月号)

シアターとドラマの両方をどう生かすか、エチュード方式はそのことへの冨田なりの回答だったのではないだろうか。劇をつくるためには科学的な方法が必要だとする一方、脚本を使わない日常の劇的活動、その両者を統一的にとらえようとしたのだと思う。

岡田陽や落合聰三郎も劇づくりとドラマとの関係については次のように考えている。

日本の教育の中でもう一度ブライアン・ウェイの方式――子どもに表現力をつける、人間教育として子どもたちの持っている能力を開発する、集中力をやしなう、イマジネーションを豊かにする、感覚を鋭くする、など――をちゃんと位置づける必要があるし、それを日本の演劇教育がやるべきだと思うのです。一つの筋道としてもういっぺんきちんと追ってみることによって、脚本を使う劇なんかの創造方法も、もっと充実してくるはずだと思います。」(『演劇と教育』一九七八年十二月号／座談会「世界の演劇教育は、いま」岡田の発言)

「日本でもこういう方式は、もう少し浸透していく必要があるという気がする。なぜなら、最近ゆとりのある教育ということがいわれ出し、学芸会などの催しが盛り返してくる傾向にある。そうすると、やはり脚本に沿ってやっていき、あと三週間だ、おまえ覚えろと、言って、手取り足取りやらせることが圧倒的に多くなりかねない。それを突きくずしていくには――もちろん日本の教育の体質自体を変えなければ根本的には変わらないけれども――こういう方法をもっと定着させる必要がある。劇というのは「見せる」ことが一応目標にはあっても、その過程で子どもをどう指導するか、そのために子どもはどう高まったかということを、より大事にしていかなければならないという考え方を徹底させる必要があるし、そのためには有効な方法だと思いますね。（同上、落合の発言）

ドラマとシアターとをめぐってはその後も論議が繰り返されるが、ドラマ教育の活動そのもののもつ意味や役割はさまざまな実践のなかでが明らかにされていく。

2　はじめはドラマ、あとからシアター――栗山宏の実践

栗山宏は中学校演劇におけるすぐれた指導者であり実践家であった（二〇一〇年没）。栗山は公立の中学校で演劇クラブの劇づくりに取り組みながら「よい劇を作りあげ、観客の前での上演に成功することこそが、演劇教育のクライマックスであり、そこで得られた感動が生徒に自信を与え、創造の意欲をいっそうかきたてていくものだと考えていた。」（『演劇と教育』一九七八年十二月号）のだが、それまでの演劇教育を振り返る中でいくつかの問題点が浮かび上がってくる。それは今までやってきた活動は演劇クラブという限られた中での活動であり、すべての生徒のものではない。演劇教育はクラブ活動のためのみにあるのだろうか、自分自身の生き方を見いだしていけるような演劇教育のあり方、演劇教育が学校教育の中で市民権を得るための理論や方法論があったのだろうかということであった。それらの疑問をもちはじめたとき、解決の一つの方向を示してくれたのがクリエイティブ・ドラマでありムーブメントの理論だったのである。「上演を目的とせず、脚本を必要としない、演劇用の技術的援助も必要としないこの教育法は、今まで我々がやってきた演劇教育とはかなり質の異なったものではあるが、その目的においては、全く共通するものであった。」（同上）ということを知るのである。ドラマ教育との出会いについて栗山は次のように述べている。

私が、ドラマ教育を知ったのは昭和40年代の始めである。最初の出会いは西尾邦夫氏の『クリエイティブ・ドラマティックス入門』（福村出版・一九六六年（昭和41）年発行）であるが、より具体的な姿でドラマ教育を知ったのは玉川学園の岡田陽氏をはじめ、落合聰三郎氏、時岡茂秀氏らが欧米の演劇教育を視察し、その様子を資料や映画で日本に紹介したときである。やがて、Ｊ・Ｂ・シックスのもとでクリエイティブ・ドラマティックスを学んできた佐野正之氏のゼミナールや、来日したブライアン・ウェイのワークショップに参加する機会を得て、いっそう具体的に理解できるようになった。（『演劇部12か月』晩成書房）

栗山の実践は一九七三（昭和48）年頃から始まる。こんな実例が紹介されている。（『演劇と教育』一九七八年十二月号）

軽い雑談や、遊び（にらめっこなど）で気持ちをほぐしたあと、フロアをいっぱい使って自由に歩こうと呼びかける。そのあとは……

○歩きながら手を大きく振ろう、前後、左右、ななめに。
○歩幅を変えよう、大また、小また、中また？
○首もいっしょに振ろう。
○たこのようにぐにゃぐにゃになりながら歩こう。
○思いきり自由に、全身を大きく、やわらかく、空間を全部使うつもりで動きまわろう。
○そのまま海の波になろう、春のゆったりした海。
○海岸にうちよせよう、ひいてこよう。
○風が吹いてきた、荒海の大波になろう。
○そそり立つ大岩にあたって砕けよう。

○風は次第に弱まってきた、静かな波にもどろう。

栗山が言うようにこれは将来劇をするときのこういう場面で役立つといった性質の活動ではない。リラックス―集中―イメージの喚起―全身を使うという表現がドラマ教育そのものなのである。生徒たちが「やっていて気持ちがいい」と感想が述べていることもこのような活動が生徒たちに受け入れられていることを証明している。そしてこうした活動が次へつながっていく。

生徒たちの表現を見ていると、観客がいないのがもったいないと思われるほど、芸術的であったり、感動的であったりすることがしばしばある。そして、生徒たちの心にも、自分を見せたいという気持ちが生じてくる。それは、生徒たちが、自分の表現に自信を持ち始めたことを意味している。

という生徒たちが

見ている者が、指導者以外誰もいないということがたいせつである。見られているという意識があると、緊張やよく見られたいという欲望が生じて、動きの純粋性がなくなるからである。（『演劇部12か月』）

という経過の中から生まれてきたことが重要である。観客のいないなかでこそ自由に表現できるということはまさにドラマ活動の世界である。栗山実践の意味の大きさにはこうしたドラマ活動の経験が次の活動に生きていくというところにある。

こうしたエクササイズを日常の活動で繰り返してきた生徒たちは、次に、発表のための舞台劇の練習に入ったときも、それぞれの役作りに自分自身の表現を追求し始める。役の人物像に対する掘り下げが深くなる。表現が型にはまらず、個性的であり、かつのびのびしてくる。ドラマ教育の成果である。」と栗山は言う。ドラマ活動と劇づくりが一体化し子どもの表現力をさらに高める、そこにドラマ教育があることを物語っている実践ではないだろうか。

3 「ドラマ」の授業――矢嶋直武の実践

ドラマの活動が劇づくりにつながる、そのことだけがドラマの活動ではない。ドラマの活動そのものがドラマ教育なのである。そのことを明らかにしたのが『演劇と教育』に連載された矢嶋直武（東京・和光高校）の「ドラマの授業」である。（「ドラマの授業」は『演劇と教育』一九九八年八＋九月号～九九年一＋二月号の五回にわたって連載された。）

一九八七年、矢嶋は二・三年生の「演劇」の授業を受け持つことになる。〝ワクワクするような芝居をつくりたい〟という思いにもえていた一年目、だが「卒業に必要な『単位の修得』」のために集まってきた生徒に矢嶋の思いは伝わらなかった。「二年目。それでも私は依然として「劇づくり」の夢を捨てきれずにいた。みんなが一つの劇に向かってワーッと燃えていく。そんな授業がつくりたかった。ただ、それだけだった。」（『演劇と教育』一九九八年八＋九月号／連載「ドラマの授業」）

そしてその年、次の年と劇づくりはうまく行く。「「劇好きの生徒が集まりさえすれば楽しい授業ができる」という思いをさらに強く抱かせる結果となった。」と矢嶋は思う。しかしそれはまったく偶然に過ぎなかったことを四年目になって思い知らされる。

「四年目。私は手元に届いた選択登録カードを見て愕然とした。学習面、生活面でいずれも重い課題を抱えたグループの一団が揃って名を連ねている。まさに勢揃いだった。「演劇」で赤点（不合格点）を取ることはほとんどない。加えて、長文のレポート提出もない。ペーパーテストもない。一定の時間数（年間授業数の三分の二）さえ出席すればともかく「単位」は取れる。見方によればこれほど「おいしい講座」はない。（略）登録カードに名を連ねたS君をはじめとする彼らの多くが「劇をやりたくて選択した生徒」とはとても思えなかった。数学や英語や国語の選択科目を取るよりはずっとずっと楽に単位が取れそうだというそれ以外に動機は見当たらなかった。」
という生徒たちが集まったのである。矢嶋はそんな生徒たちを集めてとりあえず体操を始める。

「ところが床に寝転ぶやいなやもう修学旅行の夜さながら。枕こそ飛ばないが異常に興奮するらしくすぐにまたじゃれあいが始まる。」

そんな生徒でも台本が与えられ、役が決まればひょっとして動きだすかもしれない。かすかな希望をつないで台本を与える。そして読み合わせを始めるのだが、漢字が出てくるとそこでストップ。ちょっと目をはなせば追いかけっこが始まる。朝の授業ともなればまだ学校に来ていない……。劇づくりは一向に進まず、「胃の痛みだけが順調に進行していくという日々が続いた。」のである。

ここで矢嶋はこれまでと違う新たな模索が始まる。

――台本を持たない演劇の授業
――全員がそろわなくてもできる授業
――なおかつ来ている生徒に意味のあるなにか（発見）を体験させられる授業

新たな課題を抱えたまま二学期を迎えた。

二学期、試しに長縄跳びをやってみた。いきなり何を始めるんだと怪訝な顔つきをしていたS君たちも、やがてまわりにつられて跳び始めた。ところが普通に跳ぶのはすぐに飽きてきたらしく、彼らはそのうち勝手に人とは違う跳び方を始めた。みんなと違う跳び方をしていかに目立ってやろうかという彼らなりのパフォーマンスなのだが、その工夫が私にはおもしろかった。次は「縄なし」で跳ぶ無対象の長縄跳び。「そんなのできるわけねえじゃねえか」と言いながらも、彼らはこれにも乗ってきた。「おめえ、引っかかってるだろよ！　見えねのかよ、バカ！」とかなんとか言いながら。その次は〈風船〉をふくらませてそれを突く。「ガキみてえ」とかなんとかいいながらまんざらでもなさそう。そして、ここでも普通に突くのはすぐに飽きてきたらしく、私のところから二つ、三つと余分に風船を持っていくとこれを同時に四、五人で突き始める。一つの風船を突くより数倍忙しい。今度は「いいか、手を使うな。足で突け！」などと彼らは私の指示などお構いなしに勝手にルールをつくってやり始める。見ている私のほうが「なるほど、こんな突き方もあったなあ」などと感心させられる。そんなこんなで無対象もへったくれもない。とにかくいろいろ遊びまくった。それから、今度は〈出会い〉をやってみた。〈出会い〉と言っても両端からただ歩いてきて出会うなんていうのは難しそうだ。もっと具体的な場所と状況を設定してあげたほうがいい。そこで小谷野洋子さんが『マイム』という本の中でで紹介しているあの〈喫茶店〉というのを勝手に真似てそれをヒントにやってみた。

この時、S君の相手をしたのがイニシャルであらわすと同じSになる、なかなか魅力的な女生徒だった。そのSさんがじいっとS君を見る。すると、その気配を感じただけであの大柄のS君がもう小さく固まっている。もう、どうにも身の置き所がないという風情である。「ちゃんと目を合わせて」と注文をつけると、恐る恐る上目づかいにSさんのほうを見る。それはもう演技ではなく、S君自身がそこにあった。誰がやってもこうなるわけではない。相手の視線をきちんと受け止めていないのに、いかにも“照れています”といった〈演技〉をしてしまう者もある。しかし、この時のS君は違っていた。身体一杯にSさんの視線を受け止めている。だから、見ているほうもこの時ばかりはシーンと静まり返り、冷やかしのヤジ一つ飛ばない。その静けさの中で、誰もがいつもと違う〈もう一人のS君〉をそこに見ていた。

この体験はいろいろな意味で私に大きな示唆を与えてくれるものとなった。それまでの私はともかく一本の芝居をつくりあげることにこだわっていた。まずでき上がった芝居のイメージが私の頭の中にあり、それに生徒を合わせようと思っていた。しかし、どうもそれではいけないのではないか。言ってみれば「集まってきた生徒から出発する」と考えなくてはなにも始まらないのではないか。

私はこの時はじめて、S君と「出会った」ような気がした。そして、彼との出会いは私にとって「ドラマ教育」との出会いでもあった。「シアター教育」から「ドラマ教育」への転換がこの時始まりつつあった。（『「ドラマ」の授業』）

単位が取りやすいからというだけで演劇を選択した生徒。学習面、生活面で課題を抱えた生徒たち、そうした生徒を抱えながら、遊びから始まってドラマ活動の世界に引き込まれていく過程は非常に興味深い。「出会い」というエチュードというちょっとしたきっかけ、――それは教師の働きかけによるものだが――そのことで見えてきたドラマ活動の世界は一つの始まりだったのである。矢嶋直武のドラマ教育はそこから展開されていったが、それは私たちにとってもドラマ教育というものがより明らかにされた実践だった。

4　教室にドラマを

アメリカ・ワシントン大学に転校し、ジェラルディン・B・シックス教授のもとでクリエイティブ・ドラマを学んだ佐野正之は帰国後の一九八一年『教師のためのクリエイティブ・ドラマ入門／教室にドラマを』を上梓した。新しい指導法の体系化のためにはクリエイティブ・ドラマからも学ぶことが多いということもあり、一九八三年の全国演劇教育研究集会では佐野正之を講師に迎え、「クリエイティブ・ドラマ入門」の特別講座をもった。そしてこの講座は一九八九年まで続けられ（その間、講師は佐野正之から方勝、小林由利子と引き継がれている。）、ドラマ教育はさらに活動の分野を広げていく。

一九八三年第三十二回全劇研で「げきあそび『にじをさがしに』」を上演した大門高子の劇づくりもその一つだった。大門はこの劇について

新しいクラスになって三か月。人前で思うように話せない、声が出ない、体が動かない、等の子どもたちが多い。そんな子どもたちが自由に豊かに自分を表現できるようになれたらと願い、このげきづくりを進め

てきた。あくまでもげきあそび風（又はクリエイティブ・ドラマティクス風というか……）なので、どこまで「見てもらえる劇」になれるかが不安なところである。（第三十二回全国演劇教育研究集会資料）

と述べているように、あきらかにクリエイティブ・ドラマを意識しての実践だった。

私たちはこうした実践を通してドラマ活動それ自体に演劇教育の意味や役割があるということ、そしてそれは日常的なドラマ活動だけにとどまらず、劇づくりにおいてもいわば相乗的なはたらきをするのだということを学んだのである。

一九七七年五回目の学習指導要領が告示されるが、この中で「ゆとりあるしかも充実した学校生活の実現」をめざすことが謳われた。そのせいもあってか、全国演劇教育研究集会にも新しい層が加わり参加者が急速に増えた。参加者が一〇〇〇名を超すような状況が十年以上も続くことになるのである。そこには単に学芸会や文化祭の劇をつくることを学ぶということではなく、日常における演劇的活動のありようを学びたいとする参加者が増えたのである。それはドラマ活動の可能性の広がりをうかがわせるものだった。劇あそびや即興、集会・行事の劇的構成、学級の演劇活動など多様な実践が盛んにおこなわれるようになるのもこのころからである。

三　ドラマ教育としてのエチュード方式

表現教育としてのドラマが導入されたこと、それは新しい演劇教育の展開を意味した。そしてそれはクリエイティブ・ドラマやブライアン・ウェイの言うドラマ教育に限定して考えるのではなく、脚本に即した劇づくりとはちがう子どもの自発性による表現活動の総称として捉え、それを「ドラマ教育」と呼ぶようになるのである。

1　エチュード方式の提唱

冨田博之が演劇教育の科学的・体系的方法として提唱したエチュード方式が冨田のドラマ教育を志向するものだったことは先に述べたが、そのエチュード方式についてもう少し詳しくみてみたい。

エチュード方式の提案は一九六三年八月号の『演劇と教育』誌に載った「エチュード方式の提唱」が最初だった。次いで「エチュードの体系試案（1）」（『演劇教育』一九六四年九月号）、「エチュードの体系試案（2）（同一九六五年八月号）、「エチュード方式の発展」（同一九六六年十二月号）と三年にわたって『演劇と教育』誌上に掲載された。一九七三年には日本標準『劇の本』別巻に「エチュード方式の実際」を執筆、「子どものためのテキスト」としてより具体的な提案をしている。これらは、ドラマ教育が盛んに言われるようになる前の状況である。もちろん冨田の提案にはクリエイティブ・ドラマを参考にして考えられているところがあるのは明らかだし、なによりエチュードという語がスタニスラフスキー・システムのエチュードからきていることは冨田がスタニスラフスキー・システムに多く刺激されたことと無関係ではない。

演劇教育におけるエチュードは日本学校劇連盟が復活し、全国協議会が開かれるようになり、八田元夫、下村正夫、岡倉士朗らが共同研究者として参加するようになったころからさかんに言われるようになった。一九五六年から始まった「学校劇指導者合宿研究会」ではスタニスラフスキー・システを学ぶ中で無対象行動とかエチュードということが学習の中で繰り返された。第一回の時の八田元夫班では『こぼれ幸い』をテキストに農村の生活をあつかったエチュードに取り組んでいるし、第二回のときの岡倉士朗班はテキスト『水泥棒』に即した「エチュードによる演技実習」がテーマだった。

また、一九五六年の『学校劇』八月号から始まった林孝一の「スタニスラフスキー・システム　ノート」の連載でも「エチュード」は取り上げられている。スタニスラフスキー・システムを学ぶ上でエチュードは欠かせないテーマだった。その後、エチュードは上演のための劇づくりや演劇クラブの日常活動の一つとして取り組まれていった。そうした中で、一九六三年の『演劇と教育』六月号に「中学生のためのエチュード」（椎崎篤）という例題試案が掲載された。これは演劇教育におけるエチュードの方法の活用として実践的な意味を持つ提案であった。冨田の「エチュード方式」が雑誌に掲載されたのはそのすぐ後の同じ年の『演劇と教育』八月号である。こうした流れからすると冨田が新しい演劇教育創造を提唱するにあたってその方式をエチュードと呼ぶことにしたのはごく自然の流れだった。エチュード方式は冨田にとって演劇教育の方法論を体系的・科学的に進めるためにはどうしても提起しなければならない課題だったのである。

エチュード方式をつくろうとした冨田は次のように言う。

演劇教育と、ひとくちにいっても、さまざまな内容がふくまれますが、演劇創造の活動を通しての教育ということが、鑑賞の教育とともに、もっとも大きな部分をしめることはいうまでもありません。そして、演劇創造の中心をなすものは、演技の創造ということです。そこで、演劇教育における指導の体系をつくるためには、演技の創造を、段階的に指導する方法論をもつことが、何よりも必要になってくるのです。そこに、わたしたちがエチュードの体系をつくろうとする一つの理由があります。エチュードの体系をつくることは、演技の創造を段階的に指導する方法論をもつための大きな手がかりになると考えられるのです。(『演劇と教育』一九六三年八月号)

冨田の提案したその内容は「基礎のエチュード」と「応用のエチュード」で構成し、「基礎のエチュード」は「日常のエチュード」として「それ自身、目的をもつ子どもの演劇活動」で「演劇活動のための基礎的、日常的活動としての役割をも果たす」ものだと位置付けている。また「応用のエチュード」は

1　役に近づくためのエチュード
2　戯曲の世界に近づくためのエチュード
3　舞台の表現に近づくためのエチュード

と三つの分野に分け、一つの戯曲を上演する指導の過程で、用いる方法として、それをより「意識的に、演劇教育における創造活動の指導のための有効な方法」と位置づけたのである。

翌年のエチュード体系試案（1）では前年提案の構想に基づき「小学校初級のためのエチュード」「中級のためのエチュード」「上級のためのエチュード」と発達段階における内容についてその重点となるものを示した。そして、次の「エチュードの体系試案」（2）では「パントマイム」「即興劇」「小さい劇」など、具体的な内容が示された。この時は「けいこ過程のエチュード」にも触れ、ひとつの戯曲を上演する稽古の過程での練習方法も説いている。提案の三年目は基礎のエチュードに「劇あそび」を加え、音楽、体育、国語科など、教科との関連で基礎のエチュードを考えようという提案がされる。さらに「例題集をつくる」ことの必要性を説くのである。一九七三年の子どものためのテキストとしての「エチュード方式の実際」ではまず「目的のある動き」をあげる。それは次のようなものだった。

1 春の野原で、草花をつむ。
2 野原に遊びに行き、小川をとびこえる。
3 海岸で、美しい小石や、貝がらをひろう。
4 朝起きて、歯をみがき、顔をあらう。
5 時間表を見て、カバンに教科書を入れ、わすれものがないかどうかをたしかめる。
6 つくえの上の花びんに、花をとってきてさす。
7 植木鉢の花に水をやる。
8 ひとりでトランプあそびをする。
9 ひとりでキャッチボールをしてあそぶ。
10 なわとびをする。
11 弟のおもちゃを、おもちゃ箱に入れて、かたづける。
12 金魚鉢の水を、きれいな水にとりかえてやる。

そして注意力と想像力を豊かにするためとして、いろいろなパントマイムが示される。一人でやるパントマイムから二人でやるパントマイム、グループでやるパントマイムの例題が示されている。さらに即興劇などもふくめて考えようというように内容がふくらんでいく。

エチュード方式の提案を受け、日本演劇教育連盟では年間の活動計画における研究課題として位置づけ、会員への研究、実践を呼びかけた。しかしそれはすぐには運動としては進展しなかった。

「エチュードの体系づくりについては約一年を経過する今日においても、ほとんど見るべき成果は機関誌に発表されていない。」（「活動計画の再検討」／『演劇と教育』一九六四年八月号）状況だった。そしてその原因を「一つには演劇教育の仕事を進めるにあたって、エチュードの体系をつくりだすことがなぜ現在もっともだいじな仕事なのかという意義づけがみんなにじゅうぶん理解されていない点にもあるだろうし、また二、三の人から機関誌に意見が出されているように国民教育運動のなかでの演劇教育の位置づけが明確にされてないところでは、エチュード研究も単なるテクニック研究に堕してしまうという疑念の中にもある。」（同上）と述べている。

ここでいわれている「国民教育運動における演劇教育の位置づけが明確にされていない」というのは西郷竹彦などの批判である。西郷は先に「国民教育としての演劇教育を確立せよ」という論を『演劇と教育』に発表している。それは一九六二年五月号に載った共同研究の中で冨田博之が「これまで、演劇教育に熱心にとりくんできた仲間のあいだに「いま何のために演劇教育をやらなければならないのだろうか」という動揺や自信喪失が起きている」というところを取り上げ、「「動揺」や「自信喪失」があるとするならば、それはまさに「国民教育としての」あるいは「国民運動における」演劇教育のあり方が、連盟の運動のなかで明確にされなかったところにあると考える」（『演劇と教育』一九六二年十二月号）という立場から論じている。そして国民教育とは「今日われわれがかかえこんでいる複雑なまた深刻な民族的諸矛盾、階級的諸矛盾、ならびに市民的諸矛盾を、それがからみあったままの形で統一的に解決止揚する、そのような能力をもった主体としての国民をつくる教育――それをわたしは国民教育と考えたい。」（同上）とし、「今日の日本国民のさまざまな社会的人間関係はありとあらゆる矛盾・差別・疎外を複雑かつ深刻にはらんでいる。これらの諸関係の正しく鋭い認識把握と、それらの諸関係の変革の志向なしには日本の教育はありえない。それは国民教育の根本的な課題であり、当然のことながら演劇教育もそれを超課題とするものでなければならない。」（『演劇と教育』一九六五年二月号）と主張するのである。

ここで言われている国民教育運動は一九五〇年代後半から一九六〇年代にかけて展開された運動だった。一九五六年から五九年にかけて全国的に展開された教職員に対する勤務評定の実施、一九六〇年の日米安全保障条約改定などをめぐって改めて民主主義擁護、国の独立と平和が叫ばれていた時期のことで、教育も課題をあきらかにしなければならない状況にあった。『戦後日本教育史』（大田尭）は一九六一年日教組第一〇次・日高教第七次合同教研集会で上原専禄がのべた「民族の独立と国民教育の課題」と題する記念講演に触れ、次のように記している。

「いままでの日本の教育、戦後一五年の民主主義教育というものは、……世界の平和、民族の独立、社会の民主化、貧乏の根絶という歴史的・政治的な問題を、ほんとうに具体的・現実的・実際的に受けとめようとする教育であったかというと、かならずしもそうではなかったのではないか。とくに今日の問題につながる日本の国民にとって多くの問題を、民族の独立という問題にしぼって考えるならば、民族の独立という問題意識を深める教育としては、少なくとも弱い一面をもっていたのではないだろうか」

と述べ、民主主義の教育を「民族独立の問題を自分自身の問題として自覚し、その問題をにないうるような教育」として具体化し現実化するところに国民教育の課題を求めた。同時に、上原は国民教育を何よりも現在のおとなを含めての現代の課題を担う国民の自己形成・自己革新の問題としてとらえるとともに、その問題意識を子どもたちに直接ぶつけるということを厳しく区別し、「教育自身の論理」に即してその内容と方法をつくり出していくことの重要性を強調した。（大田尭『戦後日本教育史』）

西郷は演劇教育もこうした国民教育運動に応えるべきだと主張し、「エチュードの体系などよりも、演劇教育の体系が必要ではないか。演劇教育の一部としてエチュードを位置づけよ」と主張したのである。

西郷以外にも「エチュード方式」については次のような意見が出された。

・「基礎のエチュード」は、直接には何の目的で、いつ子どもたちに与えるのでしょうか。俳優の卵として選ばれた子どもたちなら、その道の訓練としてエチュードを位置づけることができます。学校劇はそういう専門のコースではなく、すべての子どもの楽しい表現活動としてあるものであるとすれば、演技の技術訓練である「基礎のエチュード」は、子どもたちのどのような欲求と必要に立って与えるものなのでしょうか。（略）子どもに与えていくばあいは、楽しい表現活動としての劇あそび、劇づくりという場面においてではないでしょうか。（山崎恒信／『演劇と教育』一九六五年九月号）

・演劇教育は何のために、なぜやるのかということを明らかにしないで、「エチュードを作ろう」といっても、それでは技術主義になる（つるまき・さちこ）

・エチュードなどということばを用いるより、スケッチとか小劇とかよんだ方がいい。演劇の専門知識なしに、「エチュードをつくろう」などといわぬ方がよい（中村俊一）

冨田はこれらに対して先の提案を発展させるかたちで答えたいとして、さらに提案を続ける。こうした提案を受けて実践も進められていった。福島民間教育団体合同研究集会「演劇と教育」分科会や東北民教研「演劇と教育」分科会ではエチュード方式を含めて演劇教育の理論と実践を継続的に研究が進められた。特に「はじめてのパントマイム」（牧野隆三／『演劇と教育』一九六六年一月号）や「演劇クラブの基礎練習」（嘉藤徳行／『演劇と教育』一九六六年十二月号）はエチュード方式による試みとして取り組まれた実践だった。

また『演劇と教育』一九六九年五・六月号に載った新田義和の「基礎エチュードの試み」は中学校の演劇クラブでの実践を報告したものだったが、ここでは自らも試案を提示し、基礎エチュードの必要性を提案した。この提案を受けて宮階延男は中学校演劇クラブの日常訓練の体系化をはかる「エチュードカードによる指導」の実践を報告した。国民教育の課題に応える演劇教育を提唱した西郷竹彦も「演劇教育の日常活動のために」とする小台本による学習を『演劇と教育』誌に寄せた。その他各地の演劇と教育の研究をめぐって「エチュード」論議が続けられた。しかし冨田のいうように演技の段階的指導の方法として体系的に進められるということにはならなかった。むしろ劇づくりやクラブ活動の日常訓練としてエチュードが活用される程度にとどまったのである。

「エチュード方式が現場の中でなぜうまく広がっていかなかったか。エチュードをやる主体——子どもにしても教員にしても——が、どういうアクションを起こすかという問題について、はっきりした考えが理論的に成り立っていなかったからだと思う。それが一番大きいと思う。」（『演劇と教育』一九九五年四月号）という批判が竹内敏晴から寄せられた。

「エチュード方式」は演技の創造を段階的に指導するための方法論として考えられた。そのために演技の構成要素を取り出し、それを段階的に習得させ、それによって劇をより真実なものにつくりあげようと考えたのである。それは劇づくりの指導法だった。しかし、論をすすめていくうちに、特に「基礎のエチュード」では内容がパントマイムから即興劇、そして「劇あそび」なども加えるようになり、さらに活動の場として教科の中でも演劇活動の基礎となるようなことが取り入れられるのだというようになると、それはもう単に段階的指導としての「エチュード方式」というだけでなくまさしく「ドラマ教育」の世界だったのである。冨田博之の「エチュード方式」は体系化を意識するあまり、その指導方法を「要素的、段階的に習得させよう」としたことでシステマティック化し、教条化してしまった。それが竹内のいう理論的な弱さとともに時間的にも制約のある現場で実践を広がり難くした一つの要因だったと思えるのである。しかし冨田が提案したエチュード方式はその後のドラマ教育へつながる先駆的な一石だったと言えるのではないだろうか。

２『大きなダンボール』の上演

一九六六年の全国演劇教育研究集会（日本演劇教育連盟主催）で上演された『大きなダンボール』（指導・漆原喜一郎）が話題になった。この実践は二年生の子どもたちが『たる』（木村建治作）を上演しようとするところから始まる。けいこの過程で実際にたるを使って脚本どおりにけいこを進めてもなかなかいきいきしたうごきが見られない。しかし、休憩時間の子どもたちを見てけいこはまったく違った方向に進んでいく。「休憩の時間に見ていると、「たる」をかぶるのではなく、「たる」の中に入って舟をこぐまねをしたり、みんなでころがして大さわぎしている。「たるみこし」をかついであそぶより、たるをころがしたり、たるに入って廻してもらって「宇宙船だ!!」と言って遊んでいる子の方がよほど、いきいきとして楽しそうだった。」のである。そこで、「劇『たる』の上演をやめ、子どもの遊びを引出すもっと自由な「劇あそび」をしようと決める。」（『演劇と教育』一九六六年十月号）のである。そして「屋上で、タル、マット二枚、とび箱の最上段二つ、踏切り板二枚、勉強机一つ、ダンボール一つを使って、どんな遊びができるか、どんな遊びをやりたいか話し合い、」「飛行機ごっこ」を中心にした遊びをダンボールを使ってやってみることになる。やりながら話の筋を考えていく。そして次のようなストーリーができあがる。

ここは南の国の飛行場である。ジェット機が出発しようとしている。お客が乗りこむ。日本の動物園に行くライオン二頭ものりこむ。飛行機が出発する。管制官と機長は連絡をとりながら進む。夜になって乗客が眠りにつく。すると、ライオンが檻を破ってあばれだす。ライオン係が必死でふせぐ。機長の命令で乗客はパラシュートで海の上に降りる。機長、ライオン係も降りる。ライオンの大あばれで飛行機は空中分解をして、ライオンも海におちる。乗客は機体の破片につかまって泳ぎ無人島に向う。ワニザメとライオンが戦って両方とも死ぬ。全員無人島にたどりつく。救命隊がＳＯＳを聞いてかけつける。全員を無事救助して日本

に向う。（『演劇と教育』一九六六年十月号）

脚本に沿ったけいこでは、なかなかいきいきしたうごきが出なかったが子どもたちが、飛行機遊びを中心にした劇あそびを始めたら遊びに集中しはじめたのである。筋に沿って遊びを続けながらさらに筋はふくらんでいった。

この実践について冨田博之は「エチュード方式の発展」（『演劇と教育』一九六六年十二月号）の中で、

劇あそび『大きなダンボール』がつくられる過程で、エチュードの方法がさまざまにいかされており、また、この劇あそびの方法が一つのエチュードともいえるのです。漆原氏がこの『大きなダンボール』でとられたような方法を「エチュード方式」と呼びたいのです。そして、この方法は、もっと一つの方法として整理され、演劇教育の基礎をなす活動として、ひろく一般化される必要があるのです。

と言っている。これはエチュード方式が初めの段階ではまず「楷書のエチュード」として「朝起きて、とこをたたむ。洗面をする。食事をする。」などを例題としてあげ、日常生活の断片を再現するところから始めようとしていたことからすると、活動形態をかなり広げて考えている。冨田のエチュード方式ははじめI・B・バーガーのクリエイティブ・ドラマやスタニスラフスキー・システムのエチュードを参考にしながら、それを子どもの発達段階に即したものに作り上げようとするところから始めようとした。それは、子どもの劇活動は俳優修業ではないとする批判を受けるもとにもなり、誤解を生むことにもなった。しかし、それは漆原が「劇あそびは楽しく、おもしろく、遊びの中で、子どものエネルギーと可能性を引き出してくれる。」「劇あそびは想像力を豊かにし、自己を表出し、表現する機会を与える」そして「遊びの中で楽しみ、集中し、集団が有機的に結びあって遊びのなかで解放される」ことが「教育的役割をはたす」と言っている劇あそびをエチュード方式の活動形態だとするなら、エチュード方式は決して俳優修業ではなく、演劇教育の日常的活動だといえるのではないだろうか。

エチュード方式における「基礎のエチュード」は「劇あそび」「パントマイム」「即興劇」「小さな劇」などを活動形態とすることで初めのころの「楷書のエチュード」と呼んでいたところから「ドラマ教育」へ発展する展望が開けるはずだった。しかし、冨田にとってのエチュード方式はあくまで劇をつくるための方法だった。そこに冨田のエチュード方式の限界があったのではないかと思う。

四　劇あそびは遊びである

『大きなダンボール』の実践で劇あそびが脚光を浴びることになったが、この実践はあくまで劇づくりにおける劇あそびであった。しかし、脚本を使わずに遊びながら劇をつくるということを通して、劇あそびそのものへの関心が高められていったことでは大きな意味のある実践だった。そしてそれはその後の劇あそび研究へつながっていくのである。脚本を使わない、見せることを目的とはしないということでは劇あそびもまたドラマの活動といえる。その劇あそびについて考えてみたい。

1　お話を遊ぶ

一九六六年四月、それは『大きなダンボール』が上演される少し前だったが、ＮＥＴテレビで「なにになろうか」という幼児向けの番組が始まった。この制作に関わった児童劇作家の小池タミ子はこれをきっかけに劇あそびに強い関心をもつようになったという。小池はそこでの体験をもとに「劇あそびを身近なものに」というテーマで『演劇と教育』に連載を執筆する（一九六七年一月号～三月号）。そのなかで小池は、脚本を与え、そのとおりに演じさせようとして無理や押しつけが伴うようなこれまでの劇づくりではなく、遊びながら伸び伸びと表現する「劇あそび」について報告している。そこでは『ちいさいきかんしゃコットン』を素材に紹介しているが、この実践をふくめ小池は『幼児の劇あそび』（国土社／一九七三年）を出版する。『幼児の劇あそび』の中で小池は「劇あそびは遊びである」とする命題を定立し、劇あそびの本質を次のようにまとめている。

（1）あそびは、自発的で自由な活動である。
（2）あそびは、あらかじめ成り行きを予測できない活動である。
（3）あそびとは、時間・空間を超えた活動である。
（4）あそびは虚構をともなった活動である。

そして、劇あそびがなぜ必要なのかを次のように説いている。

子どもを知的にも情緒的にもバランスのとれた人間に育てるためには、現実への適応ということではなく、自分自身を主人公にして、それにまわりのものを「同化」させていく活動——劇あそびのような活動を、気のすむまでやらせることがどうしても必要なのです。子どもたちは、あそびの中でこそ、日常の生活の規則にしばられずに、自由に想像力をふくらませて、物事を思いのままに創造することができるのです。そして、ふだんは発揮できないような、その子のかくれた表現能力が、最大限に使われ、生かされるのです。（『幼児の劇あそび』／国土社／一九七三年）

「劇あそびはあそびである」とする小池の発言は劇あそびの性格を明確にした。小池は次のようにも言う。

想像力が根底にあるという点からいえば、劇あそびも〝ままごと〟や〝怪獣ごっこ〟などとまったく同じジャンルにあると考えていいでしょう。

ただ、劇あそびの場合は〝お話〟という飛躍台によって、子どもの想像力は〝ままごと〟のような日常性の濃い活動とはくらべものにならぬほど強烈にはたらきます。

劇あそびの特徴は、子どもたちを現実的な、時間、空間をこえた特別な世界につれ出して、(それはオオカミのいる森であり、子ブタの家であり、宇宙であり、海底であり、魔物のひそむ谷間であり……。どんな世界でもつくり出すことができるのです) その中で、イマジネーションをいっぱいに広げさせることにあります。(『幼児の劇あそび』)

お話の世界に身を置くことによって日常性の濃い活動とはくらべものにならないくらい強烈にはたらく、そのことが小池の主張する劇あそびの重要な視点なのである。

劇あそびについては落合聰三郎にも多くの取り組みや発言があるが、その落合が『たのしい劇あそび』という本の中でこれまでの幼児の劇について次のような劇風景を紹介している。


子どもは先生からおしえこまれたことばをいいまちがえまいと緊張して声をはりあげてしゃべる。ことばはかたく死んでしまって、子どものふだんはなしていることばとはおよそかけはなれたものとなっている。からだもすっかりこわばってしまって、針金をのんだように自由にならない。舞台のそででは先生がはらはらしながら手まねで合図している。子どもはときどきそのほうを見ては、ああそうだったとばかりいいなおしたり、まえにでたりしている。幕がしまると、先生はおしえたとおりやってくれたとほっとし(またはおしえたとおりやらなかったとしかりつけ)、子どもはいやなしごとがおわったとばかり、やっといきいきとした自分をとりもどす。(落合聰三郎・周郷博共編『たのしい劇あそび』/フレーベル館/一九五五年)

こんな様子について落合は「なんのためにこんなことをするのだろうか。このようなことが、子どもの成長にどう役だつとか、子どもに適したやりかたであるかということに、おもいいたらないでおこなわれているのではないかとおもう。」と言い、「こどもをすなおにみつめるところから出発しなければならない」と言う。因みにこの『たのしい劇あそび』は脚本を使った幼児劇を劇あそびの形で指導するための本として編集されている。

発表会やお遊戯会のような時の劇あそびについて小池は次のようにいう。

劇あそびは、発表会やおゆうぎ会のような特別な日に、お客さまの前で見せるもの、何日も練習を積んで仕上げなければいけないもの、衣装や舞台装置で見ばえのするように飾るものといったこれまでのあり方が、劇あそびを何か特別な活動のように思わせてきました。〝よそゆき〟の着物を着こんで、身うごきのとれなくなっている劇あそびを、いつでも、どこでもやれる〝ふだん着〟の姿にもどすためには、これまでの劇あそびの考え方に、根本的な検討を加える必要がありそうです。まず、劇あそびは劇である、演劇的な完成をめざす活動であるという発想からぬけ出すこと。（『幼児の劇あそび』）

幼児の劇であっても一般の演劇と同じように脚本があり、舞台と観客を幕で仕切り、見る人と見られる人の関係の上に成り立つのだとする先入観から抜け出せず、見せるための劇になっていることが多かった。小池の劇あそび論はその発想からの転換を図ったものだった。小池はまた次のようにも言う。

劇あそびの劇とか劇的という概念は、ひどくはっきりしないアイマイなものになってきます。劇という発想で追っていくと、劇あそびの本質はなかなかつかみにくいばかりでなく、無用の混乱をひきおこすおそれもあるのです。

たいせつなのは、舞台でも脚本でもなく、子どもたちの活動そのものです。あそびの主人公はあくまで子どもたちなのですから、保育者が無理に〝よそゆき〟にまとめたり仕上げたりする必要はまったくないわけです。（『幼児の劇あそび』）

たいせつなのは子どもの活動そのもの、としたところに劇あそび本来の姿があるのだという主張もまた重要である。

よそゆき状態から抜け出すために「劇あそび」があるという主張や実践が語られるようになったが、上演あるいは発表会のための劇はあい変わらず現場から求められる。幼児・小学校低学年の劇指導については遊びのような劇づくりの方法というとらえ方で語られるが、遊びのある、あるいは遊びが生きる劇をつくるということはこれからもありうることだ。しかし、劇あそびは遊びであるということが劇あそびの本質であることは常に心しておかなければならないのだと思う。

2　劇あそびの開拓者

「劇あそび」という言葉を最初に使ったといわれている山村きよの劇あそびについて岡田陽が次のように述べている。

『劇あそび』という言葉を日本でおそらく最初に使った人は、山村きよさんという、当時、東京麹町富士見幼稚園の先生で、保育雑誌『幼児の教育』第三八巻第六号（昭和十三年発行）に「劇あそびについて」という実践報告があります。それによりますと、

○劇あそびという言葉は、私（山村）が勝手につけた名前である。
○児童劇、童話劇といわれているものと同じ様だが、内容が異なる。
○幼児は演ずることが大好きで、非常に興味を持って喜んで、みんな演じたがる。
○劇に似たものだが、劇としての効果をいまだ充分に表し得ない幼児の遊びの材料として行っている。
○お話の立体表現といったものを試みている。

などと要約できますが、昭和十三年の時点で劇あそびの本質を的確にとらえておられるのに感心します。しかし、一方、

「これは演じて居る者のみが非常な興味を持ったり又喜びますが、見て居る者にはあまり興味はなさそうですし、やはりある限られた人数に支配される事も御座いますので、ある時は子供等の鑑賞物にもなります様に（お節句とかお誕生祝とかの集まりの為に）ある種の劇的要素を含ませ、見るためのものでもあり、聞くためのものでもあり、しかも大勢が一緒になって演じ遊ばれるような……又この遊びを通していろいろの効果をおさめて行きたいと思います。（後略）」

といった実践上の苦心も正直に述べておられ、かえって納得がいくのですが、子どもたちの劇活動を父母や仲間に見せる学芸会は、幼稚園でも山村先生よりはやく、おそらく大正年間から行われていただろうと思います。しかし「幼児は演ずることが大好きで、非常な興味を持って喜んで、みんなが演じたがる」ことに着目して、これを日常保育の中でやろうとされた点、山村先生はまさに先駆者です。（岡田陽「豊かな人間関係を求めて」／保育専科特別別冊『子どもの表現と劇遊び』／フレーベル館／一九八八年）

この山村の実践の報告が雑誌に載ったのは昭和13年（一九三八年）とあるが、劇あそびの始まりは昭和の初めにさかのぼる。長尾豊が『お話しあそびと小さい劇』を出版したのは一九二八年（昭和3年）のことである。この「お話しあそび」こそ劇あそびの源流であった。長尾のお話しあそびについて小池タミ子は次のように述べている。

長尾豊さんは童話や子どもの劇に関する本などを数多くのこされた、日本の児童文化運動の草分け的な存在の方です。『お話しあそびと小さい劇』は、幼児の劇あそびのすぐれた指導書ともいえる本ですが、長尾さんはその「はしがき」のなかに「無名氏の書いた公共劇の書物の中で、はじめてこのお話しあそびというもののあることを知ってから、いろいろと調べているうちに、小さい演者達と一緒に遊んで見て、成程と頷け

た点も少なくないので劇化や劇演出の手ほどきとして、この本を書いてみようと思い立ちました。」とのべています。（『幼児の劇あそび』）

長尾豊の文章のなかに「無名氏の書いた公共劇の書物の中で、はじめてこのお話しあそびというものを知ってから」とあるが、そのルーツはどのあたりにあるのだろうか。

『演劇と教育』一九六一年五月号に落合聰三郎が「長尾豊と「お話あそび」」という稿を載せているが、この中で次のように述べている。

彼の「お話あそび」も輸入品であるが、坪内逍遥のそれとはちがっていた。すなわち、逍遥は輸入品である教育論を借りて児童劇を説いたが、理論と実践の間の矛盾を克服し得なかった。しかし、彼はそれを統一した立場に立って推し進めることができた。（略）彼の作品は「そつがないが、熱や情味に乏しい」（小寺融吉）という傾向は持っていた。ずばり簡明に割り切ったような彼の作品は、劇というよりは劇以前のお話あそびに適していた。単純明快な筋書を与えて、子どもの創意くふうによって自由な展開をする余地を残しておくような作品であった。彼が長い文筆遍歴の末に児童や教育の問題に根をおろし、その中でも幼児のお話や劇あそびの世界を開拓したのは、必然的ななりゆきであった。

ここで落合は長尾とともに坪内逍遥にも触れ、いずれも輸入品だとしている。坪内逍遥についていうと、彼は一九〇三年ごろからニューヨークで始まった児童教育劇場の創設者アリス・ミニー・ハーツの「児童教育劇場」の紹介者で、その後の児童劇（学校劇）運動に大きな影響を与えていったといわれているのだが、その点については市川賢一が次のように述べている。

逍遥は一般的にアリス・M・ハーツの『児童教育劇場』の紹介者と考えられておるが、実際児童劇の理論を確立するに当たって得た影響はアリス・M・ハーツよりもむしろ彼女が参照したスタンレー・ホール、パーシバル・チャップ、ジョン・デューイ、或いはまた彼らの先輩である、ルソー、ペスタロッチ、フレーベルらの影響の方が強いという点である。（「坪内逍遥の児童劇論」／早稲田演劇学界『演劇学』二号）

十九世紀末から二十世紀にかけては、海外の教育思潮や児童中心の教育思想が紹介される。ルソーの『エミール』やエレン・ケイの『児童の世紀』、そしてジョン・デューイの教育思想などによって新しい潮流が生まれていた。児童の自発性を重視した新しい教育運動としてのハーツの演劇的活動なども受け入れられる条件があったことは十分に考えられる。

坪内逍遥や長尾豊が活躍した大正期、特に逍遥の『児童教育と演劇』が出た一九二三年は小原国芳の『学校劇論』も出た年でもあるが、次のような年でもあった。

「澤柳政太郎」を会長に、霜田静志、長尾豊、梁田貞、小寺融吉、中山晋平、権田保之助らを同人に芸術教育会が発足し、雑誌「藝術教育」を発行しはじめた。つぎに小原国芳を中心に、坪内逍遥、小山内薫、森田勘弥、飯塚友一郎の賛同をえて、山田耕作、梁田貞らが集まり、「學校劇研究会」が生まれた。（注――この學校劇研究会というのは實際的な運動をしないでおわった。後に生まれる東京公立小学校の教師たちによるそれとはまったく別のものである。）また、アリス・ミンニー・ハーツ女史の「兒童の王国」が澤柳禮次郎によって譯されたのも、この大正十二年（一九二三年）であり、霜田静志が、英國ジョンソン夫人の「劇化せる各科教授」を紹介したのも同じ年であり、坪内の「家庭用兒童劇」や「學校劇小脚本」もこの年にでていることは、まえにふれたとおりである。野口援太郎による「兒童の村」小学校でも野村芳兵衛、平田のぶらが坪内博士や長尾豊の指導理論によって學校劇をはじめ、雑誌「兒童の世紀」によって、その成果を發表しはじめたが、成城におけるほど、その人をえなかったので、あまり發展しなかった。

と、冨田博之はその著『学校劇の建設』の中で述べている。

長尾は同世代だった逍遥の児童劇論やその紹介によるハーツの児童教育劇場に刺激を受け、お話あそびの実践をはじめたものと考えられる。そのお話あそびはどのようなものだったのか、熱心な実践者だった米谷義郎の実践を落合聰三郎は次のように紹介している。

一年生の劇指導（お話あそび）

題目　二匹の山羊
時日　昭和七年五月二十日
お話　お話はすべて黒板に略画を描きながら進める（略）

過程　お話を印象的に話す。途中むずかしい言葉、たとえば丸木橋や谷川には説明を加えながら進める。

「お話あそびをしよう。」といったら、例のとおり皆手をあげる。まずらくにやってのけられるような比較的頭のよい吉清君と今関君を指名する。

「ここはどこだったかな。」

「谷川です。」

「それでは川をきめよう。どこを川にしたらいいだろう。」

「先生のいるところがいいです。」

「それでは教壇が川にきまった。もうきめることはありませんか。」

「先生、丸木橋がいるです。」

「先生の机がじゃまです。」

「よし。それでは机をのけよう。丸木橋はどうしたらいいだろう。大きな木を伐ってこようか。」

アッハアッハ児童は笑う。

「机をしたらいいです。」という子がある。

「岩田さんが机がいいっていいますが、そうしますか。」

「おかしいです。」

「机の上に上がるとばちがあたります。」

「そう、机はいけないですね。それにこの机は端をふむとひっくりかえるからあぶないです。」

丸木橋には児童もこまったようだ。いつでも名案を出す加藤君が、

「白墨で書いたらいいです。」という。みんなも

「ああ、そうだ、そうだ。」といった顔をしている。

もう吉清君と今関君は教壇の両端で待っている。白墨で二本線を書いて橋ができた。

「さあ。はじめよう。」一斉に拍手。

今関君は橋の所へ来たが、言葉を忘れた。口をもぐもぐさせているが思い出せない。観衆の方で一人二人笑った子がいる。今関君はあわてて、

「お天気がいいなあ。向こうのお山で栗ひろってこよう。」といったものだ。とうとう大笑いになる。でも、終わりまでやって大急ぎで席へ帰る。拍手。

「おじょうずだね。今関君がまちがえましたが、おかしかったですか。」

「ええ。」

「栗ひろいっていってはいけませんか。」

「……」

「今のように言葉を忘れた時は、今関君のように自分で考えていった方がよいのです。それから、おしまいに何か大事なことを忘れなかったですか。」

「今関君も吉清君も、川の上をかけていきました。」

「そうそう。川へおちたらどうすればいいのかな。吉清君、もう一度やってみてください。」吉清君は、アップアップといいながら、おぼれた時のように手をかきまわす。皆拍手。今度は女の子が二人出る。

「モウ、モウ。」と出てきたのでまた笑いが爆発する。こうして同じものを三回終わる。というものだ。即興的な場面も肯定的に取り扱われていて楽しそうである。

当時の学校劇がおしつけのような指導が多かったのに対し、このような子どもを遊ばせることにこそ学校劇のほんとうの姿があるとした長尾豊の功績は大きい。長尾のお話しあそびが今日の劇あそびの源流になっているということも納得できる。しかし、お話しあそびが順調に発展することはなかったのである。それはおそらく幼児の劇活動においては見せることに重点が置かれたことでどうしてもよそゆきの劇づくりにこだわらざるを得なかったことによるのではないだろうか。しかし、長尾豊がお話しあそびの開拓者としての役割を果たしたことは確かである。

3　ドラマ教育と劇あそび

ブライアン・ウェイの『ドラマによる表現教育』を翻訳紹介した岡田陽は劇あそびについて次のように言う。

> 劇あそびはあそびでなければならない。劇あそびとは、まさしくあそびであって子どもに演劇をやらせることとはちがうという認識である。（略）
>
> 劇あそびはごっこあそびの延長である。子どもの遊びにはさまざまあるが、その中で劇あそびにもっとも近いのがごっこあそびである。劇あそびというのは、ごっこあそびの状況の変化に発展性があり、ストーリー性のあるものである。あるごっこあそびが、期待感のある別の状況へと進展し、そこに思いがけない局面が開け、ドキドキするような事態が展開するとなれば、子どもたちの興味は持続し、遊びの面白さは倍加する。劇あそびとはそうしたものなのであって、ごっこあそびの延長線上という本来の位置づけをくずしてはいみをもたないのである。（略）

劇あそびは子ども自身の表現の場である。自分が内にイメージしたものを外へあらわすことに勇気や自信を高めていくことが、子どもの発達には何より大切なことである。のびのびと自信をもって自己を発揮し表現できる場を大人は子どもたちのために豊富に用意してやる必要がある。劇あそびはその有力な場の一つなのである。（略）

劇あそびは想像の遊びである。

遊びの中でも、ごっこ遊び、劇あそびは虚構であることを承知の上で、その状況の中に入り、その役になって見て楽しむところに特色がある。「もしも～であるならば……」という想像的思考が遊びを成立させるのである。（略）

劇あそびは体験である。

劇あそびというのは、物語や出来事の流れを内に受け入れイメージするだけでなく、行動として外へ表現してみることによって、間接経験を直接経験へより近づけることなのである。遊びとは本来楽しいものであり、子どもの自発的主体的な活動でなければならないが、その本質をゆがめることなく、子どもをある状況に直面させ、考えさせ、選択させ、行動させるのが劇あそびによる体験というものなのである。（岡田陽『子どもの表現活動』／玉川大学出版部／一九九四年）

小池の劇あそび論と共通するところが多いが、岡田のそれは「ドラマは一人の参加者の経験である」としたブライアン・ウェイのドラマ論と重なる。岡田はブライアン・ウェイの「ドラマによって発達させ得る人間の資質」として集中・感覚・想像・身体・スピーチ・感情・知性の七点が幼稚園教育要領にある五領域（健康・人間関係・環境・言葉・表現）と類似していることを述べている（岡田陽編『子どもの表現と劇遊び』／フレーベル館／一九八八年）。このことは岡田が劇あそびをドラマ教育として捉えているということだろう。

岡田の劇あそびをドラマ教育とするなら、欧米のドラマ教育の流れで考えられている落合聰三郎の劇あそびもまたドラマ教育である。落合は「劇あそびは創造的な活動である。」とし、次のように述べている。

アメリカで開発されたクリエイティブ・ドラマ（創造的演劇活動）は既成の脚本を使わないのがたてまえの演劇活動である。人物のセリフやシグサは子どもたちがくふうして生みだしていくように指導する。その演劇活動のねらいは問題解決であり、また他の人と心が通い合うこと、コミュニケーションを深めることである。ひとの前でうまく演じて見せることをねらっているわけではない。劇あそびは、クリエイティブ・ドラマによく似た演劇活動である。（「今こそ劇あそびを」／『演劇教育六十年』）

落合がクリエイティブ・ドラマに出会った経緯については先に触れたが、そのことが落合の劇あそびをして「演劇の原点である」と言わしめた所以であろう。

小池タミ子は劇あそびを「自発的で自由な活動である」と捉え、それは「お話を遊ぶこと」で想像力を広げることになると言っているが、その中で指導者について次のように言っている。

指導者は、あそんでいる子どもたちをよく観察して、要所要所で適当な指示を与えていかなければなりません。劇あそびをやらせたことのある人が共通して感じるのは、「あそびの途中で、いつ、どんなふうに声をかけてやったらいいか、とてもむずかしいということです。指導に馴れないうちは、どうしてもことばが多くなりがちですが、あまり指導者だけがしゃべりすぎると、子どもたちは、常にそちらに注意を向けていなければならないので、かんじんの自分たちで想像の世界をつくり上げる、という心のはたらきがおろそかになってしまいます。

子どもたちの劇あそびは、常にすっきり進行するとは限りません。むしろ、もたもたしたり、騒がしくなったりして、全体が乱れているように見えたりすることの方が多いのです。そこで、つい何かひとこと言いたくなるのですが、もたもたしているときは、しばらく子どもの間から生まれてくるのを待ってみましょう。

騒がしく、声高になれば、いつも癖が出て、「しずかに」と注意もしたくなるでしょうが、こんな時こそ、子どもたちの心は、ふだんの何倍も活発に働いているのです。うっかり声をかけたら、シュンとしぼんでしまうかも知れません。

子どもたちが、その場面を満足のゆくまであそんだなと思ったら、はじめて次へ移るきっかけのことばをかけてやりましょう。ことばのかわりに、何か楽器を鳴らすという約束にしておいてもよいでしょう。そこをあまりせっかちに、ストーリーにしたがって、どんどん先へ進めることばかり考えていると、単に筋をなぞっただけの、貧弱な遊びにしかなりません。（『幼児の劇あそび』）

あくまで子どもの自発的で自由な活動を保証する立場を貫いている。指導者の立ち位置についてはそのいくつかを紹介しておきたい。

1

「劇あそびというのは保育者が組織する遊びである。ごっこ遊びより、変化に富み、わくわくするようなストーリーがあり、無駄がなく、みんなが参加できるよう配慮されている。子どもたち主体のごっこ遊びにくらべて、保育者がかかわり、内容はより高度に複雑化しているものの、それはあくまでごっこ遊びの発展であり、その延長線上にあるものでなければならない。つまり、子どもたちの興味にかない、主体的な充足感をもって、思いきり楽しく元気に遊べるものでなくてはならないのである。劇あそびには保育者が参加しなければならない。何度も繰り返し遊んでいるうちに、保育者の役割を子どもが代行できるようになればよいが、まず最初のうちは劇あそびには保育者の参加が不可欠なのである。」（岡田陽／『子どもの表現と劇あそび』）

2

「生活経験の少ない子どもたちだけの遊びは、ごっこあそび的にある状況の中だけにとどまってそれが発展的に展開していく可能性は割合少ないものである。そこで物語的、劇的に状況を思いがけない方向へ広げ、豊かな興味深いものに発展させる役割を大人が示唆してやることが必要になる。しかし、劇あそびの主体はあくまで子どもなのであって、大人が子どもを意のままに操ることではなく、大人はあくまで支援者なのである。大人は子どもの劇あそびの仕掛け人であり、交通整理役であり、進行係であるべきである。」（岡田陽『子どもの表現活動』）

3

「幼児は、思わず本気になって「劇あそびの世界」に入った瞬間、すばらしい表情・からだの動き（仕ぐさ）や、生きた言葉（せりふ）を自分の発想から表現する（してしまう）ものである。では幼児を思わず本気にさせるような、劇的なあそびの世界へは、誰が?どのようにして?導いていくのか?

幼児は、説明やナレーターでは生き生きと遊べない。幼児が劇的なフィクションの世界で、思わず「こねこ」になって〝ニャーオン〟と甘えたり、「丸虫」になって息を殺して身を守ったりするのは、目の前に、愛情をかけてくれる「モモちゃん」という女の子や、危害を加えようとする「大トカゲ」を生き生きと感じるからである。つまり保育者は、幼児を思わず本気にさせるために、劇中の相手の人物として、生き生きと働きかける。（遊ぶ）――それによって、初めて幼児の心・からだは作動するのだと私は考える。」（河部賀興／『演劇と教育』一九八五年六月号）

ドラマにおける指導者についてブライアン・ウェイは次のように考える。

ドラマやドラマを通じて人を育てるアプローチで、一つ間違った考えがある。それは、自由にまかすという考えだ。それはつまり、何の介添えもいないプールで泳げと置き去るようなものだ。創造的活動の初期の段階では、参加者は自由への一種の恐怖を持つものだ。それは、何をするのかがまだ不明確であるための結果である。考えが出て来ないか、出て来てもそれを自分で発展させることができないとか。そのために誰かが何かきっかけを与えてやらなければならない。おそらくクラスの各自は、みんな同じくこの出発の段階で

とまどうことになるだろう。（略）

この章のすべての練習、そして次の章も総て教師の働きかけによる活動である。これをしなさい、あれをしなさい、他のことをしなさい。しかし、どんな場合でも、どうやってするかに関しては決して指示したり例を示したりしてはならない。各自が『どうやって（ｈｏｗ）』を考え、試み、これらの試みがそれぞれ違った形で現れるのだ。そのための練習と称して先生がやって見せ、その通りにやらせるのは全く無意味なことだ。各自が各々のやり方を見つけ出すことが大切なのだから（『ドラマによる表現教育』）

ブライアン・ウェイの場合はドラマへのアプローチの仕方について述べているのだが、それが欧米でのドラマ教育のありようなのである。子どもの自発性を待つという考え方では小池の論との矛盾はないが、小池の論は劇あそびは遊びであるとしたところに特質があり、そこでの指導者の役割は、総て指導者のはたらきかけとしたウェイのドラマ論とは指導者の立ち位置が違ってくるのは当然のことかもしれない。

五　ドラマ活動における即興と遊び

1　即興

クリエイティブ・ドラマや表現教育としてのドラマ活動についていろいろ語られる中で、演劇教育においては脚本を使って上演するということではなく、脚本を使わないいわゆるノンテキストによる活動を基本とするという考え方が浸透してきたのが一九七〇年代の演劇教育状況だった。その活動を総体としてドラマ教育、あるいはドラマ活動と捉えられるようになる。そのドラマ活動の特質として一つ挙げるとするなら、それは「即興」ということである。先に紹介した佐野正之は「クリエイティブ・ドラマは、教師が子どもたちといっしょに、自由で即興的な劇活動をすることによって、子どもたちの創造性や人間的な成長をうながそうとする活動です。」（『演劇と教育』一九八六年二月号）といっているが、これはクリエイティブ・ドラマだけでなくドラマ活動全般にいえることであり、エチュード方式にも劇あそびにも共通することである。即興はドラマ教育におけるベースとして位置づけられる活動なのである。

『演劇と教育』は一九八〇年七月号で「即興を生かす表現活動」という特集を組んでいる。ちょうどそのころ相次いでつぎのような本が出版されている。

○『ワフターンゴフの演出演技創造』（ゴルチャコーフ著／高山図南雄訳編／青雲書房／一九七八年／一九八〇年再版発行）

○『メソード演技』（エドワード・D・イーステ ィ著／米村晰訳／劇書房／一九七八年／一九八〇年第5刷）

○『リー・ストラスバーグとアクターズ・スタジオの俳優たち―上』（ロバート・H・ヘスマン編／高山図南雄・さきえつや共訳／劇書房／一九八〇年。下巻は一九八一年に刊行されている）

いずれもスタニスラフスキー後、その業績を継承発展させた著作なのだが、即興はそのなかでも論じられている。

『演劇と教育』一九八〇年七月号に『即興』と教育の接点」という論が載っている。著者は高山図南雄である。高山はその中で、コメディア・デラルテに触れ、「コメディア・デラルテは、一言でいえば、イタリアの民衆の偉大な情熱の所産ということができます。」とし、「コメディア・デラルテは即興の原点」といっている。

コメディア・デラルテについてはスタニスラフスキーも「コメディア・デラルテを新しい形で復興できるのではないかと考えたようだ」というのは高山図南雄が『演劇と教育』一九九五年八＋九月号より一九九六年十月号まで連載した「あらためてスタニスラフスキー」のなかのことばだ。その連載に触れながら、即興について考えてみたい。

スタニスラフスキーに「俳優の創造において「即興」の重要性を説き、具体的な方法について助言をおこなった」のはゴーリキーだという。ゴーリキーはスタニスラフスキーに「即興劇場をつくることを提案」したり「即興についてさまざまな意見を書き送った」という。そのころスタニスラフスキーは芸術座の支配を離れて学習と実験のための「研究劇場《スタジオ》」を創設していた。リュクスの研究劇場と呼ばれたそのスタジオは後のモスクワ芸術座附属第一研究劇場《スタジオ》となるのだが、この研究劇場の責任者はスゥレルジーツキーで、その時の創立メンバーにはエルゲニイ・ワフターンゴフ、ミハイール・チェーホフ、リチャルド・ボレスラフスキー、マリーヤ・ウスペンスカヤなどが名を連ねている。

「ワフターンゴフはスタニスラフスキーの後継者と目された天才的演出者である。後に第三研究劇場《スタジオ》で演出した『トゥランドット姫』は全ヨーロッパで名声を博したが、残念ながら夭折した」とあるが、ここでいわれている『トゥランドット姫』の演出基盤は即興にあったという。スタニスラフスキーの創設した研究劇場では「その教育の中で「即興」が一つの大きな柱だった」と高山はこの論の中で述べている。

この研究劇場に名を連ねていたボレスラフスキーとマリーヤ・ウスペンスカヤはモスクワ芸術座のアメリカ公演のあとアメリカにとどまり、実験室劇場（ラボラトリー・スタジオ）を創設する。このスタジオに籍を置いたリー・ストラスバーグはそこで知り合ったハロルド・クラーマンとともにグループシアターをつくり、その首席演出者になる。そこでの演出の特徴は「即興」と「燃えあがる記憶」だったという。「燃えあがる記憶」とはスタニスラフスキー・システムの中にもある「感情の記憶」を指すのだが、高山は次のような理由で「燃えあがる記憶」としている。

『感情の記憶』とはどういうものかということを少し述べておきたい。アフェクティヴメモリー（Affective Memory）という言葉を文字通りとると『感情の記憶』であり、一般には『情緒的記憶』という術語で呼ばれている。しかし、そのいずれも表現に曖昧さがあり、内容を的確に伝えているとは言い難い。そこで私は『リー・ストラスバーグとアクターズ・スタジオの俳優たち』（劇書房）を翻訳するにあたって、この言葉をあえて『燃えあがる記憶』と呼ぶことにした。「燃え上がる記憶」(Affective Memory) は感情の単なる記憶ではない。それは個人的に俳優に影響を与え、その結果、深く根づいた無意識の機構に組み入れられている感情経験が反応しはじめる記憶をいうのである。(『演劇と教育』一九九六年七月号)

ストラスバーグは一九四八年アクターズ・スタジオの芸術監督に就任する。このスタジオに学んだアメリカの役者は多い。ジョン・ガーフィールド、マーロン・ブランド、ジェラルディン・ペイジ、ポール・ニューマン、エヴァ・マリー・セント、マリリン・モンロー、ジェーン・フォンダ、スティーヴ・マックィーン、ジェイムズ・ディーン、ダスティン・ホフマン、アン・バンクロフト、アル・パチーノ、デニス・ホッパーなどがいる。(『メソードへの道』より)

ストラスバーグの仕事については自身が著した『メソードへの道』に詳しい。その中で即興については、

アクターズ・ステゥディオと私の俳優教室における訓練において、一義的な重要性をしめる発見の二領域は、《即興》と《感動記録》である。こうした技術を使って初めて、役者は登場人物にふさわしい情念を表現できるのだ。フランスの演出家ミシェル・サン＝ドゥニは、アクターズ・ステゥディオを訪問したとき、即興を観てびっくりした。スタニスラフスキー・システムでは即興が基本的要素であり、グループ・シアターの公演において、われわれがすでに即興を使っていたという事実に、彼は気がついていなかったらしい。もちろん、スタニスラフスキーの著作に、即興についての章はない。しかし、彼がしるしているエチュードは即興であって、訓練課程で用いられていたばかりか、上演の稽古過程でも用いられていたのである。ワフタンゴフも、異常なほど空想的なやりかたで、即興を用いた。今日では、即興は役者を刺激するという想定での、ことばの練習かゲームのようなものとみなされている。即興はまた、作家の台詞のわかりやすい言いかえと間ちがえられることもある。こうしたアプローチはともに、俳優訓練にたいする即興の一義的な価値とは、ほとんど関係がない。わたしに言わせれば、役者と人物の感情の探究にかかわる練習として、即興は価

値があるのだ。（リー・ストラスバーグ／米村晰訳『メソードへの道』／劇書房／一九八九年／一九九五年第三刷）

と述べている。

このアクターズ・スタジオに東洋で唯一の正会員として籍を置いたゼン・ヒラノは先の『演劇と教育』（一九八〇年七月号）の中で即興に触れて次のように発言している。

演劇教育の中で彼たち（子どもたちのこと）は本当にありのままの自分をあらわすこと、衝動に従うこと、つまり、いやだったらいやだと言い、うれしかったらわれを忘れて飛びはね、人に抱きつきたかったら全く衝動で抱きつく……というような、本当に自分自身の心の深いところにうごめいている情感というか、欲求を表現するためには、せりふをおぼえてお芝居をやることだけではだめだと思うんです。それよりもインプロビゼーション＝「即興」というものの役目になると思うんです。

ありのままの自分をあらわしたいということ、それは自分自身をとりもどすということであり、即興はその役割を負う活動なのだというのである。

日本演劇教育連盟は毎年夏に開く全国演劇教育研究集会で一九九〇年から「即興」をテーマにした講座を開設する。その講師は『ワフターンゴフの演出演技創造』や『リー・ストラスバーグとアクターズ・スタジオの俳優たち』の訳者、高山図南雄である。そしてこの講座は数年間つづく。高山は一九七二年から日本大学芸術学部演劇科で指導にあたるが、「授業の中心はリー・ストラスバーグのメソード演技であった」と言う。（「高山図南雄さんを偲んで」藤崎周平の追悼文より）

スタニスラフスキーからワフターンゴフ、そしてストラスバーグなどの著作の翻訳に携わりながら即興に目を向けていった高山は一九八五年『芝居ばかりが芝居じゃない』を上梓するが、その中で高山は次のようにいう。

「創造の土壌となるのは即興である」と。

即興については小谷野洋子のマイムに学ぶことも多い。パリ・ルコック学校で学んだ小谷野は、一九八〇年から一九九七年まで二十年近く全国演劇教育研究集会でマイムの講師を務める。小谷野は「感受性を頼りに、瞬間を生きるのが即興である」という。

小谷野のレッスンの中に「出会い」というのがある。先に矢嶋直武の実践で触れたあのレッスンである。それについて小谷野は次のように言う。

> 日常的テーマによる心理即興ともいうべき一連のレッスンの中でも、この〈出会い、見る・見られる〉は極めて大切な基本的レッスンである。即興なので台本や事前の打ち合わせなどない。二人で演じられる。二人の演者がそれぞれ上手と下手にわかれ、呼吸を合わせて同時にスタートする。舞台（部屋、あるいは演技ペース）の半分ほどで互いにすれ違い、すれ違った感じによって振り向き、互いを見る。見られると、相手の見る感じや、自分へ向ける印象などで、自分の中に変化が起きる。それが相手に伝わることによって、相手の中にも次の段階の変化が生じ、……二人の人間が言葉を使わずに、内側に起きたセンセーションをピンポンのようにやりとりしつつ、ドラマへと発展させていく。（小谷野洋子『マイム』／晩成書房／一九九一年）

一見なんでもないように見えるエチュードだが、はじめての人には戸惑いと不安が過る。しかしレッスンを続けるなかで「辛いけれどもおもしろい」「日常では生きられないのに、この虚構の世界では自分自身を思いっきり生きられる」「新鮮と感じる」ということが確かめられていくのである。小谷野はこのレッスンを「自分自身から出発する演劇」とし、「自分自身を演ずるというこの即興レッスンは、結果として自分自身を知ることになる。常に感じることをベースにして、感じるままに即興という虚構の中で生きるわけだ。自分という役で日常を生き直す。感ずるままに。習慣や規則や惰性で生きることなく、自分と相手が感ずるものを大事に大事にしながら、観念でなくまず感じつつ生きる（動く）」のである。「出会い、見る・

見られる」このレッスンを「日常テーマによる心理即興」としていくつかのレッスンの中で大きな比重を置いていると小谷野は言う。

教育現場で、はやくから即興を演劇部の活動に取り入れていた正嘉昭は「『即興』の重さ」（『演劇と教育』一九八〇年七月号）という実践記録の中で、次のような生徒の感想を紹介している。

即興って難しいよ。でもとっても楽しい。だって、自分のやりたいことができるし、いつも新しいんだもん。自由だよ。相手が出てくる。自分はそれに合わせようとする。やっていてどうも通じあえない。解釈が違ったようだ。――というようなことがある。でもこれスリル満点。ドキドキしちゃう。先のことを思いわずらわず、今、『この場』をつくっていく。これから先のことなんてわからない。だから、冒険だと思う。かけだと思う。

即興を学ぶことでその後のドラマの活動はその幅を広げ、深めることに繋がっていったように思う。即興はドラマ活動の主要な要素というだけでなく、ドラマ活動そのものなのである。

2　劇は遊びである

演劇教育運動は一九七〇年代の終わりから八〇年代にかけて、これまで述べてきたように、劇あそびやクリエイティブ・ドラマ、即興、マイム、等々、その表現活動は多様な広がりをみせた。そんな中で劇は遊びであるとする考えが盛んに言われるようになった。

「劇《プレイ》は遊び《プレイ》である」はピーター・ブルックがその著『なにもない空間』の締めくくりに述べている言葉だが、もともと「play」という語には遊ぶということのほかに、競技する、演奏する、芝居をする、行動する、飛びまわる、（噴水・光などが）ふきだす、（機械部品などが）自由に動く、賭け事をする、仕事を休む、などなどその意味するところは多い。劇も遊びもプレイなのである。

ホイジンガの『ホモ・ルーデンス』の中に、次のような叙述がある。

遊びとは、あるはっきり定められた時間、空間の範囲内で行われる自発的な行為もしくは活動である。それは自発的に受け入れた規則に従っている。その規則はいったん受け入れられた以上は絶対的拘束力を持っている。遊びの目的は行為そのもののなかにある。それは緊張と歓びの感情を伴い、またこれは『日常生活』とは『別のもの』という意識に裏づけられている。（ホイジンガ／高橋英夫訳『ホモ・ルーデンス』／中央公論社／一九七三年）

この定義は遊びというまったく同一の概念に対して表わすただ一つの言葉をもっているということではなく、おたがいに共通している遊びという概念から出発している規定ではあるが、遊びは日常生活とは違う別のもので自発的な規則に従った自由な活動だということの正当性を欠くことはない。演劇もそうした日常とはちがういわば虚構の世界を一定のルールに従いながら活動するということではたしかに演劇は遊びなのである。

遊びにはもともとなぐさみとか遊興といった意味があり、真面目なものとは対比して考えられる。また学びや労働に対比して使われたり、余暇やレクリエーションの活動として位置づけられたりする。しかし、ホイジンガは次のように言う。

遊びの固有性として、規則的にそういう気分転換を繰り返しているうちに、遊びが生活全体の伴奏、補足になったり、ときには生活の一部分になったりすることがある。生活を飾り、生活を補うのである。そのかぎりにおいて、それは不可欠のものになってしまう。個人には、一つの生活機能としてなくてはならないものになり、また、社会にとっては、そのなかに含まれるものの感じ方、それがあらわす意味、その表現の価値、それが創り出す精神的・社会的結合関係などのために、かいつまんで言えば文化機能として不可欠になるのである。（『ホモ・ルーデンス』）

演劇は当然その文化機能をもっているが、そのことは演劇の起こりからも明らかである。

悲劇にせよ、喜劇にせよ、いずれも起源が遊びにあることは、つねに変わることなく明らかである。アッティカ喜劇はディオニューシア祭の淫奔な行列《コーモス》から発達した。それが意識的に文学行為となったのは、ようやく後期の段階に入ってからである。それにアリストパネースの当時でさえ、それはディオニューソス的・祭儀的過去の無数の痕跡を示していた。このアッティカ喜劇には、作者から観客への語りかけが行われるいわゆる『パラバシス』という合唱隊の出場《でば》があるが、それは自由奔放な嘲罵と愚弄を観衆にさし向け、指で犠牲者を指し示すのである。演技者の男根的扮装と合唱隊の扮装、それもとくに動物仮面による変装は、遠い原始時代の特徴である。アリストパネースが蜂、鳥、蛙をその喜劇の主題としたのは、動物の姿による形象化という、聖なる伝統にしたがったものなのだ。ギリシャの古喜劇はその公衆の面前での批判、その噛みつくような嘲笑によって、さきに語ったように挑戦的、嘲笑的でいながら、なおかつ祝祭的でもある応答歌の世界に属している。（略）

悲劇もまた、その起源においては、人間の運命の一部分をことさら意図して文学的に再現するというものではなかった。それは舞台文学ではなく一つの聖なる遊びであり、演じられた礼拝式であった。しかし、時の経つにつれ、神話主題を演じてみせることから、それはしだいに対話体や物真似の形式で一つながりの出来事の経過を上演し、物語を再現するという形式に発展していった。（『ホモ・ルーデンス』）

さらにホイジンガはギリシャ演劇における遊びと演劇の一体化について次のように述べる。

戯曲が上演されるときの雰囲気は、デュオニューソス的恍惚、祝祭的陶酔、ディテュランボス的熱狂のそれであった。観衆に対して日常世界から離脱した存在である俳優は、この熱狂の気分のなかで、彼のかぶった動物仮面により、別の自分というものに置き換えられるのだ。彼はもはやその別の自分を「表現」しているというにとどまらない。それに化身し、それを現実化しているのである。その感情のなかへ、彼は観衆をも引きずりこむのだ。アイスキュロスの異様な言葉の荒々しい力、イメージと表現の前代未聞さは遊びの神聖さとまったく一致している。それは遊びの神聖さのなかから生長してきたものである。

演劇が遊びであるとしたピーター・ブルックは

どこでもいい、なにもない空間——それを指して、わたしは裸の舞台と呼ぼう。ひとりの人間がこのなにもない空間を歩いて横切る、もうひとりの人間がそれを見つめる——演劇行為が成り立つためには、これだけで足りるはずだ。(『なにもない空間』)

といって舞台の上で自由な創造的な空間をつくりあげた。自由で創造的な劇は遊びそのものなのだが、やはり演劇にはドラマ（行動としての）ということが求められる。竹内敏晴の小論に「ドラマとアクション」というのがある。そのなかに次のように述べられているところがある。

アクションとはもともと行動ということだが、芝居の世界では演技の意味に用いているわけですけれども、日本語で演技というと、なにか一つの行為の外形をまねする、そのふりをするというニュアンスを多く持って理解されています。辞書にも「転じて本心を隠した見せかけの態度をとること」などとある位。だから演技に、行動するという要素はほとんど考えられていない。つまりは、お客に見せるもの—ショウ—としての命名であって、ある主体的な行為を実現する過程であるという考え方はないわけです。

英語では演技に当たることばにもう一つプレイがありますが、プレイとは遊ぶことを楽しむことであって、真似をしふりをするということはその一部ではあるけれども、それに止まらない。虚構の世界において行動することはそれ自体プレイに他ならないので、むしろアクションを喜びそれをふくらませ、時にはそれをひねってみて遊ぶ。アクションのないプレイはありえないし、プレイのないアクションも舞台の上ではありえない。日本の演技には舞台で、対象に集中しほんとうにそれに働きかけることが軽視され見過ごされている、というふうに思われます。小・中学校での劇その他アクションもこの弱点を克服していない、いや気づいていない場合が多いようです。（竹内敏晴『ドラマとしての授業』／評論社／一九八三年）

劇が遊びであるといった時、それは演じる側からだけでなく、それは観客の側にもある。『遊びのなかの演劇』（関矢幸雄）のなかに次のような叙述がある。

これから「演技」について、一つの実験をしてみます。男女年齢を問わず、いろいろな人にやってもらいますから、みなさんよく観察して下さい。

〈例1〉演者がひとり、自由に歩く——何も考えずに、ただ歩くという行動だけ。
〈例2〉一人が歩いているところへ、もう一人が出てきて二人が向かい合い立ち止まる。やがて、それぞれの方向に歩き出す。
〈例3〉一人で8の字形に歩く。駈け足になったり、ノロノロ歩いたり、不規則に。
〈例4〉二人が向き合い、8の字形に歩く。したがって二人は近づいたり離れたりする。

今、何人かの演者たちにやっていただいたいろんな動きを見て、みなさんはどんなふうに想像しましたか。それぞれの人間にあるそれぞれの表情や動きというものは、観る人にとっていろいろ想像させるものをもっていますね。しかし、いまの演者たちは別に何かを表現しようとしたわけじゃなくて、まったく意味なく指図通りに動いてくれただけなんです。それなのに、観る側はいろいろに想像しているということです。つまり、今の実験では、舞台で演じる俳優と、それをみる観客の想像的世界には多分にくいちがいがあるということを知っていただくためにやったわけなんです。とかく、俳優たちは自分が演じることによってのみ、観客に劇的な感情表現が伝わると思ってしまいがちなんですが、実は俳優が演じるより先に、観客の想像力の方が先行している場合が多いんですね。というのは、ほとんどの観客にとっては俳優の演技的意図とは別に、自分の想像の世界を先回りして創造しようとしている——ということなんです。つまり観客というものは、演技の世界にこだわらざるを得ない俳優を、はじめから超えているんです。自由なんですね。だから観客の方が人間にとって至極当然の態勢ともいえる「発見しよう、感動しよう」というような積極的な状態になっているというわけなんです。つまり、遊びの構えですね。（関矢幸雄『遊びのなかの演劇』／晩成書房／一九八四年）

これは観客の側にある遊びが生きるとき、舞台と観客との交流が生まれるのだということだろう。「演劇という遊びは今こそ人間にとってとても必要なものに違いありません」という考えのもとにまとめられた『遊びのなかの演劇』は演劇教育にとっても多くの示唆を与えてくれた。そして、「劇をするには大変な努力が必要だ。しかしわたしたちが努力を遊びとして体験するなら、それはもはや苦しい努力ではない。劇《プレイ》は遊び《プレイ》である。」（『なにもない空間』）というピーター・ブルックの言葉は「努力と積極性のない遊びは悪い遊びです」といったマカレンコのことばに重なる。演劇は遊びであるということが演劇教育の中でどのように確かめられるか、さらなる実践の中で明らかにされていくことなのだと思う。

第二部　演劇教育から学校文化の創造へ

第4章　演劇的教育、そしてドラマ教育

一　演劇教育を教育として

『演劇と教育』一九六七年七月号に「演劇教育の未来像」と題する座談会の記録が掲載されている。その中で先年亡くなった演出家竹内敏晴が次のように発言している。

ぼくが演劇教育の運動に関係をもつようになってからのことをふりかえってみると、たとえば、つぎのような、三つぐらいの柱に要約して考えることができると思うのです。一つは、演劇教育というのは、おとぎばなしの王子さまやお姫さまの、かっこのいいようなことを、ただおもしろくやるだけではいけない。もっと生活の真実にねざしたものをやらなければいけないという考え方です。いわばリアリズムの精神です。生活綴方が、ごくおおざっぱにいって、リアリズムの精神にねざすものだとすれば、それと通ずるもの。小原

国芳さん以来の学校劇の考え方がアイディアリズムであり、ロマンティシズムをふくむものとすれば、それを批判するリアリズムの立場があったと思います。それが一つで、第二には、しかし、演劇教育では、単に生活の断片を演じただけでは、これは演劇ではないという考え方。そこにはドラマがなければならない。生活綴方のように、生活をそのまま演じてみせればいいというのではなく、ドラマの本質をふまえなければならないという考え方。これは、戦前には弱かった考え方だと思うんです。それと、第三には、おかしないい方ですが、演劇教育を「教育」としてとらえたということです。教養主義を克服した考え方といいますか、そういうことがいえると思う。この三つが、戦後の演劇教育を特徴づける三つのポイントじゃないかと思うんです。（『演劇と教育』一九六七年七月号／竹内敏晴の発言）

この竹内の意見に対して山住正己は次のような意見を述べている。

いまの竹内さんの三つのポイントというのは、教育の他の分野についてもいえることです。作文でいえば、明治期の美文調の型にはまった作文から、生活の真実をありのままに書くという生活綴方——リアリズムの精神が強調され、つぎには、それだけではなく、科学、芸術の文化遺産を学ばせなければならないという段階があり、しかし、そこには、子どもの発達に即した教育という観点が、どうしても必要だということがある。いまは、この第三の点が課題なのですが、それには第一のリアリズムという考え方を生んだルッソーの「子どもの発見」が、やはり基礎になるのじゃないか。

戦後の民間運動でいえば、数学教育の「水道方式」の提唱というのは、第二の段階だったと思いますね。いま、少し各分野が停滞気味のように思えるのは、（三）の課題を発展させるのには、（二）の上に、（一）の考え方が基礎になるということが充分にふまえられていないからじゃないか。そういう質の研究や実践がまだ不足しているからだと思いますね。

また、冨田博之は次のように発言している。

さっきからむずかしいといわれている（二）から（三）へという問題は、結局、演劇教育の難しさに通じることで、音楽教育とも文学教育とも違う演劇教育独自の教育的意味をあきらかにすることは、たいへんむずかしい。だから、景気のいいパッとした演劇教育論は簡単には書けないんですが、それをどこまでも追求していくことが、ぼくにとっては、演劇教育運動の未来像をあきらかにしていく手がかりだと思うんです。

この座談会が行われた一九六〇年代は、日本演劇教育連盟が演劇教育におけるリアリズムの追求やドラマの本質を明らかにする仕事を運動として進めていた時期であった。一九五六年から始まった指導者合宿研究会でスタニスラフスキー・システムを知り、演技の基礎を学んだことがそれに重なる。合宿研究会では演技をすることの意味やドラマというものをどう考えるかといったことと併せて、子どもをどう創造的にするかが問われていたのである。全国演劇教育研究集会では大会テーマに「創造的な人間の建設」（一九六六年）、「自主的・創造的な子どもを育てるために」（一九六七年）を掲げている。教育としての演劇教育をあきらかにする仕事はこのあとの大きな課題として追求されなければならなかったのである。

二　演劇的教育の役割

かつて冨田博之は演劇教育を「子どもたちを、さまざまな演劇の創造活動に参加させること、および、子どもたちに、劇を鑑賞させることをとおしてする教育（せまい意味での演劇教育）と、まとまった演劇を作り上げるのではないが、教科の学習や生活指導のなかで、演劇的な方法をいかそうとする教育（演劇的教育）とがふくまれている。」（『演劇教育』／国土社／一九五八年）と定義した。「演劇的教育」はまた教育における「演劇的方法」とも言い、それが教育のなかで果たす役割について冨田は次のように言う。

第一に演劇的方法というのは、演劇が身体的な行為・身体的な表現の芸術である点を、教育の仕事・教育の考え方にいかして、子どもたちの心身を、ひとつの有機体としてとらえ、心身を一つのものとして教育の仕事をすすめようとする方法である。たんに知的な方法にうったえるだけでなく、感性的・身体的なものをとおして、子どもの認識をそだてていこうとするのである。

第二に、いわゆる劇的というとき、そこには、さまざまな対立と闘争、および、そこからうまれる発展と安定への期待があることを意味するが、教育のいとなみのなかに、その劇的なものをいかしていこうとするのが、演劇的方法である。

第三に演劇は、演ずるものと、見るものとが、ひとつの場所で、生きた交流をすることによって成立する芸術であるが、演劇のもっている、その本質的な作用を教育のなかにいかすこともまた、演劇的方法の一つである。

第四に、演劇は一口に総合芸術といわれるが、演劇のもつ、この総合性は、教育のなかにも大いにいかすことが必要である。また、おなじような意味で、集団の芸術といわれる演劇のもつ集団性も、教育活動のさまざまな面にいかすことができる。

第五に、演技をするということは、自分の心身を駆って、自分以外の役に生きることを意味するが、演劇のもつ、この作用を、さまざまな教育活動のなかに積極的にいかそうとする演劇的方法がある。

冨田は演劇的教育の内容としてごっこや劇あそび、教育活動における知的な欲求、感情の対立、さまざまな緊張や解放などの教育のいとなみを意識的につくりだすこと、教科の学習などの即興的な劇化、役割劇、あるいは行事などなどを挙げ、それは総体として劇のある教室・劇のある学校をつくることなのだというのである。

こうした提案もあって全国演劇教育研究集会では「演劇的教育方法」という分科会が持たれることになった。一九六〇年の第十二回集会の時である。この時、群馬県島小学校の金子緯一郎は授業を中心にその方法を提案した。それなりに討議は深まったが「演劇的教育方法とはなにか」ということに対する答えは出なかったとその時の記録にはある。それは一人の教師の授業だけですべてを明らかにすることができなかったということだろう。しかし「金子氏の提案は、連盟が今後重点として力を入れなければならない研究の方向を示した」と記録されているように、演劇的教育ということが授業に生かされる方向が示されたことは大きな成果だったと言えるのではないだろうか。

演劇的教育はその後、全劇研などを中心に学級・学校の文化活動、学級づくりや学級の文化活動、学級学年の表現活動、集会・行事、あるいは劇あそびなどのように内容別、分野別の研究のなかで深められていっている。そこからは、たとえば『劇のある教室を求めて』（大隅真一）、『卒業式―ドラマとしての』（葛岡雄治）、『いちねんせい―ドラマの教室』『ぎゃんぐえいじ―ドラマの教室』（福田三津夫）のような実践が生まれている。こうした流れは演劇的教育を具現化する方向としては当然のことであり、その分野はさらに広がりをみせていくのだが、それは演劇的教育が、子どもの活動する場ではあらゆることに生かされる可能性をもっているからなのである。

そうした可能性を探るなかで、クリエイティブ・ドラマをはじめとする「表現教育としてのドラマ」との出会いがあるのだが、それらはまさに演劇的な方法をいかす活動であり、演劇的教育そのものだった。演劇的教育はドラマ教育の方法をも含め、新しい展開を見せていく。

三　演劇的教育におけるドラマ教育

日本演劇教育連盟は一九九二年の全国演劇教育研究集会から集会テーマで「ドラマ」ということばを使うようになる。「すべての子どもにドラマの教育を」が集会のキーワードとして登場したのは一九九九年のことである。そこには演劇的方法を教育に生かすという考えが込められており、日常の教育活動ではもちろん、劇をつくるときにもドラマの方法は生かされなければならないとしたのである。

表現教育としてのドラマ教育がわが国の演劇教育にもたらした経緯については先に述べたが、古くからの歴史的経過を経て積みあげられてきた欧米におけるドラマ教育にはそれだけの深みと重みがある。そこから学ばなければならないことも多い。しかし、私たちがドラマ教育というとき、それは単なる手法や活動を指すのではない。ドラマには冨田博之がいう「いわゆる劇的というとき、そこには、さまざまな対立と闘争、および、そこからうまれる発展と安定への期待があることを意味するが、教育のいとなみのなかにその劇的なものをいかしていこうとするもの」とする意味があるのである。冨田のいう演劇的教育にはそのことが明確に位置づけられている。

冨田のいう演劇的教育はそれだけでなく、先に挙げたように、身体的な行為、身体的な表現活動であり、演ずるものと見るものとの交流、総合性や集団性、役を生きる作用等がいかされた活動だとした。冨田はその方法論としてのエチュード方式を提案した。それが十分に実を結ぶことがなかったことは先に述べたが、導入されたドラマ教育は教育方法としての方法論をもっていた。それがドラマ教育の広がりを可能にしたのである。

私たちがドラマ教育というとき、そこではまずこれまでの演劇的教育の研究や実践を踏まえた上に立って考えなければならない。その上で欧米の表現教育としてのドラマ教育を学んでいくようにするべきなのである。さらに劇づくりではドラマ教育の手法を取り入れながらいっそうの発展を図るということもまた大事なことである。すべての子どもにドラマの教育をといったことにはそうした意味が込められていたのである。ドラマ教育をそうした視点からとらえることがこれからの演劇教育にとって必要なのだと思う。

四　演劇教育に問われるもの

ドラマ教育が展開された一九七〇年代は教育の統制がさらに強化された時代でもあった。しかし、そのことは子どもの自発的な表現を育てる演劇教育が求められる環境を創りだしていったのである。

1　差別・選別と能力主義教育

一九六八年学習指導要領から劇が消えたことについては先に触れたが、一九六〇年代から七〇年代にかけての教育政策によって差別・選別教育はいっそう深刻さを増していく。一九六三年、経済審議会は「経済発展における人的能力開発の課題と対策」という答申を発表する。そこでは次のように述べられていた。

……経済発展を担う人間を考える場合、労働力としての人間の問題を中心とせざるをえないであろう。経済問題と関連する人的能力政策は主として、この労働力としての人間の問題を扱うものであり、これはいかにして最もすぐれた労働力を能率的に養成し、活用するかといった問題をもつものである。

これらの諸要件の歴史的変化は、新しい基準による人の評価、活用のシステムを要請している。端的にいえば、教育においても、社会においても、能力主義を徹底することである。（一九六三年一月十四日、経済審議会答申）

これは、

「技術革新の進展」にともない、企業間・企業内に技術格差、跛行性が拡大し、これに照応して、労働力にも「頭脳労働化」と「単純労働化」その他の差異が顕著になろうから、「技術革新」への順応のほか、労務対策上からいって、いわば英才（ハイタレント・マンパワー）から凡才（単純技能労働者）にいたるまでの労働者の序列を、学校教育のはやい段階から、「能力主義の徹底」を合言葉に、計画的に形成しておくように、そのための「多様化」等により教育制度を整備するように、との主張である。差別と選別の教育体制の推奨である。（五十嵐顕・伊ヶ崎暁生『戦後教育の歴史』）

というものだった。一九六六年には「期待される人間像」を別記した「後期中等教育の拡充整備について」の答申が中央教育審議会から出されたが、そこには次のように述べられていた。

新しい時代の発展に備えて、教育の機会均等の徹底強化を期するとともに、国家社会の形成者として、またその経済的・社会的発展のにない手として、もっとも大きな割合を占める青少年に対し、初等教育の基礎の上に、さらに充実した個性と能力を発揮させる機会を提供することが、今日の重要な国家的課題であることを示すものといえよう。

教育の目的は、国家社会の要請に応じて人間能力を開発するばかりでなく、国家社会を形成する主体としての人間そのものを形成することにある。（略）

教育の内容および形態は、各個人の適性・能力・進路・環境に適合するとともに、社会的要請を考慮して多様なものとする。

能力主義の徹底と産業界からの要請にこたえる形で教育の場では高校の多様化が進められた。普通科３、職業科７の割合で設置された富山県の体制はその象徴であった。さらに高校進学率の高まりとともに進んだ偏差値教育は子どもたちを厳しい受験戦争へと駆り立てていくことになるのである。

一九六八年、学習指導要領（小学校）が公示される。劇が消えた指導要領である。新しく作られた教科書は「現代化」の方針によって学習内容は量的にも増やされ子どもに負担を強いるものとなった。たとえば国語では教える漢字の数が一年生でそれまで四十六字だったが、七十字に増える、算数に集合、確率、関数などが入る、など教科書のページ数は同じなのに内容が増やされ、一つ一つの教材にかける時間は減り、教材をこなすだけの詰め込み教育は新幹線教育といわれた。その結果、多くの落ちこぼれといわれる子どもたちが生み出されていく。

「どのくらいの子どもが授業内容を理解していますか」の問いに「約二分の一」「二分の一より少ない」と答えた教師が小学校で六五・四パーセント、中学校で八〇・四パーセントにのぼった、という調査結果が全国教育研究所連盟から発表されたのは一九七一年のことであった。しかしその後の状況は五割どころか七割、八割もの子どもが授業についていけないといわれるまでに重症化していったのである。

学習についていけなくなり、学習意欲を失った子どもたちの問題は単なる学力の低下というだけにとどまらなかった。学級崩壊、校内暴力、非行、いじめ、さらには登校拒否、自殺、等々、教育荒廃、発達のゆがみといわれる現象が次々に現れたのである。こうした現象について大槻健は次のように言う。

今日の日本の子どもが「学ぶ」ことと「生きる」ことの分裂のなかで苦しんでいることのあらわれである、ともいえるのではないでしょうか。「学ぶ」ことが上級学校への進学に歪曲され、したがってもっぱら競争と点数の追求に終始し、そのために「生きる」力を喪失しつつある現状の中で、子どもたちは右往左往しているのがその姿なのです。

「学ぶ」ことと「生きる」ことの分裂の中で、子どもたちは自らの内的エネルギーを噴出させるべきめあてをもてないでいます。一九七〇年代後半ころからあらわれはじめたいわゆる「教育荒廃」の諸現象がそのことを裏づけているようです。（『子どもと教育』一九八九年一月臨時増刊号）

もちろん、子どもの発達のゆがみや教育荒廃についてはさまざまな要因が絡み合ってのことではあるが、私たちに問われたのは、このような状況にある子どもたちの本来もっている力と可能性をどう引き出していくのかということだった。その果たす役割は何なのかが演劇教育にも問われたのである。教育方法として広がり始めていたドラマ教育の研究・実践はそのことに応える活動だったといえよう。ドラマ教育の開拓者と言われるピーター・スレイドのドラマ教育も子どもの視点に立つところからのスタートだった。

2　ドラマ教育における自発性と自己表現

『演劇と教育』一九八九年一月号から七回にわたって「イギリス演劇教育通信」（清水豊子）という連載記事が載った。この三回目に次のような叙述がある。

元旦のリージェント・パークで、幼い坊やが父親を相手に『ぼくをつかまえてごらん』と言いながら、よちよち楽しげに駆けまわっていました。イギリスでは、こういった親子の情愛は、歴史的に言っても、比較的新しい現象だといわれます。子どもは、前世紀までは、どの階級でも親との間に情緒的にも物理的にも距離をおいて、厳格に育てられるべき存在でした。裕福な階級の子どもたちは、乳母、召使、家庭教師によって育てられるという社会慣習によって、親とはさらに疎遠でした。常に子どもにきびしい大人の視点が優位を占め、子どもの立場を理解するという視点は欠落していました。こうした傾向に疑問を抱いたひとりが、ドラマ教育のパイオニアといわれるピーター・スレイドです。

スレイド卿は、大人の先入観を排して、子どもの本当の行動と要求を観察しながら、子どもの知性、心理、情緒の発達段階に適合したドラマの本質を見きわめ、それを教育に導入する道を模索した実践家です。英語圏を中心とする現代のドラマ教育の活況は、一九五四年に出版された彼の『子どものドラマ』から生まれたといわれます。ドラマ教育が、世界に広がる契機となったのは、パイオニアとしてスレイド卿のたゆまざる実験精神と徹底的に子どもの立場に立つ彼の著書の影響力によるところが大きいと思われます。美術教育がそれぞれの子どもの素朴な自己表現から始まるように、ドラマ教育も「自発性に基づく即興」を原理としてごく自然な自己表現から始めようというものです。（『演劇と教育』一九八九年三月号）

自発性による自己表現ということでいえばクリエイティブ・ドラマもまた同じである。

「クリエイティブ・ドラマ」という名称を作り出し、また一般にこの活動の創始者といわれているのは、アメリカのノースウエスタン大学の教授だったウィニフレッド・ウオードです。彼女はシックス教授の先生に当たる人で、一九三〇年に「クリエイティブ・ドラマ」という本を出版しています。そこではデューイの教育哲学にならって「ホール・チャイルド（全人教育）」をこの活動の最大の目的であるとしています。具体的には、自分の専門であったストーリー・テリング（お話）を用い、子どもの想像力を刺激し、自発性を尊重して、子供たちに協同で劇づくりの活動に当たらせ、そのなかから調和のとれた人間性発達を引き出そうとするわけです。（佐野正之『教室にドラマを』／晩成書房／一九八一年）

このような自発性に基づく自己表現としてドラマ教育は、一九七〇年代の子どもたちに現れた発達のゆがみや教育荒廃といわれる状況の中に求められるものと方向を一にするものだった。それは演劇教育の新しい方向を示すものでもあった。

3　表現することは生きること

「表現することは生きること」という言葉に出会ったのは『よみがえれ少年院の少女たち』（中森孜郎・名執雅子編著／かもがわ出版／二〇〇八年）のなかであった。ここに登場するのは仙台市にある青葉女子学園という女子少年院の少女たちである。そこにいるのは「多くの場合、幼い頃から家庭内や親子の間に葛藤がある中で育ち、学校では学習につまずき、いじめや不登校の問題にさらされ、非行に至っています。」という少女たちである。この少年院では当然のことながら非行を犯した少女たちの矯正教育が行われているのだが、その教育の中心に据えられているのが表現教育なのである。

父親の虐待から逃れるように家出を繰り返し、寝泊まりする場所、生活するお金を得るために、年齢を偽り性風俗の店を転々としていた少女。養護施設で育ち、すがるように頼った暴力団員の男から覚醒剤を打たれ続けていた少女。心を閉ざし、誰にも自分の気持ちを打ち明けることができず、それが限界となったとき身内に対する衝動的な暴力に及んだ少女。軽度の知的障害があり、学校ではいじめの標的とされ、友達もいず、誘われるまま何十人もの男と売春を繰り返していた少女。食事にも困るような貧困家庭に育ち、親兄弟ともども窃盗を繰り返していた少女……。わずか二〇年足らずの生育史には、虐待、貧困、荒れた生活環境、学校や地域からの疎外、性暴力など、一〇代の少女には、過酷すぎる体験が幾重にもわたって綴られています。（『よみがえれ少年院の少女たち』）

この子たちは大人の要求を素直にうけいれてくれるような状態ではない。

何を聞いても、「わからない」、「別に」などという反応で示される「拒否」。どんなことにもへ理屈や難くせをつけて受け入れない「反発」。あるいは受け入れてもらうための作り笑顔、必死の「迎合」。時には自分に好意的に接してくれる大人を試すための「裏切り」。そして幼い頃からの葛藤の多い中で育った長年の緊張・ストレスからくるのか、硬い身体やぎこちない動き。自信のなさからくる、小さな声、はっきりしない発語、単語の羅列で文章にならない発言など。これらはいずれも、少女たちがその苛酷な環境を必死に生き抜くために、必然的に身に付けざるを得なかった対応ではあるのですが、このままでは社会に受け入れられることは難しいでしょう。

こうした少女たちに対して青葉女子学園は「一人ひとりの問題性にきめ細かく対応すること」を基本に、「適切な自己表現をさせるための表現教育」を重視して取り組むのである。その表現教育については次のように考える。

せっかく少年院の教育でものの考え方が変化したり、「心」が育ったとしても、それを伝えるべき相手に適切に伝える手段を持たなければ、社会での生き辛さは変わらないからです。また、自分を表現するということは、人間の生活において、他人とかかわるための大切な手段であると同時に、自らが生きる意味でもあります。ただ、情操や共感性が育まれ、内面が育って、はじめて、それを表現するということが真の意味を持つのであり、単に実用的なスキルとして表現の手段を学ぶこととは異なります。

単なるスキルとしての表現ではなく、他人とかかわるための大切な手段を、そして自らの生きることの意味を学ばせる、そのことに徹しようとするのは「少年院である青葉女子学園の目的が、少女たちの再非行防止と円滑な社会復帰」にあるからである。

何よりもまず、少女たちの内面が成長した結果は、少女たちの言葉、態度、行動として具体的に表され、社会に適応するものとして受け入れてもらう必要があります。心から申し訳ないというという思いや、ありがとうという感謝の気持ちも、少年院の指導が進んで頑なな心がほぐれるとともにあふれ出てきますが、それだけでは伝えるべき相手に自然に伝わるものではありません。ここに、少女たち本人の「からだ」「声」「言葉」を鍛え、表現の手段を得ることが非常に大切になってくる理由があります。

表現を学ぶことで彼女たちの変革の見通しを次のようにとらえている。

自分の思いを適切に表現し、人に伝えられるようになってくると、少女たちには自信が生まれてきます。自分が言いたいことを表現できた経験、それが適切な自己主張として受け入れられた経験は、自己のイメージを高めることにつながっていきます。

自分のからだで、声で、言葉で表現する、表現の手段を得た少女たちは、伝えたい気持ちを人に伝えることで人との関係性を築き、信頼感を獲得し、支えてくれる仲間の大切さを知っていきます。それは前向きな希望を得ることであり、自分が生きている実感を取り戻すことであると思います。そして、他者の存在を獲得することにつながっていきます。このようなプロセスを経て、少女たちは、人との関係の中で生きていくことの大切さと喜びに気付き、社会で生きていくための必要な力を獲得していきます。また、自分自身が成長したその時にこそ、人の痛みに思い至り、心からの反省、謝罪の気持ちに至るのです。

青葉女子学園の表現教育は次のように取り組まれる。

青葉女子学園では、長年にわたり、音楽や体育や詩の朗読や作文などの指導を通じて、少女たちの「感じる心」を育てつつ、自分自身の「からだ」と「声」と「言葉」を使って表現するということに力を入れてきました。ちなみに、実践発表の場としては、一九六一年頃から、劇や歌、舞踊、生活作文の朗読などが行われ、一九七二年から、少女たちが非行や家族問題について書いた作文をベースとした音楽劇が発表されていました。一九八三年から中森先生のご指導の下、体育や和太鼓の系統的な指導と発表会が行われ、一九八六年から創作オペレッタが始まり、現在に至っています。

そのオペレッタを体験したひとりは次のような感想を語っている。

「今回のオペレッタを通して気づいたことは、誰でも一生懸命やれば必ず自分に返ってくるということと、みんなで支えて生きているということと、自分のために今を大切にしていかないといけないっていうことです。それに、逃げるのは簡単だけど、逃げないで最後まで一生懸命やった自分をほめてあげたいです。今回のオペレッタで得た自信を、これからもずっと持って生活していきたいなって思いました。私はオペレッタが終わって、今、やっと心からキャストをやってよかったと思います。」

「できれば、少年院に入る前にこのような体験を積ませることができていたら……。」という一節は関係者だけでなく、教育に携わる多くの人の共感するところではないだろうか。からだと声とことばを使った青葉女子学園の表現教育からは生きることの教育として学ぶことは多い。

4　竹内敏晴のレッスンから

青葉学園の実践には「からだ、こえ、ことば」のもつ意味が繰り返し語られる。その原点は竹内敏晴のレッスンにある。演劇教育運動の中でわたしたちもその竹内レッスンから多くを学んだ。

竹内敏晴の『劇へ―からだのバイエル』が出版（青雲書房）されたのは一九七五年だった。そのあとがきで竹内は次のように述べている。

私が演劇の原点として「からだ」に気づき始めてから七、八年になります。それまでの私は演出家として、ぶどうの会で木下順二の「夕鶴」などの民話劇や宮本研の「明治の柩」などのリアリズムの芝居を上演し、解散後は代々木小劇場（演劇集団「変身」）に拠ってジャリの「ユビュ王」やジュネの「屏風」をはじめとする前衛的な作品を手掛けてきていました。しかし、それ以後は、

人間の「からだ」とはなにか

行動（アクション＝演技）は「からだ」のどこから、どんなふうに始まるか

演技は、演劇は、人間にとってどんな意味があるのか
といった根源的な問いに取り憑かれ、それをレッスンしつつ探る作業にひたすら打ち込むようになりました。
むしろ、それこそ私にとって真の「劇」となったのです。

この『からだのバイエル』が書かれた一ヶ月後に彼の代表的な著作『ことばが劈かれるとき』（竹内敏晴／一九七五年／思想の科学社）が出版される。そこには次のような叙述がある。

ぶどうの会の終わりごろからの私の課題は、戦後新劇が、そして自分もその一員として築き上げようと努力してきた近代的なリアリズムの演劇、とくに演技を、どのように批判し、超えたらいいか、ということであった。リアリズムの演技とは、大ざっぱに言えば、劇の登場人物（役）の性格を細かく分析し、状況による反応を計算して、肉体（表情もふくめて）を動かし、ことばを発してみせるという方法だと言えようか。それでなんでいけないのだと問う人も多いだろうという気がする。事実、舞台、映画、テレビで見られる演技はほとんどこのやりかたの亜流なのだから。

だが、これはどれほど努力し精密にやってのけても、この人はこういう性格だとすればたぶんこうだろう、とアタマの中に描いたお手本に無限に近づく努力にすぎない。行為の蓋然性をなぞり、でなければ干からびた押し花。大きな人間的情熱や行動が直接舞台で開花爆発するにはほど遠い。それでも、ことばが伝わるものだと信じていられる間はまだごまかしもきいた。自分（役）も相手役も見通しがついた。人と人とが何をもってふれあえるのか、つながりあえるのか、その基盤が崩れつつあるとき、リアリズムを成り立たせてきた「客観的」な「性格」などというものは、霧の中にまぎれてしまう。「近代の崩壊」は目の前の事実そのものとして私たちを渦に巻きこんでしまっていた。

それでは、演技とは、いやそれよりもっと根底的には、人間の行動とは、何か。私は十数年の間に身につけた考え方や演劇の技術を、根本から一つ一つ点検し直さなければならなくなった。それは自己を解体して

ゆく作業であり、見通しがつかず、ひどく辛かった。

その後、竹内はメルロ・ポンティの『知覚の現象学』を読み、「人間の意識とからだについての、まったくあたらしい視界が広がっていく」のを感じたという。同じころ、野口三千三との共同のレッスンを持ち、「野口さんの体操に新しい意味を見出し、野口さんのからだについての考え方を聞き、レッスンで感じたことが、メルロ・ポンティの理解を急速に発展させた」という。メルロ・ポンティの理論と野口体操によって竹内は「主体としてのからだの発見」にたどりつくのである。竹内は次のように言う。

「からだ」とは、意識（精神）に指揮使役される肉体ということではない。からだとは世界内存在としての自己そのもの、一個の人間全体であり、意識とはからだ全体の働きの一部の謂いにすぎない。からだとは行動する主体であり、同時に働きかけられる客体である両義的な存在である。心とか精神を肉体と分けて考える二元論は批判され、超えられねばならぬ。（『ことばが劈かれるとき』）

さらに次のように言う。

演技とは、からだ全体が躍動することであり、意識が命令するのではなく、からだ自ら発動し、みずから超えて行動すること。またことばとは、意識がのどに命じて発せしめる音のことではなく、からだが、むしろことばが自ら語りだすのだ。

形が、ことばが、叫びが、生まれでる瞬間を準備し、それを芽生えさせ、それをとらえ、自らそれに立ちあい、自らそれにおどろくこと、それが私にとって、今のところ、劇という名の意味するものだ。そのような美しい瞬間があるに違いない。自分がほんとうに自分であるとき、もはや自分は自分ではない（意識しない）というような瞬間が。からだが見、からだが感じ、からだが叫び、からだが走るのだ。（「同」）

「からだとは行動する主体であり、同時に働きかけられる客体である」とした竹内は、演技とは「行動するからだ」だととらえ、さまざまな場でレッスンが続けられていく。そのレッスンは、

わずか二、三時間だが、その時間と共に一つの自分が始まり、そこで発見した自分、まったく今まで気が付かなかった自分にめぐり会った経験と共に完結する、そこに一つの「生と死」があるといったような時間になっていた。「稽古」と言えば、普通は上演のための準備であるが、レッスンそれ自体が、そこですばらしい時間を呼吸する、いわば一つの祝祭に化していったということであった。（同）

竹内の祝祭としてのレッスンはこうして生まれた。その後、「からだの考え方・感じ方が変わってくるとともに、ことばについての考え方・感じ方も変わってきたのは当然のことだろう」という竹内は「話しかけのレッスン」を始めるのだが、それについて次のように言う。

ある大学でこのレッスンを試みているとき、ふいに私は「生きている空間」とは何か、それがどんなに通俗の自然科学的常識と異なる次元のものであるかを体験した。そのときからレッスンは私にとって、心とからだまるごと一つの生存在を、その生のあるまま「生きなおすこと」むしろ、「生きられる空間・時間」の始まる地点に還帰して「われわれ自身の体験が何を意味するかを知り直そうとする」、いわば「からだ」による現象学的反省と呼んでもよい方法の一つ、となった。（略）私は、レッスン中、次から次へ新しい発見に小躍りし、それらを他人に伝えては、また新しいものを他人から受け取ることに熱中し始めた。メルロ・ポンティふうに言えば、これは私にとり「自己のよみがえり」、あるいは「誕生」でもあった。（同）

竹内の「話しかけのレッスン」は次のようにして始まる。

まず二人向かい合って、AがBに、何でもいい短いことばをえらんで話しかける。「お茶のみに行かない？」「今日はやけにきれいだね」など。次に、Bがうしろ向きになり、Aが話しかける。すぐうなじのうしろで、Bはほんとうに自分に話しかけられたと感じたら、ふり返って返事していい。うまくいったら次に二歩遠ざかる。さらに二メートルの距離、三メートルの距離、五メートルの距離というようにして十メートル以上まで次第に遠く離れてゆく。

このレッスンの過程で何が起こるか――。

――自分でなく、Aのそばにいるだれかに話しかけているようだ。
――自分の何歩かうしろにいるだれかに。
――頭を越して遠くの人に。
――声が届いてこない。
――自分に話しかけているらしいという気はするが、はっきりしない。

中には

――声が背中にさわった。
――耳にさわって前へ抜けた。
――肩をかすった。
――あ、ドンと当たった。

などというのも出てくる。

こうした事象に対して竹内は次のように言う。

（一）話しかけるということは相手に声で働きかけ、相手を変えることである。ただ自分の気持ちをしゃべるだけではダメなのである。一般にはことばは感情の発露だと考える傾向が多いようだ――もちろんそういう場合もある。だがそれは自分のからだが閉じられている場合である。言うだけ言えばいい。相手がどう思おうと、言いっぱなし、という場合が多いのは、からだが他人（他者）に向かって劈いていないのだ。だがことばが他者との間に成り立つときには、まず働きかけ（行動）として機能する。働きかけること、感情を忘れること、対象に触れようとすることだ。

（二）どう変わってほしいかがはっきりしないと相手は変わらない。さまざまに言い方を変えても、相手は動かぬ。

（三）相手にこえが届くとはどういうことか。声で相手にふれるのだ。

（以上『ことばが劈かれるとき』より）

そして竹内は次のように言う。

「話しかけのレッスン」はちっぽけな作業だが、人間の「からだ」を「生きることのはじまり」に向かって開く第一歩だと、私は考えているのです。（『劇へ―からだのバイエル』）

『ことばが劈かれるとき』は「治癒としてのレッスン」の章にうつる。そこでは演技のレッスンが続けられるのだが、レッスンで出会った参加者のからだの歪みの実態について触れている。そしてレッスンについて次のように言う。

演技のレッスンは、わたしにとって

▽閉じられ、病み、歪んだからだを他者に向かって劈いてゆく実験。

そして――

▽じぶんのからだを、そして、主体であり同時にものであるそれが向かいあう他者を、くり返し新しく発見してゆくこと。
▽自分と世界とのふれあいについて、常に新しく驚いてゆくこと。
▽日常生活、科学的思惟によって疎外されているからだが棲みこみ、生きている世界を、根源的にとりもどす試み。
▽そのとき主体（からだ）の動きは、他者のからだにおいて、その意味を成立させ、そこで完結する。だから、演技者にとって、舞台という固定した空間はない。演技の成立するのは、他者（観客）のからだにおいてである。

このように、さまざまに言いかえられる側面を持ちながら、全体として「人間のからだ」を探り、その閉じ、ふれ、劈く貌に立ちあってゆくことだ、と言いたい――そのとき、ひょっとすると「演劇」というフォルムはもはや口実にすぎない、かもしれない。人間とは人の間と書く。これは人を単なる個体でなく、自他、私と世界の関係を包摂しているものとしてとらえており、メルロ・ポンティが「間身体性」というのと、きわめて近い考え方のように、私には思われる。「劈く」とは、その意味で「人間」の意味を回復することなのである。（『ことばが劈かれるとき』）

竹内の「からだとことばのレッスン」は、自ら主宰する竹内演劇教室だけでなく、桐朋短大、宮城教育大学などの大学をはじめ、神戸の湊川高校定時制、東京都立南葛飾高校定時制、さらには東京の町田養護学校、沖縄の久茂地小学校、熊本の荒尾高校定時制等など、その実践は多くの教育に生かされ、注目を浴びることになる。東京、大阪、名古屋などでも定期的にワークショップが開かれ、さらにそれは竹内レッスンとして広がりをみせていった。一九七〇年代から八〇年代にかけての竹内の実践は『話すということ』（一九八一年）、『からだが語ることば』（一九八二年）、『ドラマとしての授業』（一九八三年）の著書に詳しい。

竹内の仕事は自らも言うように「演劇指導及演出と、特に言語障害を中心とする治癒への助力と、授業の場における交流と成長の考察と、ほぼ三分野に分れる。」のだが、さらに「交わる、育つ、つくる、やすらぐ、癒える、といった営みが、一つの円環をなして生きることの全容を支えるとき、教育の仕事も私にとって少し正確な広がりと深まりをもって見えてくるであろうか。」（『ドラマとしての授業』）と言っているように、竹内の仕事からは演劇と教育を根底に据えたものが多くうかがえる。その竹内は一九七〇年代の教育状況を次のようにとらえている。

いま学校は荒れ果てている。先日も教師が生徒たち十数人を並べて殴り、頭からバケツの水をあびせる事件があった。上級生の喫煙を知りながら教師に知らせなかったのがその理由だと聞くと、言葉もない。中学生たちが集団で教師を殴った事件が全国いたるところでふき出している。いわゆる校内暴力や非行だけでない、父母をバットで殴り殺した少年、子どもを殺して自殺した母。——そんな胸を刺す事件が毎日つみ重なってゆく。教師を殴りとばさなければ気がすまない「からだ」が、さまよいうろつきまわっている。一方の極には、従順な受験戦争の戦士たちが、権力と企業のための「他人のためのからだ」に仕立て上げられつつある。そして、二つのからだの間に、とまどって、迷って、尻込みしながら、登校を拒否し、対話を拒絶し、自分に閉じ込もり、人から逃げ出し、母親のからだに逃げ込み、果ては自殺に追い込まれてゆくたくさんの「からだ」がある。どれほど多くの若ものたちが、荒れるからだと飢えている魂の裂け目に苦しみ、悶え彷徨しているか。それを統合し内的な調和に持ち来たす道はどこにあるのか。」（『からだが語ることば』／評論社／一九八二年）

竹内は一九五〇年代から常に演劇教育に心を配りながら、多くの貴重な提言をよせてくれている。全劇研や合宿研究会の講師を務めたのも一度や二度ではない。私たちが竹内から学んだものは大きい。

全国演劇教育研究集会の集会テーマに「ドラマ—ひびきあうからだとことば」を掲げたのは一九九二年の第四十一回集会だったが、それから二〇〇三年までそのテーマは続けられた。からだとことばはまさに演劇教育における基本的なテーマだったのである。

若者や青少年の「からだの反乱」に目を向けた竹内のレッスン、そこには単なる実践者というよりはからだとことばの統一をはかる求道者としての姿があった。そしてそれは、多くの人の共感を呼んだのである。

生活指導の理論的指導者竹内常一は『ことばが劈かれるとき』に取り上げられているNという女子学生の例をひいて「「文化としてのからだ」をもてないでいる現代高校生のパーソナリティにそのままあてはまる。」と言い、生活指導の立場からからだの問題を考えようとし、次のようにいう。

現実の生徒の発達疎外は、「文化としてのからだ」の未発達、「自我の祖型としてのからだ」の未発達に起因するものである。そうだとすれば、教師は、生徒の精神や意識のありようだけに注目するのではなくて、生徒のからだや行為のありように注目していく必要がある。その未発達の閉じたからだをひらくことをつうじて、その精神をもひらいていくように教育実践を組みたてなければならない。（竹内常一『教育への構図』／高校生文化研究会／一九七六年）

そしてその実践の方向性を次のようにいう。

文化・スポーツ活動や労働体験を組織することによって、生徒の閉じたからだを集団に開いていく必要がある。（略）

文化・スポーツ活動や労働的体験は、生徒たちの閉ざしたからだをひらき、閉ざしたこころをひらくものであり、そのことによって集団を変革していくものであるが、しかし、どんなものでもそのような効果をもっているとはかぎらない。その文化・スポーツ活動や労働的体験が、生徒に活動することの「喜び」を組織しうるだけの、客観的な「おもしろさ」をもったものでなければ、生徒のからだやこころをひらくものとはならない。（同上）

からだをひらく、ことばをひらく、ということはドラマ教育のなかでも大きな比重を占めていくことになるが、同時にそれは演劇教育においても根本的な命題だった。竹内敏晴のしごとはそのことを教えてくれているのである。

5　認識・感情と表現

「将来、学校は、徹底して、技術の効率的な習得をめざす、「自動車学校」型の学校と、技術の習得を目的としない、遊びと楽しみのための「劇場」型とに二極分解した方がよい」といったのは数学者の遠山啓だが、それに触れて冨田博之は次のように言う。

遠山氏によると、「いまの学校はこの二つの極の中間にあり、しかもそれが入りまじっているために、特徴を充分に発揮できなくなっているように思われる」というのである。そして、「遠い将来」には「自動車学校」型と「劇場」型学校とに二極分解した方がよいと主張する。この考えは、アイロニーとして、たいへんおもしろいと思う。だが、現実の問題としては、遠山氏も「遠い将来のこと」と、ことわっておられるように、「二極分解」が必要なのではなくて、問題は、「不徹底」で「中途半端」なところにある。むしろ、理想的な学校というのは、「自動車学校」的性格と、「劇場」的性格とを、中途半端にではなくて、明確に、徹底して、兼ね備えなければならないのである。それが、そうなっていないところに問題がある。とくに、いまの学校が、テスト万能の、悪しき能力主義によって、中途半端な「自動車学校」型学校へと大きく傾斜してしまって、「劇場」的性格を喪失して、学校を砂漠に変えているところが問題なのである。」（冨田博之『学校文化活動論』／明治図書／一九八四年）

学校は「自動車学校」的であると同時に「劇場」的であることが創造的な学校をつくる上での基本なの

だということなのである。学校が劇場的性格を喪失しているということは子どもの精神発達の面からみても好ましいことではない。

近頃は、子どもの情緒不安定、非行や自殺の若年令化、自閉症的傾向、学校ぎらいなどが激増している。また、これほど顕著でないにしてもほとんどの子どもが無気力、無関心、自己中心型になっている。さらには、働くことを嫌ったり、事実を知らない・知ろうとしない子、友だちと遊ばない・遊べない子が多くなっているのも事実である。

こうした子どもの姿は、ある意味で、現代の「不安と緊張の時代」を反映している現象であるといえるが、いま一つの視点としては、発達を先導すべき教育が十分に機能しているかどうかの問題ということもできる。子どもの精神発達は、感情的側面と認識的側面の両者が相互に関連しあって発達するものであり、それにかかわる教育は、新しい要求や意欲と実現の可能性との矛盾を意図的につくり出して働きかけ、次の時期への飛躍を準備する組織的活動であるといえる。しかし、現実の教育のかかわり方は、知育偏重に傾き感情的発達を軽視する傾向にある。したがって感情的発達の系に属する感性教育も、また、軽んじられているといえるのである。（小木美代子「感じること、考えること」／『教育』一九七七年二月号）

冨田博之は認識と感情に関連して『子どもの認識と感情』（波多野完治／岩波書店）をひいて次のように述べている。

人間は、物との関係、人間との関係を解決していかなければならない。それには、自分が「うごく」という行動・実践がなければならないが、その実践を決定するきめ手となるのが「感情」である。「認識」は、物や人についての「構造」をつかませることができるが、行動をおこさせるエネルギーとなるのは「感情」である。認識は発達における「構造的側面」をにない、感情はその「エネルギー的側面」をになうものであり、その双方が不可分に、平行的に発達するのだ。「わかっちゃいるけど、やめられない」あるいは「わかっているが、やれない」というのは認識と感情の不可分なことを語っている。「やめた方がよい」という認識だけでは、「やめる」という行動にはならない。それを起こさせるエネルギーが必要である。それが必要な感情というわけである。つまり、必要な感情のともなわない認識は、認識したことにならないということである。（『学校文化活動論』）

『子どもの認識と感情』（波多野完治）は次のようにも記している。

わかっていればできるはずなので、できないのは、まだ本当にわかっていないからだ、と叱責する先生方がある。これは、道徳的説教としてはまことにそのとおりであるが、心理学的には正しいとはいえない。この生徒は、認識にいたるだけのエネルギーはあるが、それを行為にまで実現するだけのエネルギーが不足しているか、またはそれが異常な状態にあって「できない」のである。（略）

こういうとき、感情の教育が必要になるのである。

そして「よりよい感情教育のために」として次のように述べる。

子どもに、まず道徳教育をではなく、まず「芸術教育」をこころみ、ここでつちかわれた「感情の保存」ないし「感情の恒常性」を自力で道徳の領域へ適用することを子どもにおしえるこころみである。

美術やその他の芸術でまずよい感情をつくりあげ、そこでつくられた高度の感情（情操）を道徳の方面へ利用することで、少しずつ子どもをいまより民主的な、寛容的な社会の建設に役立つようにしあげていこうというのである。

『学校文化活動論』はこの感情教育と共通するとしてミュンヘンのシュタイナー学校の基本理念を紹介している。シュタイナーの教育については演教連でも一九八〇年代に雑誌『演劇と教育』で特集を組んだり、全劇研では「いま、シュタイナー教育から何を学ぶか」（講師・子安美知子）というタイトルの記念講演もおこなった。また実際に「オイリュトミー」のワークショップを体験したりもして理解を深めようとしたことを思い出す。そのシュタイナー学校の基本理念は次のようなものだと言う。

戦争や窮乏が人間をよくすることはありえない。
だが、経済の高度成長や、富もまた人間をよくしえない。
道徳的なお題目は、どこからくるものであっても、けっして人間をよくしない。

その理念に立ってシュタイナー学校では表現教育や芸術教育が位置づけられているのである。振り返って日本の教育を考えてみると、そうした立場に立っているとはとうてい考えられない。一九九七年、神戸で中学生の連続殺人事件が起きた。この事件がきっかけになったともいわれるが、一九九七年八月四日、小杉隆文部大臣（当時）は中央教育審議会に対して「幼児期からの心の教育のあり方について」の答申をおこなった。この時、小杉文部大臣はその諮問理由の中で次のように述べている。

「子どもたちの間にみられるいじめ、薬物乱用、性の逸脱行為、さらには青少年非行の凶悪化などといった憂慮すべき状況も、子どもたちの心の在り方と深いかかわりがある問題であり、また、我々大人自身が真摯に自らの在り方を省みるべき問題であります。こうした問題の解決に資する上でも、心の教育の在り方を考えていくことが必要と考えます。折しも、神戸市須磨区の児童殺害事件においては、中学生が容疑者として逮捕され、私も教育行政をあずかる立場にある者としてたいへん衝撃を受けるとともに、心の教育の重要性を改めて痛感したところであります。」（明石要一編集『中教審「心の教育」答申読本』／教育開発研究所／一九九

八年）

中教審はこの諮問に対して一九九八年六月三十日、「新しい時代を拓く心を育てるために―次世代を育てる心を失う危機―」とする答申を行った。そこには家庭教育の見直しや地域社会での子育て支援、学校教育の見直し等が盛られた。その流れは一九八九年の学習指導要領の改訂となり、二〇〇三年の『心のノート』配布へとつながっていくのである。

子どもの行動には問題がある、だから「心の教育」をという問題のとらえ方には、先の『子どもの認識と感情』で述べられている考えや、シュタイナー教育で考えられている理念とは大きなズレを感じる。今、子どもの発達にかかわる教育の場で求められているのは、徳目的な道徳教育や、上から目線の心の教育ではなく、感情教育としての表現教育や芸術教育にあるのではないだろうか。

第5章　コミュニケーションと対話

一　コミュニケーションと演劇教育

1　コミュニケーションの典型は演劇

『学校劇』（一九六〇年一月号から『演劇と教育』と改題）一九五九年四月号に宮原誠一は「演劇教育の土台・それへの感覚」と題する論考を寄せた。そこでは「教育はコミュニケーションだ」という立場から次のように述べている。

はりのある充実したコミュニケーションの典型といえば、それは演劇である。……わたしは演劇と教育の関係というものをまいにちの学習指導の場面におけるコミュニケーションの問題、そのコミュニケーションの演劇性ということ、いいかえれば、できるかぎりムダがはぶかれ、できるかぎり意味と実感のこめられた言動のやりとり、集団的な学習の流れのなかで情緒が起伏し対立するものがしみとおり合う。階調——そういう意味での演劇性の問題としてとらえたい。これが土台で、そういう集団的な場面をつくりだすまいにちの教科指導の工夫と努力の上に特別教育活動が成立するということでなければならない。

宮原は演劇と教育の関係を学芸会や特別教育活動の角度からだけ考えるのでなく、教育、教授におけるコミュニケーションの問題としてとらえるべきだと主張したのである。それは演劇教育における基本的問題として大きな意味を持つ提起だった。その問題を冨田博之は次のように位置づけた。「演劇教育とは何か」（『岩波講座　現代教育学8』／岩波書店／一九六〇年）のなかで次のように述べている。

演劇は「舞台と観客との生きた交流によってなりたつ芸術」であるが、舞台と観客の間だけではなく、舞台の登場人物の間における緊密な交流、コミュニケーションもまた、演劇にとっては不可欠なものであり、それをつくりだすために、演出者や俳優はあらゆる専門的技術を駆使し、努力をかたむける。しかし、舞台の上の、あるいは舞台と観客との、そのような交流は、そのまま、教室や学校のものでもなければならない。ところが、教室や学校では、そのような交流をつくりだすために、どんな努力がなされ、どんな専門的技術がうまれているだろうか。ここでも、心ある教師は、演劇の方法や劇場のなかから、貴重なものをまなび、それを、ひとつの教育の態度として身につけようとねがうだろう。

私たちは一九五〇年代から六〇年代にかけて「スタニスラフスキー・システム」について学んだ。冨田が触れている「交流」はそのシステムの中で学んだことからきていると思われる。冨田はそれが教室や学校のものでなければならないといっているが、それは明らかに宮原のいうコミュニケーションの演劇性につながってくる。

冨田は『現代演劇教育論』（一九七四年）でも、「国語教育と演劇」の項のなかで劇教材の扱いに触れながら、劇教材の「会話は、のっぴきならぬ行動をともなった会話として書かれている。それを朗読しただけでも、日本語の生きた会話のやりとり、美しい簡潔な会話についての感覚を身につけ、ことばによるコミュニケーションの感覚をそだて、洗練することができるだろう。」と述べている。ここでもコミュニケーションのはたらきについて触れている。こうしたことからも明らかなように、宮原の提言は私たちの運動の中に位置づけられていた。しかしそれは十分には深められた課題ではなかった。コミュニケーションの演劇性について新たな角度からの問題提起が行われたのは一九七八年に出版された『演劇教育入門』の頃からである。そこには次のように述べられている。

最近、子どもの自殺が目立って多くなっていることが問題となっているが、それは、表面に出てきた一つのあらわれであって、その底には、いまの社会がうみだした、子どもたちの生活の危機が広く横たわっている。画一的なマスコミのなかで育てられ、受験戦争におしつぶされていく子どもたちの状況を変え、子どもの人間性をとりもどすために、人と人とをむすびつける、生きたコミュニケーション活動である演劇活動が、改めて見直される必要があるのである。（日本演劇教育連盟編『演劇教育入門』／晩成書房／一九七八年）

さらに一九七九年第二十八回全国演劇教育研究集会の時、当時演教連事務局長だった冨田博之は基調報告の中で子どもの自殺や家庭内暴力について触れながら、それが対人関係におけるコミュニケーションと、それを支える表現力の欠落にあると述べ、「子どもに表現力のつばさを」というメッセージを発した。演劇教育における表現とコミュニケーションの問題が重要な意味をもって語られるようになるのである。

2　教育におけるひずみ

『演劇教育入門』が出版されたころ、学校教育の場では四回目の学習指導要領の改訂が行われていた。この時の改訂の目玉は「ゆとりあるしかも充実した学校生活」と「創意を生かした教育活動」であった。教科内容を削減し標準時間数も減らした。それは「詰め込み教育」から「ゆとり教育」への転換であった。「ゆとり」が導入された時、現場では負担から解放され、改善されるのではという期待感があった。学校によってはゆとりの時間（それはあくまでも計算上の時間だったが）を使って全校集会や学年・学級の自主的な活動に工夫をこらすなどの積極的な実践も生まれた。しかし、ゆとり教育の実態は、

授業時間が減ってしまったために、実際の授業は駆け足となり、ゆっくり説明することも、反復練習することもできなくなり、ゆとりがなくなってしまった。自宅で自習できず塾へ通う子が増え、ゆとりとは逆に生徒の自由な時間を奪ってしまう結果となった。（大野晋・上野健爾『学力があぶない』／岩波新書／二〇〇一年）

という状況だったのである。学力に不安を感じた子どもたち（親も）の間では高校・大学への進学率の上昇も伴い、進学塾を含めた塾通いが急速に広まっていった。

学習塾の日常は、多くは一人の教師と若干の生徒がいて、黒板やホワイトボードがあり、机の上にはテキスト、ノート、プリントが置かれ、そこで学習やテストが行われる。小テスト、塾内テスト、一般模擬テスト、また間接的には学校の中間テスト、学期末テストなどで、子供たちはたえずチェックされた。子供は、学校で、塾で、また宿題や、家庭での準備学習で、学校知識の獲得、保持、吐き出しの容量とスピードの向上に心血を注いだのである。

と『日本の教育改革』（尾崎ムゲン／中公新書／一九九九年）は述べているが、このような状況が「子供たちの生活時間を分断し、子供どうしの時間、子供と社会のふれあい、子供と自然のふれあいの時間を剥奪していった」のである。

一方、六〇年代の高度成長政策と地域開発政策は地域や家庭に大きなひずみをもたらした。竹内常一は次のように述べている。

ひとことでいえば、それは地域と家庭を、政治的にも経済的にも、社会的にも、文化・教育的にも、みぐるみはぎとり、それらを過疎、過密、公害という「現代の貧困」のただなかに投げこんだのである。地域破壊の進行と並行して、家庭の解体もまた進行し、家庭そのものが変質していった。」

「労働者である父親は、労働過重のために家庭生活から遊離し、家庭は父親がいてもいないような家庭となった。さらに生活の貧困は母親をも就職させ、母親の労働者化をすすめた。現在、婦人労働者の約半分が既婚女性であることが、これをよく示している。こうした事態のなかで、家庭はそれまでもっていた労働という名の仕事のすべてを失うと同時に、家庭独自のもろもろの生活文化を失うことになった。そしてそれらにかわって家庭に侵入してきたのは、欲望至上主義をすすめる大量消費文化と大衆意識の操作をめざすマスコミ文化であった。かくして、いまや家庭は、労働と生活文化に支えられていたかつての安定した家族関係を失うとともに、それは心理的にたえず動揺する無重力の心理的《サイキック》な家族関係のなかにうずもれていった。六〇年代の地域と家庭の解体と変質は、子どもの発達にはかりしれないほどの悪影響を与えている。（竹内常一『教育への構図』／高校生文化研究会／一九七六年）

地域や家庭の教育力が失われていくなかで「学校ではいわゆる『テスト主義』教育が日常的な風景となった」（尾崎）という状況下にあった。そのようななかで不登校の子どもが増え、七〇年代後半には非行・校内暴力が吹き出し、いじめの問題も広がりを見せ始めていた。

3　教育改革のこと

一九八三年二月十五日、東京町田市の忠生中で英語教師が生徒を刺し、傷を負わせるという事件が起きた。また同じ年の二月五日には横浜山下公園で中学生十人が野宿者を殴る蹴るの暴行を加え死亡させるという事件があった。これらの問題は国会でも取り上げられ、子どもたちの問題行動はその後論議される教育改革へつながっていった。中曽根康弘内閣が内閣直属の臨時教育審議会（臨教審）を設立したのは一九八四年だった。

> 八〇年代半ばには、学校や教育制度がさまざまな病理を抱えるという認識から、さらに一歩をすすめて、これらは病理というよりも、何らかの構造的な必然性を示している、あるいは学校や教育制度そのものが「制度疲労」を起こしているのではないか、という認識が広範に拡がった。（『日本の教育改革』）

と尾崎ムゲンは述べているが、臨教審はこうした状況を踏まえての発足だった。臨教審はその答申のなかで、教育の現状を「記憶力中心で、自ら考え判断する能力や創造力の伸長が妨げられ個性のない同じような型の人間をつくりすぎていること……などの問題を内包し、制度やその運用の画一性、硬直性による弊害が生じている」と分析、さらに「受験競争の過熱や、いじめ、登校拒否、校内暴力、青少年非行などの教育荒廃といわれる現象が目立ち、極めて憂慮すべき事態が生じている。」と述べ、改革の必要性を説いたのである。

三年にわたる討議のうえ、臨教審は改革の基本的考え方を次のようにまとめた。

> 今次教育改革において最も重要なことは、これまでの我が国の根深い病弊である画一性、硬直性、閉鎖性を打破して、個人の尊厳、個人の尊重、自由、自立、自己責任の原則、すなわち、「個性重視の原則」を確立することである。……個性重視の原則は、今次教育改革の主要な原則であり、教育の内容、方法、制度、政策など教育の全分野がこの原則に照らして、抜本的に見直していかなければならない。（「臨教審最終答申」）

これまでの教育を画一的であり硬直的で閉鎖的であるとし、個性重視を原則とすることを基本的方針として打ち出したが、その基底となっていたのは「教育の自由化」だった。この論は、当時のレーガン政権下のアメリカ、サッチャー政権下のイギリスで行われていた新自由主義観による教育改革の動きに影響を受けたものであり、その後の改革はこの新自由主義の立場に立って進められていくことになる。それは日本の経済を支配し、臨教審メンバーとしてもつながりを持つ財界から求められる路線でもあった。

「世界を考える京都座会」（松下幸之助主宰）が「学校教育活性化のための七つの提言」を出したのは一九八四年のことである。

この「提言」は情報化の進展を基礎とした高度な知識と技術が集約され、多様化された二一世紀に対応する教育は、あらゆる場面で公正な競争原理が機能するものでなければならず、また、多様な個性ある教育によって子どもの能力が十二分に発揮できるように育てねばならない、そのために、①学校の設置を容易にして、多様化すること、②学ぶ側の学校選択の自由を確保するために通学区域制限を大幅に緩和すること、③教員免許制度を改めて意欲ある人を先生にすること、④それぞれの子どもに合った教育をおこなうために、学年制や教育内容、教育方法を弾力化すること、⑤現行学制を再検討して学校段階の区切りを多様にしたり、標準学力の達成によって学校に行かなくてもよいようにすること、⑥偏差値偏重を是正し多様な評価方式の活用を認めること、そして⑦人が人である共通の規範を習得する教育を学校で重視すること、といった七項目を提起しています。（深山正光『臨教審答申をどう読むか』／労働旬報社／一九八五年）

という内容だが、ここからは政府が進めようとしている教育改革の道筋が見えてくる。財界からの提言はほかにもある。経済同友会教育問題委員会（委員長石橋公一郎ブリジストンサイクル社長）の「創造性、多様性、国際性を求めて」という提言（一九八五年七月二十日）、関西経済連合会の教育問題委員会の「自由世界の一員としての国家目標を明確にし、国民の国家や社会への連帯意識を高め、愛国心、公徳心、責任感を涵養する教育でなければならないこと、複線的で生徒の発達に合致した学校制度に改革すべきであること、多様な人材をつくる多様な専門教育が必要であること、などの提起（一九八四年九月三日）、さらには日本経済調査協議会の教育調査専門委員会の「二十一世紀に向けての教育を考える」という報告（一九八五年）がある。この報告の特徴は「人間の能力・機能は生まれつき多様であり家庭教育を重視し、女性に対する母親教育、抑止者としての父親の役割が特別に大事である、学校教育においては、創造性発揮の時代に対応する教育システムの構築が求められ、教育の活性化のために「正しい意味での競争」が不可欠であり、多様な側面での創造性をはぐくむために多様な選抜方法が必要であり、また教師の世界への競争原理の適用も不可欠であること、また、国家は親に代わって最低限の教育保障の責務を持つと同時に、教育活性化のために、規制を緩和して不必要な介入を避けなければならず、各教育全体の裁量・選択の余地を拡大する必要があること、そして、企業においては従来の秀才型人材を確保しながらも、同時に多角的な人材を広く求めていかなければならなくなってきていることなどが指摘」（深山正光『臨教審答申をどう読むか』／労働旬報社／一九八五年）されているのである。そしてもう一つの提言は一九八五年に出された「政策構想フォーラム」の「学校教育行政の行革提言」である。ここでは「教育行政における「国家主義と画一主義を超えて」、規制を緩和・撤廃し、創意と活力を解き放つことが多様化したニーズに即応できる教育制度を実現する唯一の道だとして「規制擁護論」つまりいわゆる「反自由化論」を批判し、国公立大学の法人化、大学設置基準や修業年限の規制緩和、民間機関の自由な参入を前提とした「共通テスト」の実施、公立小・中の学校選択の自由化と私立小の設置の容易化、学習指導要領は各段階の達成水準を示すにとどめ、教科書検定を廃止するなどの具体的な改革を提言」しているのである。（以上は深山正光『臨教審答申をどう読むか』より）

一九八四年の臨教審から始まった教育改革がこうした数々の提言を背景にしたものだったことはその後の経過を見れば明らかであろう。

一九八七年までつづいた臨教審のあと、教育課程審議会（教課審）が審議、一九八九年（平成元年）には学習指導要領が改訂されるが、そこでは新しい学力観がキーワードとして登場、「個性の尊重」が強調された。「できないのも個性だから無理に教える必要はない」といって基礎的な学習も十分に指導されないままにされてしまうような状況が生まれ、教師の役割は「指導から支援へ」として指導の必要性までがないがしろにされた。

さらに自ら学ぶ意欲を育てるためとして指導要録の評価欄に新しく「意欲・関心・態度」が加えられることになる（一九九一年の指導要録改訂）。高校入試に際して生徒会活動や部活動、ボランティア活動の評価が内申書に記入されるとして重視されるようになったのはこのころからである。この時の指導要領では小学校低学年の社会科と理科が廃止され、新たに生活科が設けられたが、この中に劇化という言葉が久しぶりに登場したのは演劇教育の立場からすればわずかな救いだったかもしれない。

一九九五年（平成7年）、文部大臣は第15期中央教育審議会に対し「21世紀を展望した我が国の教育の在り方について」諮問する。この15期中教審は一九九六年に第一次を、一九九七年には第二次の答申を出したが、そこでは「ゆとり」に加え、「生きる力」がキャッチフレーズとして登場する。答申は「子どもたちの選択の機会を拡大する」として「選択の自由には「自らの判断で選択し、行動したことは、自らが責任を負う」という自己責任の原則が伴っているということを忘れてはならない。」と述べている。先に触れた市場原理に基づく新自由主義思想が如実に表れている答申である。答申は次のようにも言う。

形式的な平等を求めるあまり、一人一人の能力・適正に応じた教育に必ずしも十分配慮がされなかったという点については、改めなければならないと考える。今後は、これまでの教育において支配的であった、あらゆることについて「全員一斉かつ平等に」という発想を「それぞれの個性や能力に応じた内容、方法、仕組みを」という考え方に転換し、取り組みを進めていく必要がある。

その後、学校選択の自由化やエリート的な中高一貫校の設置が進められたのはこうした方針によるものであり、一九九八年（平成10年）の学習指導要領改訂もその方針を具体化したものだった。九八年指導要領は「生きる力」の育成、そして知識を教え込むのではなく「自ら学び、自ら考える教育への転換」をゆとりある教育環境の中での活動を展開するよう求めるとした。学習内容を三割削減し「横断的・総合的な指導を推進する」として新たに「総合的な学習の時間」が設けられ、さらに施行の二〇〇二年からは学校五日制が完全実施されることになった。

学習内容削減と五日制によって授業時間が大幅に減ることになったことは、学力が低下するのではという不安の声を大きくさせた。そしてその不安は二〇〇三年のＰＩＳＡ（学習到達度調査）とＩＥＡ（国際教育到達度評価学会）による調査で日本の順位低下が報じられたことで一層高まることになる。

学力低下が教育問題として論じられる状況の中、こんな批判が支配層の一部から起こった。「ゆとり教育が学力低下を生んでいる」「子どもたちの荒れも文部省のゆとり教育と称する子どもたちへの甘やかしのせいだ」「その背景には戦後の教育基本法にもとづく個人主義的な教育とそれに迎合した文部省の教育政策がある」等である。

それを受けるようにして二〇〇〇年三月に設けられたのが小渕恵三首相の私的諮問機関「教育改革国民会議」である。この「国民会議」は次の森喜朗首相に引き継がれたが、わずか九か月足らずの期間でまとめた提案が「教育基本法の見直し」であった。その提案を受け中教審が二〇〇三年三月に答申をだす。その中教審答申を受けて「与党教育基本法改正に関する協議会」とその下部組織である「検討会」が設けられ、二〇〇六年四月「教育基本法に盛り込むべき内容と項目」が公表される。「この最終報告はまさに法案要綱であり、事実上の政府案である」と三上昭彦は述べている。（『教育』二〇〇七年四月号）

さらに三上は同誌上で次のように述べている。

与党の協議会・検討会は、約三年間にそれぞれ一〇回、七〇回に及んだといわれている。しかし、会議は完全非公開であるばかりか、配布された資料も会議終了後に回収されるという徹底した密室作業で行われてきた。議事録（議事概要）も公表されておらず、その審議過程や論点はまったく不明である。そもそも教育基本法改正案の策定という重要案件が、国民やマスコミの眼がまったく届かない密室状況で、ごく少人数の与党議員と文科省役人によってすすめられてきたということ自体、きわめて非民主的であり、異常である。「改正」案は与党間の〝政治的な妥協の産物〟であることを物語っているといわざるをえないのである。

二〇〇六年四月、通常国会に上程された政府提出の教育基本法は審議未了となるが、次の臨時国会で与党のみの賛成多数で可決成立した。世論を無視し強行採決で成立したこの法の審議経過に触れ、三上は次のように述べている。

政府与党は、他の法案とくらべて十分な審議時間が費やされ、議論も出尽くしたと強調している。しかし「なぜ改正するのか」、「改正によって教育はよくなるのか」、「憲法の精神に合致するのか」など多くの国民や教育関係者、法曹関係者等の根本的な疑問にも、最後まで納得のゆく政府与党関係者の説明はなされなかった。また、法案の各条項や法文にそった厳密な逐条審議を欠いた国会運営や野党議員の質疑にたいするあいまいな政府答弁・強弁などにみられるように、時間をかけたわりには国民的な論議と審議の保障はまったく不十分であった。（『教育』二〇〇七年四月号）

法案について教育関係者はもとより、研究者、文化人などから廃案や慎重審議を求める声があがっただけでなく、世論調査でも慎重審議を尽くすべきという多数の意見があった。そうした多くの声を無視して法案は成立した。三上は「こうした世論を無視して与党単独による強行採決を重ねて制定された新教育基本法は、国民の多数の合意を得た法律であるということはとうていできないだろう。」と述べているが、まさに至論である。

憲法の理念に基づき定められた一九四七年教育基本法は、新しい「教育基本法」に書き換えられたが、当然のことながら問題の多い内容となった。特に第二条については多くの人からその問題点が指摘されている。第二条は教育の目標を定めたもので、「教育はその目的を実現するため……次の目標を達成するよう行われるものとする」としているが、法によって教育内容を定めたことはそれを教育統制法にするものであった。法文には「道徳心」「公共の精神」「伝統と文化の尊重」「我が国と郷土を愛すること」など二十項目にもわたる徳目が書き込まれ、その態度を養うことが定められている。

二〇〇七年には「学校教育法」を「改正」し教育基本法をより具体化する内容を目標として定めた。そこでは「基礎的な知識及び技能」「思考力・判断力・表現力その他の能力」「学習に取り組む態度」といったことが盛り込まれている。

二〇〇八年、改訂された学習指導要領は「改正」された教育基本法の「理念を踏まえ」「生きる力を育成すること」が強調された。学力低下の批判にこたえようとした文部科学省はこの改訂で三割減らした学習内容は元に戻し、授業時間を増やし、総合的な学習の時間は減らすことにした。それがゆとり教育を見直すとしてとられた「改善」だった。そして今度は確かな学力を基本に生きる力を育てるのだというのである。その「生きる力」を支えるのは「確かな学力、豊かな心、健やかな体の調和のとれた育成」だとしている。「確かな学力」ではその要素として「基礎的・基本的な知識・技能の習得」「知識・技能を活用して課題を解決するために必要な思考力・判断力・表現力」と「学習意欲」を挙げたが、それは「学校教育法」の具現化だった。

「基礎・基本の知識・技能」の習得のためには「読み・書き・計算」などの繰り返し学習を行うことになっている。豊かな心や健やかな体の育成のためには「徳育や体育の充実」のほかに「言語能力の重視」や「体験活動の充実」を挙げたが、それは「他者、社会、自然・環境とかかわる中で、これらとともに生きる自分への自信を持たせる必要がある」とするところから引き出されたものだった。

こうした一連の流れについて佐貫浩は次のように批判する。

新指導要領とその理念を説明した中教審答申は「生きる力」と言いつつ、いま生きられない状況で苦しむ子どもをどう主体的に生きさせるのかという視点を欠いて、「生きる力」とされる「学力」を獲得すれば生きる力がつくという論理を強引に振りまく。だから子どもがなぜ生きられないのかという本格的な問いはどこにもない。そして、いま日々の生活を生きられないという苦悩のメッセージを出している子どもたちを「学力が足りないからそうなるのだ」と決めつけ、その競争力の不足を自己責任として子どもに背負わせ、PISA型ドリルに取り組めば「生きられる空間」が開かれるのだという。（佐貫浩『学力と新自由主義』／大月書店／二〇〇九年）

生きる力を育てるために学力を高めなければならないとして文部科学省は「基礎基本の徹底」「確かな学力の育成」「世界トップレベルの学力を」という方針を掲げ、そのための一つとして全国的な調査を実施することにした。それが二〇〇七年から始められた「全国一斉学力テスト」である。このテストは全国的な学力調査を実施することで全国の学校は競い合い、学力の向上が図られるということを目論むものだった。事実、現場をテスト競争に追い立て、学力テスト体制へ組み込む環境をいっそう強めるものとなった。実施とともに現場には次のような状況が生まれた。

「分数」「面積」など、教科書の一つひとつの単元が終わるたびに全県共通テストを行い、その結果を入力して報告しなければならないのだ。そしてそのテストのたびごとに、全県の中での平均点の「順位」がHPで公表されるのである。（江畑怜人「『秋田県二年連続学力日本一』の光と影」／『教育』二〇〇九年二月号）

「テストになれさせる」という名目で数時間かけて付け焼き刃的に復習を行ったり、前年の類似問題を事前に行うといった「テスト対策」をとる学校も出てきました。（山本修平「『学力テスト』と『教育改革』――大阪・枚方では――」／『教育』二〇〇九年二月号）

京都府のある市では、全国一斉学力テストに向けて教育委員会が市内の小中学校に事前学習を行うように指示。計画書を提出させ、予備テストや各種プリントでの対策学習をくり返していました。二つの中学校では、四月一〇日の入学式にも予備テストを実施。始業式からテストまでの二週間に、国語と数学で一週間の「帰りの会」での補修、宿題テスト・実力テスト各一回、予備テスト三回、直前には宿題とプリントの総復習まで計画したといいます。（尾木直樹「全国一斉学力テスト」／藤田英典編『誰のための「教育再生」か』／岩波新書／二〇〇七年）

こうして全国一斉学力テストは子どもたちを点数競争に駆り立てることになったが、二〇〇六年東京足立区で起こった区独自のテストの際の不正事件はそのことの象徴的な表れであった。それは事前に前年度のテスト問題を繰り返し練習させ、テストの際には校長自らが机間巡視を行い、誤答を見つけると正しい答えを指さして気づかせ、その行為を他の教師にもすすめたというものだった。このことはかつて一九六一年から六四年まで実施された「中学校全国一斉学力調査」（悉皆）と、この間の小学校、高校抽出学力調査の時のことを思い出させる。あの時も教師が正解を書いた紙を持って教室を回るとか、集めた解答の中で間違っているのを教師が修正して点数を上げるというようなことが起きたのである。

私の子どもは新居浜市K中学校の二年生です。先日行われた学力テストに私の子どもも参加しました。テストのあった日、子どもが家へかえり、「理科の一番の問題の答えは先生が教えてくれた」といいます。よく聞いてみますと「先生はテストをやっているあいだ、答えを書いた紙片をみんなに見えるようにヒラヒラさせながら教室を歩きまわっていた。答えがまる見えだった。あんな風にしてみんなに答えを見せるのは学校の点をよくするためだろう」といいます。「まさか……」と思っていましたが、お友だちが二、三人きて話し合っているのを聞きますと、これは事実のようです。（以下略）（「愛媛新聞」一九六二年七月一日付／田川精三編

『愛媛教育残酷物語』／明治図書／一九六三年）

この時の主婦の投書のようなことが時を経て繰り返されていることに慷慨の念を禁じえない。こうした問題が起こるような学力テストをなぜ四十三年ぶりに復活したのだろうか。「全国一斉学力テスト」（『誰のための「教育再生」か』）の中で尾木は次のように述べている。

その目的は実は、全国の自治体と学校を「一斉」に競わせ序列化を進めることにあるのではないか、そして「学力向上」を名目に、国家の意に沿うような中央集権的な教育体制を確立しようとしているのではないかと考えられても仕方ないでしょう。

学力テストについては、すでにその違法性が問われている。一九六一年の全国一斉学力テストの時のことだった。その時は学力テストの実施をめぐって各地で反対の声が上がり、反対闘争が多くの学校で展開された。抵抗する教師たちは公務執行妨害で逮捕されその結果、法廷での闘いに持ち込まれることになる。全国的に行われた学力テスト裁判のなかで、北海道旭川の事件と岩手県教組の二つの裁判は最高裁まで持ち込まれるたたかいとなった。旭川事件は一審、二審とも訴えられた教師たちの行為は違法とする判断が下された。岩手県教組の事件は一審で文部省のやったことは合憲としたが二審の仙台高裁は一審を破棄し学力テストは違法であるとの判決を下したのである。十五年後の一九七六年、最高裁で下された判断は、学力テストが合法であるとするものだった。それでも、「その内容にはいくつか注目すべき点があり、判決は憲法二十六条を次のように解釈しているのだ」と堀尾輝久は言う。

「この規定の背後には、国民各自が、一個の人間として、また一市民として、成長、発達し、自己の人格の完成、実現するために必要な学習をする固有の権利を有すること、特に、みずから学習することのできない子どもは、その学習要求を充足するための教育を自己に施すことを大人一般に対して要求する権利を有するとの観念が存在していることと考えられる。換言すれば、子どもの教育は、教育を施す者の支配的権能ではなく、何よりもまず、子どもの学習する権利に対応し、その充足をはかりうる立場にある者の責務に属するものとしてとらえられているのである。」

教育を考える場合にその中心には子どもが座るのだ、そして子どもの学習権を認めて、その学習権をだれがどういう仕方で充足させるかということでその責任と権限の範囲を定める必要があるのだ、という議論をしています。（略）

この議論の立て方は非常に大事です。それまでの学力テスト合憲判決、あるいは教科書裁判でも家永側が負けた判決では、国が教育に責任を負うのであり、現在の議会制民主主義を前提とすれば、国民の多数によって支持されている政権政党の意思が国民の教育意思なのだから、その政治が教育に介入するのは当然だ。という議論になっていることが多いのです。ところが、この最高裁判決はその論理をとっていない。子どもの学習権を軸に、子どもにかかわる親、教師、教育行政（地方と国）それぞれの責任と権限がどうあるかという議論を、展開しているのです。（堀尾輝久『日本の教育』）

堀尾は「議会制民主主義を一面的に解釈してそれを教育に適用しようとする議論にたいして次のように書いている」としてその判決を紹介している。

「もとより政党政治の下で多数決原理によってなされる国政上の意思決定は、さまざまな政治的要因によって左右されるものであるから、本来人間の内面的価値に関する文化的な営みとして、党派的な政治的観念や利害によって支配さるべきでない教育にそのような政治的影響が深く入り込む危険があることを考えるときは、教育内容に対する右のごとき国家介入についてはできるだけ抑制的であることが要請されるし、殊に個人の基本的自由を認め、その人格の独立を国政上尊重すべきものとしている憲法の下においては、子どもが自由かつ独立の人格として成長することを妨げるような国家的介入、例えば、誤った知識や一方的な観念を子どもに植えつけるような内容の教育を施すことを強制するようなことは、憲法二六条、一三条の規定からも許されないと解することができる。」

このような判決にもかかわらず学力テストを合法としたのは、実施したのは文部省ではなく地方教育委員会だからという理由からだった。いずれにしても教育行政においては国家介入や強制が許されないとする内容は、教育行政の在り方に一石を投ずるものだったが、その後の教育のありようを見るとき、この判決の趣旨が十分に生かされているようには思えない。

一九八〇年代、それまでの教育が画一的で硬直的だとして進めてきた教育改革は、戦後教育の根幹であった教育基本法を変え、より国家主義的な教育体制を強化する方向に進められてきた。しかも改革はこれで終わってはいない。二〇〇六年第一次安倍晋三内閣は「教育再生会議」を設置した。しかし安倍内閣は一年で退陣したため「会議」は第三次報告を出したところで活動を中止せざるを得なかった。ところが二〇一二年第二次安倍内閣が発足すると二〇一三年一月には再生会議の報告・提言を引き継ぐ形で教育再生実行会議を設置し、その後「道徳の教科化」と「いじめ対策の法制化」の論議を進めている。

教育は「未完のプロジェクト」であり、そのプロジェクトは「教職員や保護者・地域住民や社会全体が支え続け、誠実な実践・努力を積み重ねてこそ成功の可能性が拓かれるもの」だと藤田英典はいっている（藤田英典編『誰のための『教育再生』か』／岩波新書／二〇〇七年）が、これまでの「改革」がそのことを大事にしてきただろうか、疑念は消えない。

4　子どもの事件から

一九七九年第二十八回全国演劇教育研究集会の時、冨田事務局長が子どもの自殺や家庭内暴力について触れながらコミュニケーションや表現力の欠落について報告したことを先に述べたが、この時事例として挙げたのが「開成高校生殺人事件」と「祖母殺し高校生殺人事件」だった。

「開成高校生殺人事件」とは一九七七年十月三十日、東京北区の飲食店店主だった父親が、開成高校二年生の一人息子を家庭内暴力で手に負えなくなり、自宅で絞殺したという事件である。「祖母殺し殺人事件」は一九七九年一月十四日、東京世田谷区で私立の名門校といわれる早稲田高等学院一年生の少年が、口やかましく干渉する祖母をカナヅチやナイフ、キリなどで殺したあと、近くのビルの十四階から飛び降り自殺したという事件である。有名高校生の起こした二つの事件はそれまでとは質の違う事件だけに世間の反響も大きかった。それは一九六〇年代からの高度成長政策によってもたらされた地域社会や家庭環境の変化の中で広がったいわゆるあそび型の非行とは違う異質のものだった。「衝動的・自閉的・自己破壊的な非行」であり「高度成長期における子どもの発達疎外という状況を土台にしながらも、低成長期に入って顕在化した新たな問題状況である。」と能重真作は指摘している。（『現代と思想』37／青木書店／一九七九年）

一九六三年、経済審議会が「経済発展における人的能力開発の課題と対策」とする報告を出した。そこには「いま学歴や年功に代わる新しい価値観とシステムが要請される経済の歴史的段階に立っている。これらの諸条件の歴史的変化は、新しい基準による人の評価・活用のシステムを要請している。端的にいえば、教育においても社会においても能力主義を徹底することである。」と述べている。能力主義教育は子どもたちを点数や偏差値競争へ駆り立てる結果となったがそれだけでなく「能力は遺伝によって決定されている。能力には限界があるということをはっきり思い知らせるべきだ。」とする遺伝決定論が主張された。学校制度の中で上にのぼれないものは脱落するよりほかなかった。生活が勉強だけだった先の開成高校生Aについて本多勝一は次のように述べている。

人間の価値の多様性が、偏差値に支配された「勉強」というモノサシ一本で測定される。A少年の人生はこのモノサシがすべての基準になってしまった。……中学時代のAは成績がまだ上位をしめていたが、高校になると上中下に分ければ「下」（クラス五〇人中四〇番）になった。これはAにとって恐るべき事態だったに違いない。……モノサシが一本しかない人生にとって、これは致命的だ。オレの人生はいったい何だったのか。他のすべて――遊びも趣味も家事も犠牲にしてきた過去は何のためだったのか。そして、それはだれのせいか。A少年の叫び――「人生を返せ！」はここに結びつく。青春もまた、取り返しのつかぬものとして強い焦燥感にとらわれる。（本多勝一編『子供たちの復讐』上／朝日新聞社／一九七九年）

祖母殺し少年の場合も一本のモノサシに合わせることを強いられての結果だった。

問題はその祖母の価値観、したがって教育観である。それは教育ママの批判派の母とは反対に、一種の教育ババだった。その理想像として陰に陽に説いたのが「おじいちゃんのような人（超一流とされている国立大学を卒業し、そこの教授を長年つとめ、その分野の学会長老の一人として退官後は有名私立大学の教授である）であり、すべては「そうなるため」の手段と化してゆく。もはや一本のモノサシに合わせるためのしごきと本質は変わらなくなる。祖母はそのような価値観の忠実な反映者のハシリだった。（『子供たちの復讐』下）

これらの事件は個人の性格や家庭環境にその因があるのかもしれない。しかし一方で高度成長と能力主義教育が進められていた時代の象徴だったのではないだろうか。子どもを勉強一筋に追い込まざるをえないような状況をつくりだしたその責は決して軽くはない。

5　「いじめ」をめぐって

子どもをめぐるさまざまな問題が指摘されるようになったのは一九七〇年代後半からである。いじめもその一つである。いじめがマスコミなどで広く報じられるようになったのは『〔年表〕子どもの事件一九四五～一九八九』（山本健治編著／柘植書房）によると一九七八年からになっている。同年表からその年起こったいじめ事件を拾い出してみる。

・二月十二日、愛知県で中学生二人がいじめられた仕返しとして三人の中学生を死傷さす
・三月二十三日、京都ではいじめられたからという理由で生徒が中学校に三回にわたって放火
・同じ日、大阪で中学生がいじめられた仕返しにお茶に劇薬
・四月二日、男子中学生がいじめられ山中で自殺（兵庫）
・四月二十七日、福岡で小学校からいじめられてきた中学生が入院中の友人を刺殺
・五月十四日には東京でいじめられた中学生が自宅でガス自殺
・十一月十六日、友達にいじめられた中学生自殺（熊本）

報道されただけでもこれだけある。この時期のいじめをいじめの前期という山崎哲はその特徴を次のように言う。

　この段階ではいじめられた側も、いじめている側のグループも、個人的な顔がわりとはっきり見えている。ほかに主としてグループのなかでいじめが起こっていること。それから、いじめられた子がいじめた子を殺害したりとか、あるいは傷つけたりしていること。つまり反撃していること。この三つが前期の非常に大きな特徴じゃないかと思います。（別役実＋芹沢俊介＋山崎哲『いじめ考』／春秋社／一九九五年）

そして、次の段階が八五年以降で、その典型的な事件が「中野富士見中鹿川君事件」だという。それは次のような事件である。

一九八六年二月、東京中野富士見中二年生の鹿川裕史君が「このままじゃ『生きジゴクになっちゃうよ』」などと書かれた遺書を残し、盛岡駅ビルのトイレ内で首をつって自殺する事件が起きた。友人に使い走りをさせられたり、暴行を受けるなどのいじめがあったが、前年には鹿川君への「追悼」の言葉を生徒や教師が色紙に寄せ書きをした「葬式ごっこ」が行われていたことが判明した。教師がいじめにかかわっていたということもあってこの事件は大きく報道された。山崎氏はこの事件を通して「いじめが構造化した」と

してこの時期の特徴を、

一つはいじめられる側にも何か問題があるのではないかというふうに、いじめられる子が思いはじめたことです。ですから前期（山崎は一九七八年～を前期、一九八五年～を中期、一九九三年～を後期としている）みたいに相手に対して仕返しをするということがなくなった。鹿川君の事件の場合ですと、たしかに死ぬことによっていじめた側に反撃をしたんではないかという見方もできると思います。でもそうだとしても、それまでの反撃の仕方と違って、それはかなり複雑になっている。その複雑さは一言でいいますと、いじめが構造化している、あるいはシステム化しているということですね。だから、いじめられっ子が転校していなくなっちゃうと、誰か新たにいじめられる子がその中に引きこまれてしまう。またいじめる側の子どもたちからすると、構造にのっかっていじめているわけですから、内省が非常に難しくなるわけです。

といい、次のようにも言う。

いじめ事件が起きた後に子どもたちに聞くと、彼がそんなにいじめられて苦しんでいるとは思わなかったとか、軽い遊びのつもりでやっていたとたいていの子どもが言いますね。それは自分の実存にはぜんぜん届かないところでいじめをやっているということですね。構造の中でいじめているということ、それがこの時期のとても大きな特徴じゃないかと思います。

いじめもはじめのころは特定の子や集団が特定の子を対象とする場合が多かった。だからいじめられた子によるいじめた子への反撃もあった。しかしいじめが構造化するといじめる側の子どもの特定の顔が見えにくくなる。そのため反撃することもできず自らの命を絶つような結果になってしまうことになっていったのである。鹿川君の場合も「彼には教室のみんなが自分をいじめているように見えた。Ａ、Ｂとかいう個人ではなくて、教室全体あるいは学校全体が自分をいじめているというふうな感じ方をしていた。」（山崎）のである。構造化したいじめはますます複雑化しわかりにくくなっていく。

一九九三年一月、山形県新庄市の明倫中学で一年生の児玉有平君がマットに頭から突っ込まれて殺される事件が起きた。この事件では少年三人が逮捕されたが、審判にあたった山形家裁はこれら三人に刑事裁判の無罪に当たる不処分の決定を下したのである。当時の新聞には次のような記事が載っている。

児玉君の「いじめ死事件」は生徒約五十人が部活動中の中学校体育館で起きた。しかし、〝現場〟の真相を伝える生徒の証言はほとんどなし。学校側も警察の捜査に非協力的だったといわれる。事件については、審判の決定とは別に、学校全体に漂う「罪のがれ」「事なかれ主義」の空気を指摘する声は多い。「まじめ」で「優等生」だった児玉君が逆に異端視され、仲間から疎外されてしまったところに、教育現場のひずみがうかがえる。（読売新聞(大阪)一九九三年八月二十三日付夕刊）

この事件について山崎は「事件そのものが学校と地域によって徹底的に隠蔽されようとし、両親もマスコミもその岩に穴を開けることができない。そして、死に損みたいな雰囲気がものすごく強固にできあがった感じがする」と言い、「いじめられて死んじゃったのは不運としか言いようがないんだ、そういう諦めみたいなものが蔓延し始めたような気がするんですね」と言っているが、いじめのもつその複雑さと深刻さははかりしれない。そしていじめはさらに恐喝という犯罪行為へおよぶようになっていく。

一九九四年、愛知県西尾市で中学二年生の大河内清輝君が自宅裏庭で首をつって自殺する事件が起きた。大河内君は一年ほど前から数人のグループに多額の現金を要求され、応じないと殴るけるの暴行が繰り返されていた。グループに渡した現金は最終的には一〇〇万円を超えていたという。大河内君の遺書には次のように述べられているところがある。

「14年間、本当にありがとうございました。僕は旅立ちます。でも、いつか必ずあえる日がきます。その時には、また、楽しくくらしましょう。（略）まだ、やりたいことがたくさんあったけれど、……。本当にすみません。いつも、心配をかけさせ、ワガママだし、育てるのにも苦労がかかったと思います。おばあちゃん、長生きして下さい。お父さん、オーストラリア旅行をありがとう。お母さん、おいしいご飯をありがとう。お兄ちゃん昔から迷惑をかけてスミません。××（弟）、ワガママばかりいっちゃダメだよ。またあえるといいですね。」

この遺書に関連して山崎哲は次のように言う。

ありがとうとか、すみませんとかいうのは、この子は非常に従順に育てられているなという感じがしますね。他人にいつも合わせるように行動しているというか、そういうふうな生き方を躾けられている気がする。ですからいじめる子たちにも合わせる。どうやって自分を人に合わせていくかというかたちで、ずっと育てられ、生きてきている、行動している。それがものすごく気になりますね。（『いじめ考』）

山崎が気になっている大河内君の従順さ、それは彼の育ちの中で身に付けた優しさかもしれない。しかしこの優しさが人間関係における優しさとなると状況は変わってくる。「相手の気持ちに踏み込んでいかぬように気をつけながら、なめらかで温かい関係を保っていこうとする」新しい優しさについて多くの事例をまとめた『やさしさの精神病理』（大平健／岩波新書）が出版されたのは一九九五年だった。

6　関係の重さ、そして優しい関係

二〇〇四年長崎県佐世保市で小学六年生の女子児童が同級生を死亡させるという事件が起きた。このことに触れながら土井隆義は次のように述べている。

今回の事件を契機に見えてきたのは、最近の子どもたちのあいだで、友だちとの関係が非常に重くなってきているという事態です。たとえ友だちから悪口を言われたとしても、それを無視したり、あるいは笑い飛ばしてみせたりすることなどできない、そんな余裕などまるでないかのように、「友だち関係の重さ」に追いつめられた子どもたちのすがたです。（略）

佐世保事件の少女たちも、お互いの違和感が顕在化しないように高度に気を遣いあいながら、友だち関係をマネージメントしていたようです。たとえば、彼女たちが参加していたというクラスの交換日記からもお互いの衝突を避けるために、あえて直球では言葉を返さず、話の次元を微妙にずらしながら違和感を表明していく様子がうかがえるように思います。ここには、相手に対してというよりも、むしろ関係性そのものに対して払われている繊細な配慮が読み取れるのではないでしょうか。（土井隆義『「個性」を煽られる子どもたち』／岩波ブックレット／二〇〇四年）

「対立が顕在化しないような高度な配慮を」する、「友人関係に異常なほど細かく気を配り合う」ような「重いものへと変質してきた背景」には「親密な関係性に対する安心感のなさにある。」という。土井は次のような調査を紹介している。

いつも友人と同じ行動を取り、一人だけ目立った行動をしないように心がけている生徒は、調査対象者の八割に達し、「授業中、答えが分かっていても、みんなが分からないときはわからないふりをする」生徒も、優に七割を超えるといいます。（略）

（ほかの調査でも）「相手のプライドを傷つけたくないし、自分のプライドも傷つけられたくない」と答えたものは、全体の八十三パーセントを占め、「相手のプライバシーに深入りしないし、自分も深入りされたくない」と答えた者は全体の七十九パーセントを占めています。さらに「相手の話が面白くなくても、熱心に聞くようにしている」と答えた者も全体の七十八パーセントを占めているのです。

という状況にあると述べ、「かつての親友が、自分の率直な想いをストレートにぶつけることのできる相手だったのに対して、昨今の親友とは、むしろそれを抑え込まねばならない相手となっています。そうしなければ、相手との「良好な関係」の維持が難しいと感じられるようになっているのです。」

「そのため、関係の中身を吟味したり確認しあったりする余裕もなく、お互いにつながっている時間をひたすら消費していくだけで精一杯」な子どもたちは「差し迫った要件があるわけでもないのに、ひたすら無内容なメールや会話をケータイで交換し合う光景と重なって見えます。ケータイのメールや会話もまた、なにか具体的な内容を伝えるためのものでもなければ、お互いの関係を確認しあうためのものでもなく、つながっている時間をただ消費していくためだけの儀礼的な装置として機能している側面が大きいからです。」というような状況が生まれると土井は述べるのである。

こうした関係の重さに追いつめられる子どもたちにとって「お互いの対立点が顕在化してしまうことは耐えがたい脅威」であり、そのような事態に陥らないようにするために「優しい関係」のテクニックが「きわめて洗練された形で広がっていくことになる」のだという。「とりあえず食事とかする?」「ワタシ的にはこれに決めた、みたいな」などというような断定を避ける「ぼかし表現」がそれだという。「対人アンテナをお互いに張り巡らせ、薄氷を踏むような繊細さで相手の反応を察知しながら、同時に自分の出方を決めていかなければならない」のだが、「ここでわずかでも読み違いをしてしまうと、「優しい関係」は容易に破綻の危機にさらされることになる」ので、近年のいじめはこのような状況下で起こっている現象なのだといい、次のように言う。

現在のいじめは、なんとなくの雰囲気に支配された「優しい関係」の産物であり、その意味で昨今の親密圏の特徴に由来する関係性の病です。子どもたちは、自らの存在を安泰なものとするべく関係性のなかでお互いにすくみあい、その反動として、潜在的な集団規範へ過剰に同調せざるをえない状況にあります。ある少女が語るように、「学校では、ほとんど毎日、友達に気を遣ってなくちゃ生きていけない」のが子どもたちの実情です。この過同調への強迫的な圧力こそが現在のいじめの流動性を生み出しているのです。

子どもたちの「重い関係」、そしてそのことによってつくりだされた「優しい関係」は決して表層的なものではなくその根は深い。こうした人間関係の変化や子どもの荒れ、いじめといった問題は七〇年代からの現象であり、その深刻の度合いは一層深まっている。それが「個性の重視」や「生きる力」をかかげて進めてきた「教育改革」の流れと重なっているのはけっして偶然ではない。

7　「伝え合う力」とコミュニケーション

一九九八年、文部省は戦後五回目の学習指導要領の改訂を行った。その中で国語科の目標に「伝え合う力を高める」ということが新たに加えられた。解説の中で「児童が集団の中で安心して話ができるような教師と児童、児童相互の好ましい人間関係を築くことなどに留意する必要がある。」と述べているが、尾関周二は次のように言う。

今回、文部省の学習指導要領で、コミュニケーション、「伝え合う力」を高めることが提起されているということですが、先進資本主義国や日本のコミュニケーションの問題性を考えれば、遅かったと言えるかもしれません。ただ、問題なのは、提起されたこと自体はいいのですが、コミュニケーション能力の言い換えで、「伝え合う力」と言っているようですが、私からみると、コミュニケーションの矮小化されたとらえ方があると思えます。私自身は「コミュニケーション」ということで、三つの側面、つまり第一に知識伝達的側面、第二は交わり的側面、第三は行為遂行的側面、の三側面を合わせ持つものと考える必要があるとこれまで語ってきました。（略）コミュニケーションは元来、知識や情報の伝達という意味よりも広く〈親子のコミュニケーションの断絶〉といった表現にみられるような、共感による相互理解といった意味を含んでいます。この面は、人間関係のあり方や人格性にかかわっています。（略）そういう点からすると、文部省から提出されている「伝え合う力」ということは伝達という面での表現能力ということにかなり偏っていると思います。（尾関周二先生に聞く『現代と教育』47号／桐書房／一九九九年）

九八年指導要領では学習内容を削減し、新しく「総合的な学習の時間」を設け、「生きる力」を重視するなどの方向を示した。その中で「伝え合う力を高める」ことが提示されたのだが、学力低下論が巻き起こる中でコミュニケーションの問題は生きる力との関連で新たな提起がされることになる。

二〇〇八年一月に出された中教審答申は次のように述べている。

「自分に自信が持てず、自らの将来や人間関係に不安を抱いているといった子どもたちの現状を踏まえると、コミュニケーションや感性・情緒、知的活動の基盤である国語力の重視や体験活動の充実を図ることにより、子どもたちに、他者、社会、自然・環境とのかかわりの中で、これらと共に生きる自分への自信を持たせる必要がある。……

特に国語はコミュニケーションや感性・情緒の基盤である。自分や他者の感情や思いを表現したり、受け止めたりする語彙や表現力の乏しいことが、他者とのコミュニケーションがとれなかったり、他者との関係において容易にいわゆるキレてしまう一因になっており、これらについての指導の充実が必要である。」（佐貫浩『学力と新自由主義』よりの引用）

佐貫がこの内容について「ここには学力（コミュニケーション）の欠落が困難をもたらしているとの認識が示されている。」と述べている。さらにこの答申は語彙や表現力の乏しさがコミュニケーションをとりにくくしているとしてその責任を自己責任としているが、適切な指摘といえるだろうか。そしてそのコミュニケーション観は相変わらず「伝達という面での表現能力に偏っている」のである。

〇八年中教審答申を受けて二〇〇八年学習指導要領では、九八年度版にあった「「伝え合う力」を高める」ということばはそのまま引き継がれ、「教育課程編成の一般方針」の中には新たに「児童の言語活動を充実するとともに」とする内容が書き加えられた。学習指導要領解説「総則編」では次のように述べている。

知識・技能を習得するのも、これらを活用し課題を解決するために思考し、判断し、表現するのもすべて言語によって行われるものであり、これらの学習活動の基盤となるのは、言語に関する能力である。さらに、言語は論理的思考だけでなく、コミュニケーションや感性・情緒の基盤でもあり、豊かな心をはぐくむ上でも、言語に関する能力を高めていくことが求められている。したがって、今回の改訂においては、言語に関する能力の育成を重視し、各教科等において言語活動を充実することとしている。

文部科学省のいう「伝え合う力」を「コミュニケーションの矮小化されたとらえ方」だという尾関周二は次のように言う。

今の情報化・国際化のなかで、企業戦士が必要とするようなコミュニケーション能力というか、情報化・国際化に対応しうるような労働能力としてのコミュニケーション能力が強調されている面が強いのではないでしょうか。コミュニケーションの能力を全面的に発達させるということ、そういうことが時代の、日本の課題であるという風にとらえられるならばよいのですが、コミュニケーションが矮小化された形でとらえられていて、日本のバブル以降の経済状況のなかで、国際化・情報化に対抗する即戦力として必要になってきているという発想ですね。おそらく文部省にもいじめや子どもに向けるコミュニケーションの困難さといった問題意識はあると思うのですが、問題の背景をどこまで十分にとらえて提起しているかというと疑問で、原因や背景をしっかりとらえたうえで、コミュニケーション能力の育成を提起する必要があると思うのです。さもないと、グローバルスタンダードを求める大企業の要求に沿った形でのコミュニケーション能力にますます矮小化されていくことになると思います。（『現代と教育』47号）

尾関の指摘は決して杞人の憂いではなかった。尾関のいう矮小化の傾向は現実に進んでいたのである。

朝日新聞が「コミュニケーション能力」という言葉が出てくる自社記事の数を調べたことがあります。それによると、記事数が急激に増えるのは二〇〇四年からです。これはちょうど日本の失業率が急激に悪化した時期と重なります。また、日本経団連の「新卒採用に関するアンケート調査」で、コミュニケーション能力を重視すると答える企業が急激に増えはじめるのもこの頃です。コミュニケーション能力が不足していると職に就くことすらできない。そんな危機感が若年層の間に募っていったとしても不思議ではないでしょう。（土井隆義『つながりを煽られる子どもたち』／岩波ブックレット／二〇一四年）

事実、「企業の人事担当者が新卒採用にあたってもっとも重視した能力について、二五項目のうちから五項目を選んで解答するという日本経団連の経年調査では、「コミュニケーション能力」が九年連続でトップになっている。二〇一二年では、過去最高の八二・六パーセント。ここ数年では二位以下に、二〇ポイントもの差をつけている。」（平田オリザ『わかりあえないことから／コミュニケーション能力とは何か』／講談社／二〇一二年）という状況なのである。

「コミュニケーション能力」は「コミュ力」として「就活に挑むためのキーワード」の一つとしても取り上げられるようになっている。『現代用語の基礎知識２０１５』には「おさえておきたい基礎の言葉」としてコミュ力を次のように解説している。

コミュニケーション能力の略。よく「話がうまいこと」と解釈されるが、これは誤り。発信力、傾聴力、会話力などから構成される。社内外を超えたチームで働く機会が増えたこと、課題を聞くために深いヒアリングが必要になったこと、もともと日本の組織は互いの空気を読むことが期待されることなどから、この力が必要だとされている。

今教育の場で問題にされている子どもたちのコミュニケーションと企業社会で求められているコミュニケーション能力との間にはどのような関係性があるのだろうか。土井は次のように述べる。

昨今の学校現場では早期からキャリア教育にも取り組むようになっており、今日の社会を生き抜くためにコミュニケーション能力がいかに重要か、子どもたちはことあるごとに教え込まれています。たしかに企業が求めるコミュニケーション能力は、子どもたちがイメージするものとはまったく違うかもしれません。しかし、その能力を重視する社会の風潮は、形を変えて子どもたちの人間関係にも影響を与えているのです。

自分にはコミュニケーション能力（コミュ力）がないのかもしれないと思う若者は企業の求めに応えるためにもコミュニケーション・トレーニングに取り組むことになる。教育の場でもコミュニケーション・スキルが盛んになる。「コミュニケーション教育」という名の「教育システム」について岩川直樹は次のように言う。

このシステムは現在の子どもたちの「コミュニケーション能力」が低下したという認識と、現代社会においては多様な「コミュニケーション能力」が必要になるという認識の二つを、その暗黙の、あるいは公然とした問題設定にして導入される。そこから「話す能力」や「聞く能力」をはじめとした各種の「コミュニケーション能力」を身に付けさせることが現在の教育の主要目的のひとつとして掲げられ、この目的を実現する方法として開発普及される「コミュニケーション・スキル」の訓練プログラムがカリキュラムのなかに組み込まれ、最後に、もっぱらそこで教えられた「スキル」がどれだけ身についたかという観点から、個々の子どもの「コミュニケーション能力」の評価が行われるようになる。（岩川直樹／『教育』二〇〇八年七月号）

コミュニケーション能力が問われる一方、最近では「コミュ障」という言葉が使われている。「コミュ障」とは「コミュニケーション障害」を略した言葉で「若者や子どもたちが他者を軽蔑したり嘲笑したり、あるいは自分をわざと卑下してみせたりするとき」に使う言葉だが、「これは、こんにちの社会でコミュニケーション能力が大きな比重を占めるようになっていることを示しています。」と土井隆義は言っている。（『つながりを煽られる子どもたち』）

このようなコミュニケーションは宮原誠一の言ったコミュニケーションの演劇性ということとは異質のもののように思えてならない。もちろん宮原の提起した一九五九年の時代とは社会的状況のちがいがあるのは確かだろう。しかしコミュニケーションが育たなかったのは日本的な特殊性にあるとして宮原は次のように言う。

明治以来の日本には、「国家」があって「社会」がなかったといわれるように、市民による社会の形成、そのための市民的努力、そこに必要とされる市民の間のコミュニケーション、そのコミュニケーションの場での自由と寛容と、したがってまた誠実さと真剣さ――こういうものがそだたず、民衆的な広がりで経験されなかった。講演会、講習会、あるいはまた祝賀会、追悼会、卒業式であれ何であれ、およそ市民的なコミュニケーションの場で、ひとにわかろうがわかるまいが、うしろのほうまで聞こえようが聞こえまいが、勝手にしゃべっている話者、聞こえなくても平気であり、わからなくても質問もしない聴衆。そういうことに誠意がなく無感覚といってもいい世話人。こういう生活経験の数世代にわたるつみかさねのなかで、コミュニケーション音痴というべき風土がわたしたちの生活のなかにできているのではないだろうか。（『学校劇』一九

五九年四月号)

この時から半世紀も過ぎたが、宮原が述べるような状況が払拭されているとは思えない。今日のコミュニケーションをめぐるさまざまな問題は、国際化や情報化に対する即戦力として求められるコミュニケーションではなく、人間関係との深いかかわりとの問題として問われなければならないのである。

門脇厚司はいじめ、不登校、退学、無気力、引きこもり、学卒無業者、テレビ依存、薬物依存、リストカット、自殺、売春、児童虐待などの事態を「社会力の衰弱」といい、その衰弱を促す「非社会化」の特質を次のように述べている。

1 他人にかかわるのが嫌いで苦痛という性向(predisposition)が強い。文字通り、自分の親も含め、他の人と直接話したり、一緒に何かをしたりするのが苦痛で嫌いであり、それを避けようとする性向や心性(mentality)が著しい。

2 他人に対する関心が低く、それゆえ他人を理解しようとする意識も少ない。そのため他者を理解することが困難になり、それゆえ、他者の立場や他者の身になって物事を考えたり、他者に共感や同情、感情移入などをすることも難しくなり、他者を思いやるといったこともあまりない。

3 結果として、他者との相互行為が極端に少なくなり、一人で過ごすことが多い。そのため、「現実」の世界(実際に自分が生きている世界)がどのような世界であるかを他者(すなわち、社会の他の成員)と共有することができず、言葉の「意味」を共有することもできなくなり、他者とのコミュニケーションに著しい齟齬が生じる。

4 そうした特質ゆえに、人間や社会に対する不信感や不満感が強い。他者との交流がなければ他者といい関係をつくることはできず、他者といい関係ができなければ他者に認められたり、よく評価されることはなく、結果として、被害者意識が募り、人間や社会に対する不満や不信がさらに強まり、些細なきっかけで

暴発的な行動に走ることにもなる。（門脇厚司『社会力を育てる』／岩波新書／二〇一〇年）

その要因について門脇は次のようにいう。

非社会化が進む主たる要因が何かといえば、人と人との直接的な交わりが極度に少なくなっていることである。よく使われる言い方をすれば、「人間関係が希薄になっている」ことである。（同上）

また中島梓は現代社会の姿について次のように述べている。

現代というのは、人間がかつて一回も知らなかったくらいに暮らしにくい時代であり、そのもっとも暮らしにくい特徴がもっとも端的にあらわれているのが、日本であり、いわゆる先進諸国である、ということもおそらくたしかであろう。それは何も、物質的なことをいっているのではない。そういう面でいえば、また、それらの国はまさしく世界でもっとも暮らしやすい国にほかならないであろう。しかし、そうでない諸国、「先進国」が思い上がって後進国、未開発国、開発途上国とよぶ国々には、登校拒否も拒食症も、対人恐怖症や家庭内暴力も、未成年者の麻薬、暴力、性犯罪も、離婚も精神障害も異常な殺人事件もまた、「先進」諸国のようには存在していないのである。これらすべてはまぎれもなくコミュニケーション不全症候群の典型的症例であるといってよいと同時に、まさしく私たちの現代社会そのものの縮図であり、私たちがそのなかで生きているところの社会そのもののすがたなのである。というよりも、現代社会、私たちの世界そのものが、すでにコミュニケーション不全症候群を内包しているのだ、といってもよいだろう。というか、コミュニケーション不全症候群こそが現代なのである。（中島梓『コミュニケーション不全症候群』／筑摩書房／一九九一年）

こうしたコミュニケーション不全症候群の特徴を中島は「他の存在への想像力の欠如」なのだという。

こうしてみるとコミュニケーションの問題とは単に伝えるための技術のような、あるいは語彙の不足というようなことではなく、現代における社会生活全般の根本にかかわる問題なのだと言えるのではないだろうか。その中で私たちの教育実践はいかにあるべきなのだろうか、岩川は次のようにいう。

目の前に、からだを閉ざしたまま授業で一度も発言した子とがない子どもがいるとすれば、教師はその子どもが教室のみんなの前で語り出す時の実現をめがけるだろう。そのために、教師は、その子どもがどんな〈からだ〉で教室に居るのか、ほかの子どもの姿をどんな仕方で受けとめているのか、どんな場面になら身をのりだすのかをみつめ、その子どもが教室でからだを閉ざすことになった〈いきさつ〉やその子どもをとりまく家族や友だちとの〈かかわり〉に思いを馳せながら、いま、その子どものなかにうごめく葛藤や内的促しがひとつのかたちをとるために、どんな対応や場づくりこそが必要なのかを探りつづける。それは同時に、いまだことばになりきらないその子どもの行為の意味を教室のほかの子どもたちと共有する場面を見逃すまいとすることや、その子どもを受けとめる〈からだ〉がどの子どものなかに育ちつつあるかを見きわめようとすることや、より深い次元で互いに応答し合える風土と教室にいかにして育むかを探りつづける時間でもある。そういう、ひとりの子どもの変容の道筋とひとつの場の変容の道筋が交わる地点に、はじめてその子どもの〈聲〉が響きわたる。教師が実践の目的としてその全身でめがけているのは、そういう具体的な子どもの姿や行為や出来事の実現そのものなのではないか。（『教育』二〇〇八年七月号）

このような実践を創りだすことを私たちは演劇教育を学ぶ中に位置づけたいと思うのである。

8　コミュニケーション的関係をひらく

神戸大学発達科学部附属養護学校（神大附属養護）には毎年六十名弱の生徒たちが通学している。小学部十八名、中学部十八名、高等部二十四名、教師を含め八十五人ほどの少人数の学校である。以下、この学校の実践の一部を『コミュニケーション的関係がひらく障害児教育』（二宮厚美・神戸大学附属養護学校編著／青木書店／二〇〇五年）から紹介したい。

この学校の教育実践の特質は第一に「子どもの集団づくりを徹底して重視していること」だが、その理由は次の通りである。

生徒一人ひとりを大切にすることは、バラバラな個人ではなく「集団のなかの個人」を大切にすることなのである。だからこそ、生徒一人ひとりの発達を保障するには、集団づくりが不可欠となる。……生徒個人の発達を重視することは、同時に、学校生活において豊かな人間関係、仲間関係をつくりあげることでもある、ということになる。友人・仲間関係という集団づくりが不可欠になるのである。

集団づくりを重視するもう一つの理由は「生徒の発達がコミュニケーション的人間関係を通じて進行する」と考えているからであり、そのことについて次のように述べている。

コミュニケーション的関係とは、互いが互いのことを理解し、了解し、合意し合う関係のことである。ただし、これは同一の見解や思いに達するということではない。意見や気持ちの食い違いを含めて、相互に了解し、合意するということである。コミュニケーション的関係が生徒に育むものは、一言でいうと、コミュニケーション的理性と呼ばれてきたものである。コミュニケーション的理性は、これまで教育界で使われてきたことばで言うと、知・徳・情の三つの領域にまたがる。すなわち、科学的知育、社会的道徳、人間的情操の三つにまたがるが、ここでは、こうした三つの世界にまたがる子どもの発達はほかならぬ集団のなかの相互了解・合意を通じて、つまりコミュニケーション的人間関係を通じてすすむ、と捉えられるわけである。

つまり、神大附属養護学校の集団づくりは、「生徒一人ひとりは個人として尊重されるが、それには集団づくりが不可欠であり、またその発達にはコミュニケーション的人間関係の母体となる集団づくりが必要である」という立場から重視されているのである。

神大附属養護学校の教育実践における特徴の第三は「子どもの実態とその発達可能性にすべての教育の出発点を求めていること」であり、第三の特徴は「生徒と教師の関係をコミュニケーション的関係としてつかもうとしていること」である。「子どもの発達可能性にすべての教育の出発点を求める」ということは「すべて主人公としての子どもの発達ニーズに応えようとするもの」なのである。それは生徒と教師のコミュニケーション的関係をつかもうとする第三の課題につながっていく。生徒と教師のコミュニケーション的関係はまず「発達主体としての子どもが発達ニーズを発信する」ところから始まる。それを教師が受けとめ、「了解、合意する」ことになるのだが、それは「生徒と教師のコミュニケーション的関係に入る」ことを意味する。その生徒の発達ニーズに応答する形で教師が働きかける局面となる。「発達課題の教材化」である。そしてその教育的働きかけを生徒が享受する場面になる。この「教師の教育的働きかけに対して、生徒がこれを了解・合意ができるかどうか、ここが教育現場では正念場」でありそれを超えて新たな発達ニーズが生まれていく、というみちすじが考えられているのだが、「新たな発達ニーズは、教師の働きかけに生徒が素直に応答して発信される場合もあれば、教師の働きかけと生徒の受けとめ方に「ずれ」が生まれるなかで発信される場合もある。」というこの教師と生徒との「ずれ」にこそ教師の負わなければならない実践的課題の重さがあるのである。「教師の働きかけに対して生徒の了解・合意ができるかどうかが現場での正念場」と述べているが、そのために神大附属養護の教師たちは生徒たちの「享受能力」を大事にする。「享受能力」とは「教師の教育的働きかけを楽しんで受け入れる力」だという。「教師の話を楽しんで聞く、教師と一緒になって遊びを楽しむ、教師の腕前や失敗を楽しみながら味わう、これらはすべて教師の働きかけを生徒が享受すること」なのである。「生徒は教師の働きかけを楽しんで受け入れ、教師は生徒の発達する姿を享受する、これがコミュニケーション的関係のなかの享受能力の発揮発達である。」と神大附属養護の教師たちはいうのである。

神大附属養護の実践の中には「楽しい学校」という言葉がよく出てくる。それは小・中・高を貫く学校づくりのイメージを「生き生きした学級、励ましあう学部、明るい学校づくり」というところにおいているからであるが、「このような学校づくりのイメージが生まれてくるのは、学校内部のコミュニケーション的関係にもとづく享受能力の発達を重視しているため」なのだという。神大附属養護の実践は「子ども集団づくりの重視、発達主体と教育主体との共生関係、生徒と教師のコミュニケーション的関係、子どもの享受能力の発達」ということなのである。

次に神大附属養護の具体的な実践を小学部でのことばの授業としての劇あそびを通して見てみたい。

神大附属養護のことばの授業は「言語的訓練的なものではなく、物語を通して子どもに働きかけ、それによって子どもの内面を揺さぶり、子どもと教材がもつ多様な価値を共有」しようとするものである。そのことばの世界を広げようとして取り組んだのが劇あそびである。小学部は発達年齢によってグループを編成する。Ａグループは一歳半前後、Ｂグループは二歳以上という構成である。

最初に取り組んだのはＡグループのペープサートによる『おおきなかぶ』である。「Ａグループの子どもたちはことばを使ってのやりとりは難しいが、発語はあり発声は豊かである。この題材では、ことばを使った会話を課題とするのではなく、ストーリーの理解に立って声を出し合うことの楽しさ、身体を動かすことの楽しさを引き出すことをねらいとして」ペープサート劇で取り組むことにした。「『うんとこしょ、どっこいしょ』のかけ声に合わせてペープサート人形が一斉にかぶを引きぬく様子は子どもたちを魅了する。子どもたちはそれを見るだけでなく、ペープサート人形に合わせて身体を動かし、教師と一緒に声を出すことを楽しむようになった。さらに自分でペープサートを操作することで自分のわかり方を表現したり、友だちの操作する活動を見てその意図を理解するようになった。」という。

この『おおきなかぶ』の劇に続いて取り組んだのが『三匹のやぎのガラガラドン』の劇あそびである。この物語の概要はこうである。

三匹のやぎのなまえはどれもガラガラドン。あるとき谷川を渡って草を食べに山へ出かけた。谷川にかかる橋の下にはトロルという妖怪が住んでいるが、山へ行くためにはその橋を渡らなければならない。まず最初に渡ったのは小さいやぎ。橋の上でトロルに食べられそうになるが、「少し待てばぼくより大きいやぎが来ます」と話して、無事、橋を通してもらう。次に向かったのが中くらいのやぎ。待ちかまえていたトロルはこの中やぎに「おっと食べないでおくれよ。少し待てばぼくよりずっと大きいやぎが来る」と言われて、再びやぎを通してしまう。最後は、いよいよ大きいやぎの登場。トロルは「ようし、おまえを食ってやる」と襲いかかるが、大きいやぎも負けてはいない。反撃に転じ、ついにトロルを打ちのめして谷川へ突き落としてしまう。悠々と橋を渡る大きいやぎ。こうして山に登った三匹のやぎは、無事、草をたらふく食べることになる。

この物語は「起承転結があり、物語の展開に変化があっておもしろい。しかしAグループの子どもたちには難しいのではないか、という心配が生まれた。たとえば小・中・大のやぎの違いを理解するのは難しいのではないか、自閉症障害の子どもたちにとって「相手と向かいあう」という場面は苦手なのではないか、といった問題が持ち上がってきたのである。だが、私たち教師は、工夫して三匹のやぎの違いを伝えていけばなんとかなる、という希望をもってこの題材に取り組むことにした」のである。

最初「三匹のやぎの違いをそれぞれの歩き方の違いで表現し、その姿のおもしろさに交えて伝えようということになった。やぎたちが渡る橋として、歩くと音のする長い橋をつくって、ペープサート劇をすすめることにした。やぎの足音を表すためには「カタコト」「ガタゴト」「ガタンゴトン」という擬音語を強調してリズムをつけて表現しようとした。」しかしそれだけでは三匹のやぎの違いを実感をもってとらえることができないということが分かった。そこで今度は「教室の真ん中に橋を設定し、教師が実際に演じて見せることにした。子どもも教師とともに橋を渡ってみるのである。ところが、教師の演じる劇を見ている子どもたちは予想外の反応を示した。子どもたちの表情にもっとも大きな変化が表れたのは、トロルとガラガラドンが直接向かいあってやりとりする場面だった。トロルが「よーし、おまえを食ってやる」、ガラガラドンが「ちょっと待って、食べないで……」と言う、子どもたちはトロルに食べられそうになりながらもなんとか渡りきるやぎをハラハラドキドキしながら見る。「よーしおまえを食ってやる」「食えるもんなら食ってみろ」のかけあいがあって、最後に大きなやぎがトロルを打ち負かして人心地つく。この展開の一部始終から味わう爽快な気分こそが、この物語の醍醐味だったのである。」

当初私たち教師は、相手と向かいあうことが苦手な自閉性障害の子どもたちにとって、この展開を納得するのは難しいのではないか、向かいあう場面を楽しむことは無理なのではないかと推測していたが、どうもそうではないらしいことを学ぶことになったのである。人に向きあうとか対決するなどということには、すごく苦手な子どもたちであるということに変わりはないが、相手と向きあって生まれてくるものは大きい。この劇のなかで子どもたちに表情が変わり、声を出して笑ったり、思わず飛び出してきたりしたのは、トロルとガラガラドンが向かいあってやりとりをする場面であった。これは、子どもたちが観客ではなく、主役に変わろうとする瞬間であった。一人ひとりの子どもたちはこの場面で何を感じ、何をおもしろいと思って舞台に出ようとしたのか。私たち教師は、これを子どもたちの姿からつかもうと思った。

教師たちは観客から主役になろうとするこの転換に教育の果たす意義を見いだしたのである。そして具体的な実践例を次のように述べている。

二年生の梨香ちゃんは、いつも元気にかけまわっている活発な自閉性障害の女の子である。授業を通してこの物語が大好きになり、休み時間には絵本の読み聞かせを何度も教師にせまって楽しむようになった。たとえば、トロル役の先生が橋から落ちる場面になると、声をたてて笑って、面白さを表現するようになった。

とはいえ、いくら誘っても舞台に立つことはできない。……彼女にとって「みんなの前で演じる」という行為はあまりにもハードルが高すぎる。教師はそこで、梨香をおんぶすることにした。ガラガラドン役の教師の背中におぶさった梨香は背中越しに顔をのぞかせ、トロル役の教師とやりとりをする。せりふも教師が代弁する。梨香はただおぶさっているだけのように見えるが、そうではない。実はここで梨香は多くの主体性を発揮し、教師とのコミュニケーションを展開していった。

そして梨香は「教師の声を心のなかで繰り返し、トロル役の教師と向かいあい、その展開過程をことばや動きによって受け止めることができるようにもなってきた。」のである。

次の年この『三匹のやぎのガラガラドン』を小学部全員で行い授業を発展させていくことにした。……健ちゃんは六年生の男子。低学年のころは自分に自信がなく、教師から課題を提示される授業には、なかなか参加できない状態が続いた。文字の読み書きができないので、特に「ことば」や「かず」の授業に対しては苦手意識が強く、授業に参加できないことが多かった。それでも、これまでの授業やクラスの取り組みのなかで教師がよく絵本を取り上げたので、絵本を見るのは好きな活動の一つになっていた。絵本を見て、自分なりのイメージを膨らませていくことが楽しいのである。六年生になって、初めて『三匹のやぎのガラガラドン』の物語に取り組むことになったのだが、授業を重ねるたびに彼の教材の受けとめ方は変化をとげた。その変化を知ることで、私たち教師はこの教材のもっとも大切な価値を発見することになった。

彼は、自分とやぎを同化して捉え、感情移入しながら劇を見ていた。どんどん物語に引きこまれて最後まで見入っているので、物語の理解は速かった。しかし、彼もまたすぐに舞台に立つことはできなかった。素直に彼はトロルが怖かったのである。普段から彼は戦隊ものアニメが大好きで、ロボットを手にして「やっつけてやる」とごっこ遊びをすることが多い。日頃から強いものへの憧れをもちつづけていたのである。しかし、実際の自分はできないことが多く、とても弱い存在である。できない自分を知っているから、それまで、ほとんど授業で苦手な課題場面になると、逃げだしていた。

『三匹のやぎのガラガラドン』の劇を食い入るように見ていたとき、どんな思いでいたのだろうか。たぶんトロルを倒してしまう大きなやぎのガラガラドンをかっこよく思い、憧れていたに違いない。強いものに対する憧れをもっている彼には、大きなやぎが憧れだったろう。しかし、彼はトロルに立ち向かう大きなやぎにはなれない。どうがんばっても自分をそんな強い存在として捉えられなかったのである。そんな彼が選んだのは、「ぼく、小さいやぎをする」ということだった。これは彼の精一杯の決断だった。……困難になかなか立ち向かうことのできない日頃の健ちゃんを知っている教師たちは、みずから舞台に立った健ちゃんを心から応援し、ハラハラしながら見守った。舞台の上ではセリフを耳打ちしてもらうという教師の援助が必要であったが、途中で舞台から降りることもなく、小さなやぎを演じることができた。そして観客である教師全員に「やったよ！」と満面の笑みで報告したのである。

この健ちゃんの変化を見ながら、教師たちは次のようなことに気づくのである。

小さいやぎは小さいやぎなりに勇気が必要であった。いまにも食べられそうな小さくて弱い存在であるにもかかわらず、とっても怖いトロルと向きあわなければならないのである。教師の目には日頃の健ちゃんと小さいやぎがだぶって見えた。勇気をもってトロルと向かいあった小さなやぎの価値の大きさに気づかされた瞬間だった。

「勇気をもって舞台に上がることのできた健ちゃんは、何度か小さいやぎを演じた後、大きなやぎにもチャレンジするようになった。大きいやぎは声も大きいし、動作も大きい。顔を上げ、堂々と演じることができるようにもなった。さらに、自分が演じ、教師から賞賛を浴びるようになると、友だちに声をかける余裕も出てきた。」という。

健ちゃんは中くらいのやぎを演じるなかでも違いに気づいた瞬間があるのだという。それは「「おっと食べないでおくれよ！」というセリフだった。「どうか食べないで」と嘆願する弱々しい小さなやぎでもなく、トロルをやっつけてしまう大きいやぎでもない。中くらいのやぎは真正面からトロルと向きあい、ことばのやりとりで、うまくトロルをかわしていくのである。健ちゃんは三匹のやぎの違いを全体としてつかみ、それぞれみごとに演じ分けてくれたのである。」

次の実践は友だちの演技に刺激されて舞台に立つことができた自閉性障害児の取り組みである。

雅樹くんは一年生、亮くんは三年生、二人とも自閉性障害である。この二人は、私たちが心配したとおり、『三匹のやぎのガラガラドン』の授業に参加することを嫌がった。雅樹はまだ一年生である。この授業というよりも、授業と休み時間との違いを意識することも難しい。だから、授業全般に参加の低い子どもだった。授業で提示される課題よりも自分でやりたいことがいっぱいある。彼には、まず学校が楽しいところである、とわかってもらうことが最優先される。そこで彼の好きなものを教室にもちこんで安心感を持たせること、その上で教師がタイミングをはかりつつ働きかけることにした。

亮くんは三年生、前年度の授業でこの物語の流れは理解できている。積極的でないにしろ、昨年度は教師にしがみつきながらも授業に参加できていた。ところが、小学部全員で『三匹のやぎのガラガラドン』の劇の取り組みが始まり、教師や友だちが真に迫る演技をするようになると、恐怖心のあまり、その場にいつづけることができなくなってしまった。教室を飛び出して窓から覗き込んでいることもあったが、自分のクラスに戻り、一人でぼんやり過ごすこともあった。教師が誘いに行くと「あっちへ行っといてよ！」と追い返される始末である。物語の流れが分かるからこその行動ではあるが、教室へ入ることを拒否し、場を共有しようとしない状態で、さてどう働きかければよいのか、何度検討してもよい案が浮かばず、私たちは無理に教室に入れるのではなく、しばらく様子を見ることにした。」のである。その二人の関係に変化が見えたので

ある。（略）

雅樹と亮くんは同じクラスである。亮くんが授業を抜け出し自分のクラスのソファーでぼんやりしていると、雅樹がニコニコしながら教師を引き連れてクラスにやってくる。そして好きなものをいっぱいポケットに詰め込んで、また授業の教室に戻っていく。教室を出たり入ったりする雅樹を亮くんは興味を持って観察するようになった。亮くんは雅樹よりも二年も先輩である。認識的には二歳半近い力をもっている。日頃から友だちの動きをよく観察しているが、特に新入生の雅樹には大変興味を持っていた。朝の会になっても教室に戻ってこられない雅樹、お目当てのものが見つからないと泣き出す雅樹、「ここに落書きをしてはダメ」と叱られ、ろくに給食が食べられない、そういう一年生の雅樹を、亮くんはとてもか弱い存在として捉えていたに違いない。それだけではない。自分とて三年生になり、学校生活には慣れてきたとはいえ、集団的活動は苦手だし、いまだに給食をまったく食べることのできない状態にある。亮くんにとって雅樹は共感を抱いて見つめる相手であった。（略）

そんな雅樹が七月の授業で初めて舞台に立ったのである。教師と一緒にだが、トロルと向かいあい、小さなやぎを演じ、橋を最後まで渡りきった。雅樹の小さい体、びくびくした様子は小さいやぎそのものだった。その様子を亮くんは教師におんぶされてドア越しに見守っていた。「橋を渡るってちょっと怖いよね」と、おんぶしている教師が声をかけると「うんうん」と心配そうにうなずく亮くん。はたして雅樹が無事わたれるか、大丈夫なのか、ハラハラしながら、亮くんは応援の視線を雅樹に向けていた。橋を渡りきった雅樹を見て安堵する亮くんの姿は、雅樹くんの勇気をたたえるものだった。このとき亮くんをおんぶしていた教師は、いまなら、亮くんもやぎになって橋を渡れるのではないかと思った。亮くんは自分のことを雅樹よりも大きい存在として意識しているはずである。そこで教師は大胆にも、大きなやぎになるように誘ってみた。これは大成功だった。少しためらったのち、亮くんははっきりとうなずき、先生におんぶされて舞台に立ち、初めて大きなやぎになることができたのである。

この実践のなかで神大附属養護の教師たちは「私たちが伝えようとする内容と子どもたちが実際に受け止める内容の間には、必ずと言っていいほど「ずれ」が生まれるもの」だということに気づいたという。『三匹のやぎのガラガラドン』の場合、最初は「それぞれのやぎの違いを発見することをねらい」として取り組んだ。しかしその取り組みは大きいやぎには注目したが小さいやぎにまでは十分に目をむけることがなかったのである。その違いを教えてくれたのは健ちゃんだった。

大きいやぎに憧れながらも大きいやぎになれない健ちゃん。健ちゃんは自分を小さいやぎに置き換えていた。小さいやぎなら自分にもできる。ここから始めて、次に大きいやぎ、中くらいのやぎを演じ分けることができるようになったのである。小さいやぎ役で自信をつけた健ちゃんは大きいやぎを演じるまでにたどりついた。この健ちゃんの姿から、私たちは小さいやぎの価値の重みを学ぶことになったのである。当初この物語で、私たちは小さいやぎの価値を過小評価していたのである。弱い存在として自覚しつつトロルに立ち向かう小さなやぎ。その勇気の大きさ、けなげさを知って、私たちはやぎを演じる子どもの見方を変えることになった。

神大附属養護の教師たちは「子どもたちは、次から次へと教師の予想を超えた行動に出る。その「ずれ」を調整する過程で、またもや新たな「ずれ」が発生する。この繰り返しが続くことになる。」という実践をつづけているのである。

亮くんの場合についても次のように言う。

教師との間の「ずれ」を埋めるのに大きな役割をはたしたのは、雅樹の存在であった。雅樹が直接亮くんに働きかけたわけではない。亮くんは集団のなかで舞台に上がる雅樹の姿を見、そのがんばりを素直にたたえる様子を見せた。自分にもできるのではないかという前向きの感情を持つことができたのである。この子どもの相互のやりとりのなかに教師が入りこんで、「ずれ」を調整したのである。教師がいくら上手に演じ、ことば巧みに誘っても、雅樹が亮くんに抱かせた感情を喚起することは難しい。これは子ども相互のコミュニケーション的関係が生み出す教育力である。子どもたちは互いに友だちをよく見つめあっている。この子ども集団の教育力に依拠しながら、教師の役割を考えることが大切なのである。

この実践を通して子どもたちは互いに向かいあってやりとりをする場面をつくりだすまでになったという。しかし「子ども同士のやりとりだけでは、おたがいが遠慮しあって、役になりきることができない」、うまくいったのは「向かいあう相手が、自分の表現をしっかり受け止めてくれる教師の場合」であり、その場合に「子ども一人ひとりが思いっきり自分の表現をぶつけることができた」のだという。それはまた教師の役割をより明らかにしてくれることでもあった。

神大附属養護の実践はいろいろな意味で学ぶことが多い。子ども集団の教育力や子ども相互のコミュニケーション的関係が生み出す教育力なども そうだが、子どもと教師の間に生じるずれに注目し、それをどう乗りきるかということを自分たちの教育課題としていく、その姿勢に実践の重みを感じる。それは「集団づくりが不可欠であり、またその発達にはコミュニケーション的人間関係の母体となる集団づくりが必要である」という立場に立つ実践だからこそ可能なのだと思う。

宮原誠一はコミュニケーションの演劇性を「集団的な学習の流れのなかで情緒が起伏し対立するものがしみとおり合う」ことだといっている。それは神大附属養護の教師たちがいっている「ずれ」というとらえ方と重なってくる。神大附属の教師たちはそのずれを調整することの繰り返しに実践の方向を求めているが、集団的な学習のなかで起こる対立から発展し、より高められた統一への過程にはりのあるコミュニケーションが生まれるのではないだろうか。

二　対話と演劇教育

ブラジル生まれの教育思想家パウロ・フレイレの著作『被抑圧者の教育学』第二章は次のような書き出しから始まる。

教育する者とされる者……いろいろなレベルの教育におけるこの関係性について考えるほど、そこにはとても重要な特徴があることがわかる。基本的に、教育する者はひたすら一方的に話すということである。

話すというとなんとなくよいイメージがあるかもしれないが、そういうことではない。本当の意味での価値や、命といったものを根こそぎ無視してしまうような一方的な語りのことである。ただ、一方的に話すだけの教師と、ただ忍耐をもってひたすら聞くものである生徒という構図が、その特徴である。

さらに次のように言う。

教師が一方的に話すと、生徒はただ教師が話す内容を機械的に覚えるというだけになる。生徒をただの「容れ物」にしてしまい、教師は「容れ物を一杯にする」ということが仕事になる。「容れ物」にたくさん容れられるほどよい教師、というわけだ。黙ってただ一杯に「容れられている」だけがよい生徒になってしまう。

こうなると教育というものは、ただものを容れたり貯めておいたりする活動に終始してしまい、生徒はただものを容れる容れ物、教師はものを容れる人になる。

生徒と気持ちを通じさせる、コミュニケーションをとる、というかわりに、生徒にものを容れつづけるわけで、生徒の側はそれを忍耐をもって受け入れ、覚え、繰り返す。これが「銀行型教育」の概念である。（パウロ・フレイレ『被抑圧者の教育学』／三砂ちづる訳／亜紀書房／二〇一一年）

フレイレのいう「銀行型教育」は「知識を預金し、知識をため込み、その知識をきちんと整理しておくこと」であり、ファイル上手で、「何の創造性もなく、変革の意思もなく、知への欲求も生まれない」人間を育ててしまうことになるのだという。

フレイレは「知識の容れ物としての人間ではなく、世界とのかかわりのうちに問題の解決を模索するようなものであるべきだ」として「問題解決型教育」ということを提唱する。「問題解決型教育」についてフレイレは次のように言う。

意識の本質、すなわち意識の方向性に対応するもので、誰かが一方的に情報を伝達されるのではなく、双方向のコミュニケーションの存在を必要とするものだ。……銀行型教育のトップダウンな垂直型のやり方を打ち破るような問題解決型教育は、教育する者とされる者の間の矛盾を超えていかないことにはその実現をみることはできない。

として次のように言う。

対話なくして問題解決型学習はない。対話を通して矛盾を超えていくところには、結果として新しい関係性が生まれる。教育される側にとっての教育する側でもなく、教育する側にとっての教育される側でもない、教育する側とされる側は対等な関係として立ち現れてくる。（略）

対話のないところにコミュニケーションはないし、コミュニケーションの成立しないところに本来の教育もまた、ない。教育する者と教育されるものが矛盾を乗り越え、認識する対象を仲介しながら共に認識する活動を行う相互主体的な認識をつくり上げる場、それが教育である。

対話のないところに本来の教育もないということに注目したいと思う。

演劇創造の立場から対話の重要性を主張しているのは平田オリザである。平田は対話と会話は違うとして次のように定義する。

「「対話」（Dialogue）とは、他人と交わす新たな情報交換や交流のことである。「会話」（Conversation）とは、すでに知り合った者同士の楽しいお喋りのことである。」（『対話のレッスン』／小学館／二〇〇一年）

そして、対話について次のように述べる。

近代日本は、「演説」のための日本語を生み出し、「裁判」（討論）のための日本語を生み出し、「教授」のための日本語を生み出してきた。だがしかし、近代日本は、「対話」のための日本語だけは生み出してこなかった。対等な人間関係に基づく、異なる価値のすり合わせのための日本語は生み出してこなかったのだ。

理由は明白であろう。近代日本の建設には、「対話」は必要とされなかったからだ。「対話」とは、異なる価値観をすり合わせていく過程で生じるコミュニケーションの形態、あるいは技術である。しかし明治以降一三〇年、日本国は、異なる価値観をすり合わせていく必要それ自体がなかったのだ。戦前は「富国強兵」、戦後は「復興」あるいは「高度経済成長」という大目標に向かって、日本国民は邁進してきた。その大目標から外れる価値観は、抹殺、弾圧、あるいは無視され、ついに「対話」を生み出す機会は得られなかったのだ。（『対話のレッスン』）

いまあらためて「対話」が求められている意義を考えなければならないし、それは演劇教育にとっても重要な課題ではないだろうか。

平田は演劇にとって対話が重要な要素になるのかについて

「日常会話のお喋りには、他者にとって有益な情報はほとんど含まれていない。演劇においては、他者＝観客に、物語の進行をスムーズに伝えるためには、観客に近い外部の人間を登場させ、そこに『対話』を出現させなくてはならない。」

といい、日常会話だけで押し通そうとすると失敗するという。そして平田はワークショップなどで出会う高校生について、この他者の存在がうまく描けないことが多く、他者が存在しても「対話」が成立していないことがあるのだといい、その理由を次のように述べている。

現代の高校生は、他者と出会う機会が極端に少ない。偏差値で輪切りにされ、等質の生徒がひとつの校舎に集められ、教室のなかでも気のあった仲間としか会話を交わさない、そんな環境では対話の能力など育つはずがない。だが私は、このことを高校生の言語活動の衰退といった言葉で済ませたいとは思っていない。否、日本のようなムラ社会の集合体では、元来、本当の意味での対話の習慣などはなかったのだ。だが世界は複雑化し、現代を生きる日本人は、他者との出会い、異文化との出会いを必然的に迫られ、対話の能力は以前にも増して要求されている。現代の高校生は、複雑化する社会が要求している対話の能力を身につける機会がないに過ぎない。

平田は「演劇は常に他者との出会いを重視し、対話によってなりたってきた芸術です。」として演劇の体験を通して対話の重要性を深めようとしてワークショップをつづけている。このことは演劇教育の分野でも生かされ、深められなければならない課題である。

演劇の体験を通して対話の重要性を理解するというのはからだを通してということだろう。そのためにはからだがそれを受け入れるような状態であることが求められる。しかしそれはコミュニケーションの場合と同じようにかならずしもそのような状況ではない。山崎哲は次のように発言している。

コミュニケーションの問題でいうと、ダイアローグが成立しなくなったというのがあるんです。これもちょうど八三、四年ぐらいから入ってきた人たちがそうなんです。ダイアローグというのは身体レベルで考えると、からだがリラックスしている、らくになっている、だから相手の声だとか言葉だとかがすっと自分のからだの中に入ってくる。と、身体が反応する。その反応したものを声と言葉にして、相手に返していく。相手もそれと同じことをする。それが身体レベルにおけるダイアローグだと思うんですが、それが非常に難しくなっている。いまの子たちは相手の声や言葉を自分のからだの中に受け入れない。口あたりでストップして、そのまますっと返しちゃう。そうすると彼らの身体はいったいどこで安定するんだろうって考え込んじゃいますね。ぼくは人間のからだは基本的には外に向かって開かれていて、いろんなものが自分の中にすっと入ってくる状態になっているんだと思う。そういう状態が安定した状態だと思うんです。その意味では、人間は自分一人だけで立つことはできない、外部に支えられながら、あるいは対他との関係で立っているし、生きているわけです。でもそこのところがどうしてもわからない。いまの子は一人だけで、自分だけで立とうとしているように見えるんですね。だから自然とからだが切り立ってくるというか、硬直してくるんです。（別役実＋芹沢俊介＋山崎哲『いじめ考』／春秋社／一九九五年）

このような状況は子どもたちにもあてはまる。山崎のいう八三、四年というのはちょうど臨教審による教育改革が始まった時期と重なる。さまざまな教育荒廃の状況や子どもをめぐる事件も多く報道されていた。子どもの体のおかしさがいわれていたのもこのころである。そのことがこれまでのべたようなコミュニケーションの教育や対話の重要性を演劇教育に位置づけることにつながってきたのではないだろうか。それはこれからも明らかにされなければならない課題なのである。

第6章　学校文化としての演劇教育を

一　教育になじまなかった演劇

演劇教育が教育における市民権を得るためにこれまで戦前、戦後を通して多くの人の努力が積み重ねられ、一時的には教育の場での劇活動が活発になった時期もあり、その後も課外活動や地域活動などで積極的な活動を続けている貴重な実践がある。しかし、一般的に義務教育の場では教科でも、教科外でも十分な活動が保障されてきたとは言い難い状況が続いてきている。その点については先にも触れたが、演劇そのものが教育の場には必要ないとまではいわないにしても、時間がかかり、余計なもので、やっかいな演劇は、教育にはなじまないとする、そのしくみの背景には演劇に対する差別や偏見によって禁止政策が繰り返されてきたこととまったく関係ないとはいえないように思えて仕方がない。「お伽芝居」から百年を経て、いまだに日本の教育では演劇が十分に教育の場で保障されない状況が続くのはなぜなのか、あらためて考えてみたい。

1　学制発布の時から

一八七二年（明治5年）、学制が頒布され、日本の近代教育がスタートした。同じ時に出された小学教旨（小学は下等小学と上等小学に分かれ、それぞれ四年で卒業と定められていた）に教科が示されているが、唱歌はその中に設けられている。しかしその扱いは「当分之ヲ欠ク」とされていた。これを改めようとしたのが伊沢修二である。伊沢は文部省によってアメリカに派遣され、そこで唱歌教育の重要性を痛感したという（山住正己『子どもの歌を語る』／岩波新書より）。そしてアメリカからの帰国後、一八七九年「音楽取調掛」を設置する。小学校最初の音楽教科書が刊行されたのは一八八二年（明治15年）だった。

図画は一八七二年（明治5年）の学制発布と同時に教科として設けられている。下等小学では除かれているが、上等小学では週二時間「罫画」という名で組み込まれている。罫画とは「幾何学的基本形体を手本によって模写することにあった」（唐澤富太郎『教科書の歴史』／創文社／一九五六年）という。

音楽も図画（美術）も学制発布と同時に教科内容としてその位置を占めることになったが、同じ芸術教育の分野ながら演劇がそうした扱いを受けることはなかった。学制を布くにあたっては教育の近代化を急ぐあまり、西洋先進国における制度の模倣にならざるを得なかったが、そこには演劇という教科はなかった。

大正期の芸術自由教育運動の中で綴方、児童詩、童謡、自由画等、と並んで学校劇が興ったことは先に述べたが、新しい教育運動が全国的に広まるなかでも教科のような扱いは生まれなかった。それどころか、学校劇は「懦弱ノ風」であり、「風紀振粛」として禁止されたのである。

2　風紀を弛うし、浮薄の弊風を助長するということ

演劇が教育の場で除外されたのは制度上のこともあるが、馴染まずとしたのは一つには「風紀を弛うし浮薄の弊風を助長の虞なしとせず」ということであり、もう一つは「思想の影響を受けて活動をはじめる

こと——社会主義」の影響だということだったのではないだろうか。

「風紀を弛うし、浮薄の弊風を助長する」というのは江戸期に生まれた歌舞伎に対して幕府がとった禁令に通じる。その歴史を振り返ってみようと思う。

歌舞伎は出雲の阿国の念仏踊りに始まるとされている。阿国は一六〇三年（慶長8年）京都賀茂の河原で歌舞を演じ、人気を集めるようになる。その様子は次のようであった。

お国は扮装その他に新工夫のデザインをこらし、『ぬり笠に、くれないのこしみのをまとい、鳧鐘《ふしよう》を首にかけて笛つつみに、拍子をあわせて、をどりけり』（『東海道名所記』）というような、いわゆる〝かぶいた〟る扮装で踊ったのであった。（河竹繁俊『概説日本演劇史』／岩波書店／一九六六年）

「かぶく」というのは「傾く」とか「異様な態度、服装をする」という意味の古い語」であると『概説日本演劇史』は説明している。傾きではなく歌舞伎をあてるようになったのは「カブキ踊り以来のことである。カブキ踊りを踊ったのはすべて女性だったから、「歌舞する女」の意で「歌舞姫・歌舞妃・歌舞妓」等の字が当てられた。「妓」を「伎」と変えた「歌舞伎」の表記が広く用いられるようになったのは、近代にはいってからである。（今尾哲也『歌舞伎の歴史』／岩波新書）

阿国歌舞伎から後の流れを『演劇論講座1演劇史　日本編』（汐文社）の記述で見てみよう。

こうした阿国かぶきの人気は、やがてかぶきと共に近世娯楽の二大悪所と統治者から嫌われていた、京都の傾城町「島原」の遊女たちまで舞台に誘い出してゆく（元和年間—一六一五）。彼女らは当然、舞台を廓の張見世として一層煽情的な演出をしたために、歌舞伎は阿国歌舞伎から遊女歌舞伎へと急速に開花していった。

彼女らは地方の大名に招かれて築城や城下町の開設の慰問をしたり、或いは金山・銀山の鉱山地へ出かけて全国的に興行した。幕府は容色本位のその風俗上の弊害をおそれ、ついに寛永六年（一六二九年）にこれら女歌舞伎禁止令を出した。（略）

女歌舞伎の禁制は、その後、前髪だちの美少年をスターとする〝若衆かぶき〟の進出となる。児童を舞台にのせてその純なる美しさを併せて寵愛する風習は、すでに雅楽の『胡蝶《こちょう》』『迦陵頻《かりょうびん》』を始め稚児延年《ちごえんねん》とか稚児猿楽《ちごさるがく》など、遠く平安時代に始まっており、実際には阿国が四条河原へ進出した慶長八年の秋には、小童のみの童男のかぶきとして、女歌舞伎に対するその特殊の寵童性を売って世の評判をよんでいたのだ。それゆえ、女と見まごうようなこの若衆かぶきも、同じように風俗問題を起こすようになったので、幕府は承応元年（一六五二）、今度は若衆の舞台だけでなく、かぶき芝居全体を停止させる措置をとるに到る。女かぶきが禁止されてから二十三年後のことだ。もともと身分制度の厳しい江戸時代では、かぶき役者は悪所（河原）の住人として差別視されていた。その悪所の住人が日常社会へ及ぼす影響、とくに消費生活の拡大や風俗頽廃には幕府は特に敏感に干渉し、それがその後二百年にわたりかぶきに対して幕府がとり続けた、唯一の文化政策だった。（『演劇論講座1演劇史　日本編』汐文社）

阿国歌舞伎から遊女歌舞伎、女歌舞伎へ、そして若衆歌舞伎と変わるたびに取り締まりの対象としたのは風俗上の弊害ということだけでなく河原住人への差別視であった。幕府の改革にはこの承応元年の停止措置の後の享保の改革、寛政の改革、天保の改革と三度あるが、その度に歌舞伎は干渉を受け、奢侈抑制の対象とされた。しかし、そうした干渉にもかかわらず、歌舞伎は町人文化として発展を続けてきた。承応元年若衆歌舞伎の停止命令が出たとき、関係者は再開を願い出た。その結果、

一、若衆（即ちみどりしたたる前髪をつけた）役者を出場させないこと。
一、煽情的な歌舞でなく物まね狂言尽くしを演ぜよ。（『概説日本演劇史』）

という条件のもとに再開が許された。再開を願ったものの中には町奉行所の門前に座りこみ嘆願を続けも

のもあったという。しかし、関係者を動かし、歌舞伎を再開させたのは民衆の強い支持があったからだった。富田鉄之助は次のように述べている。

関係者をこれほど必死にさせたのは〈歌舞伎〉停止を寧ろ不当とする背後社会の支持が、彼らに強く働いていたからであろう。やがてこれが再出発へとこぎつけられるのも、関係者の嘆願もさることながら、民衆のかぶきへのこうした隠れた強い支持を、さすがの幕府も無視できなくなった結果だともいえる。いか様に弾圧されてもかぶきはすでに近世芸能として、民衆の中に深く根づいていた。（『演劇論講座1演劇史　日本編』／「伝統演劇」）

生産力の高まりとともに商品経済の発展によって武士の支配下にありながらも町人の社会的地位は相対的に向上を見せていたのである。関係者と民衆の支持で再開された歌舞伎は次のような展開を見せる。

「物まね狂言尽くし」をせよとの命令は、歌舞伎踊を内容的に変貌させるものとならざるをえなかった。「物まね」は写実的演技を意味する。「狂言尽くし」は能楽をやつした今様能とか能狂言の翻案物の類即ち演劇であることの要請に通じたものだった。要するに、ここに至って五、六十年つづいた歌舞伎踊は大きな反省を余儀なくされて、演劇の本道を模索しなければならなくなった。言葉をかえて言えば、法令のお陰で歌舞伎踊は、劇としてその第一歩を踏み出さねばならなかったのである。だから、男優ばかりによる野郎歌舞伎ないし若衆歌舞伎の名は、こんにちの歌舞伎にも適用さるべきであるが、その演技法と演出法の急速な発達によって十五、六年をへた寛文・延宝年度（一六七〇年頃）に至っては相当の進歩を見せ、容色本位から演技本位となり、間もなく元禄歌舞伎を迎えることになるのである。（河竹繁俊『概説日本演劇史』／岩波書店）

遊女屋の客引き手段だった女歌舞伎、衆道《しゅどう》（若衆道の略、男色の道）が職業化した時代の若衆歌舞伎が禁止された後に生まれた野郎歌舞伎が、それまでの風俗上の弊害とされたものからの転換を迫られた結果演劇の本道を模索し始めた。舞台構造が変わり、花道や引き幕なども設けられ、観覧席も拡大された。専門の作者が名を出すようになり、近松門左衛門が作者を名乗ったのもこの時からだった。上演される作品に本格的な科白劇と言っていいようなものも登場したのである。『概説日本演劇史』は題材として「義理と人情との相剋を、武家社会の御家騒動や庶民の生活の中で描こうとするものと、遊里での恋愛場面を主題とする、いわゆる傾城買狂言との二つが大きなテーマとして取り上げられた。」と述べ、さらに「女方《おんながた》芸術の完成を見るにいたった」とも言っている。「女形」の登場である。

傾城買狂言の第一人者といわれているのが坂田藤十郎で、彼は和事《わごと》という役柄の完成者だった。和事とは「廓《くるわ》遊びをする若い男の生活を劇化したもの」（戸部銀作『歌舞伎』／新日本出版社／一九八三年）で、その役柄を『日本演劇全史』（河竹繁俊／岩波書店／一九五九年）には「身分のいい若き男性であって、遊蕩のため落ちぶれた、あわれみのある役柄。」とある。また、「濡事、やつし（落ちぶれた姿の意）、色男役」ともある。傾城買狂言が当時の京阪を中心とする歌舞伎では人気第一にあげられていた演目だった。「当時、天下公認の恋や伊達を競う発展場といえば、それは〈廓〉といえるだろう。」（『演劇論講座1演劇史　日本編』とあるように廓は歌舞伎だけでなく、浄瑠璃や小説、浮世絵などの題材として恰好の場所だったのである。その理由について『日本文化史』（家永三郎／岩波新書／一九五九年）には次のように記している。

生産的ないし進歩的な活動の世界をもたない町人は、蓄財と消費との二途を往復するほかなく、その富の力を発揮するためには、遊興の巷に千金をなげうって豪奢をつくすといった不健全な方向がしばしばえらばれることをまぬかれない。町人文化のうちに遊里と結びついた要素の多いのは、このような理由によるものであったのである。

元禄歌舞伎には坂田藤十郎のはじめたという和事のほかに江戸の市川団十郎の創始といわれる荒事があ

る。荒事とは「荒武者芸事とも呼ばれ、力を象徴した演出様式」（『概説日本演劇史』）をいう。元禄歌舞伎ではさらに御家騒動物（「大名の家をのっとる企てを仕組んだ狂言」）や世話物（庶民を題材にした作品）といった作品も多く、元禄歌舞伎は大成の第一歩を築いた時代だといわれている。

その後、時代は明和・天明（一七六四〜一七八八年）から文化・文政（一八〇四〜一八二九年）へと移っていく。元禄の後、八代将軍吉宗は弛緩した政治を改めるため、享保の改革をおこなうが、明和・天明期はその反動だったのだろうか幕政の弛みに乗じて町人文化が栄えることになったのである。黄表紙、洒落本が流行り、俳諧、川柳、狂歌も盛んになり、歌舞伎も人形浄瑠璃の脚本・音楽・様式等を取り入れ円熟味を増したという。天明期に実権を握っていた田沼意次の失脚後、老中となった松平定信がおこなった改革が寛政の改革である。綱紀粛清と財政の再建をめざし、緊縮、倹約の強制とともに、思想、文芸、風俗などの統制も強められた。しかし、定信の改革はあまりにも強硬であったため、民衆のみならず、武士からも抵抗を受け、わずか六年で定信はその職を辞さざるを得なかった。

「これから後は十一代将軍家斉が、自己の意思通りに政治を行い、いわゆる大御所様《おおごしょさま》時代と呼ばれる化政度（文化・文政期）の爛熟頽廃的文化の時代がやってくるのである。」と『概説日本演劇史』は記しているが、文化の爛熟頽廃化はこの時代における社会の反映だった。

「明和・安永・天明時代にわたって大成された歌舞伎は、さらに成熟して爛熟期を迎え、天保の改革によって弾圧されながらも生き抜いて来たが、その退廃的な様相はようやくはっきりとし、時代の流れとともに、民衆は一層煽情的にして強烈な刺激を求めてやまなかった」（『概説日本演劇史』）のである。

化政期における歌舞伎の特徴として変化舞踊、早替わりの演出、生世話《きぜわ》狂言があげられているが、中でも生世話狂言は鶴屋南北によって大成されたといわれている。生世話狂言については『概説日本演劇史』が次のように述べている。

生世話狂言はまた、真世話《まぜわ》狂言とも素世話《すぜわ》狂言ともよばれる、当代の生んだ新しい写実劇である。封建社会が内包していたさまざまな矛盾が、施策の過誤によって次第に表面化し、幕府の統制が弛緩して、社会のすみずみまでその警察権が及ばなくなった当代の、とくに江戸という大都市の下層にうごめく罪悪の数々、貧困にもとづくゆすり・かたり・巾着切り・鼠賊・強盗などが、日常生活につきものとなってしまったどん底生活を、写実的に舞台の上に描き出したのが生世話狂言であった。（略）

この期において、顕著な演出様式となった濡れ場・殺し場・ゆすり場・責め場などの官能的猟奇的な、むしろ猥雑な舞台情景は、この生世話狂言を中心に濃厚化されていったのである。

かぶきはかぶくの名詞で「異様な態度、服装をする」という古語からきていることは先に述べたが、「かぶき性」の要素を河竹登志夫は次のように言っている。

一　新奇、華美、けばけばしさ。
二　生々しい官能美、エロチシズム。
三　ダイナミズムと共感性。
四　刹那的な現世享楽主義。
五　反自然、不条理性。
六　反秩序、反体制的性格。
七　無宗教、非宗教、反宗教性。

どれもみな徳川庶民の現世的浮世感の表れなのはまちがいありません。このような「かぶき性」が、時代とともに他のジャンルと混交しながら、ドラマと舞台表現の両面で多様な展開をもたらすことになる。そしてその行きついたところが、南北と黙阿弥だというわけです。（河竹登志夫『憂世と浮世』／日本放送出版協会／一九九四年）

さらに河竹は「かぶき性」と相通じるものとして「バロック性」を挙げ、「かぶき性」とは「心は浮世、形はバロック、と言いかえることができるのではないか」と言い、「このようなバロック性、かぶき性が最も発達し、典型化されるのが徳川後期なのです。すなわち文化・文政から幕末のかけての江戸文化の爛熟時代。」なのだという。

文化・文政期に将軍位にあった家斉が亡くなった後、家慶のもとで老中となった水野忠邦の行ったのが天保の改革である。ここでも財政の再建とともに風俗の粛清がおこなわれ、町人文化への厳しい統制が加えられた。

それは高価な衣服・遊山・高級料理を禁じたり、私娼・遊芸人・出版物の取締りなど、市民の消費・文化面にまで厳しい統制が及び、それが消費生活の拡大を先導するとされた歌舞伎への干渉に最重点が置かれたのも当然の成りゆきだ。初めそれは、劇場を取崩し芝居はいっさい禁止というひどいものだったが、これは幸い町奉行遠山左衛門尉の進言で免れた。しかし、堺町や葺屋町など旧来の江戸市中からは追放され、当時は辺鄙な浅草猿若等へ所替えとなった。以後の歌舞伎は、明治初年までここを本拠とする猿若町時代を迎える。

歌舞伎については「劇内容は勿論のこと、大道具・衣裳・劇場の表飾りまで十数目にわたる禁令、さらにまた、役者の日常生活への干渉にも及んだ。」（『演劇論講座』）という。

しかし天保の改革はこれまでにない過酷なものだったため多くの抵抗にあい、忠邦は老中を追われた。世相は「風紀の紊乱もその極に達した」（『日本演劇全史』）という。歌舞伎界にも「白波物」といわれるいわゆる盗賊を扱った作品や濡れ場という官能的な場面が喜ばれ、さらにあくどさが増していき、木綿芝居（農民物）というような傾向の作品も評判をよんだという。

江戸末期の生世話狂言で名を成した市川子団次が『鋳掛松』という作品を上演したのは一八六六年（慶応2年）だった。この『鋳掛松』という作品は「僅かな日銭で商売する鋳掛屋の松五郎が、ある日橋の下を通る遊興船を見て、わが身のしがなさに愛想をつかせ「あれも一生これも一生、こいつは宗旨を変えざァなるまい」と、商売道具を大川に投げこんで泥棒開眼する」（『演劇論講座』）という話だ。

この上演中に幕府は「近年、世話狂言、人情を穿ち過ぎ、風俗にもかかわるゆえ、なるたけ人情に通ぜざる様にいたすべし」として世相を写し取るような作品に対して圧力をかけたのである。「この禁令が下されると、子団次は顔色を変え、憤懣やる方なく、それなら役者を止めるより仕方がないと嘆息していたが、翌日より病気がつのり、三ヶ月後、まだ五十五歳の働き盛りで逝ったと当時の劇書は伝え、作者黙阿弥も「全く病根は右の言渡し也」と憤りを述べているが、子団次のこのような形の死は、木綿芝居と白波物に最後の努力を傾けた江戸歌舞伎の終末を、さながら象徴するような事件だった。」と『演劇論講座　演劇史日本編』にはある。権威を失いつつも幕府は最後まで風紀粛正の厳しい取締りはやめなかったのである。

歌舞伎の世界は遊里と同じような不健全な場所とされ、役者は河原乞食と賤民視された社会的雰囲気の中で歌舞伎は常に風俗問題の対象として干渉され続けたが、それは体制に従属させられることに他ならなかったのである。一九〇八年（明治41年）『お染久松』上演をめぐって小松原文部大臣の禁止令がだされたのはその延長上にあったと考えていいのではないだろうか。歌舞伎のもつ「かぶき性」「バロック性」の「不健全」さだけが強調され、風紀を弛うするものとされたのである。

歌舞伎が高い評価を受けるようなるのは近代にはいってからであるが、こうした演劇文化観が払拭されるまでにはまだまだ時間が必要だった。

土方与志『なすの夜ばなし』の中に次のような記述がある。

私は、この劇団の将来の発展のために、広く女優を募集すべきだと主張した。劇団員の中には、世間の思惑を考えて躊躇するものもあったが、遂に新聞紙に「友達座女優募集」の広告を出すに至った。この事が、私にとっては意想外な反響をもたらした。先ず、新聞の社会面での攻撃と、宮内省の干渉となって現われた。或る新聞紙は、この事を遊蕩に飽きた華族の無垢な素人娘を誘拐する手段であると報じた。宮内省当局は私を始め、劇団内の華族分子を召還した。宗秩寮総裁入江某は、女優募集によって、先ず華族の体面を汚した事を詰《なじ》り、即時に劇団を解体し、演劇の如き野卑なる事にたずさわる事を禁ずる旨を言い渡した。（土方与志『なすの夜ばなし』／影書房）

『なすの夜ばなし』には次のような記述もある。

電気掛の篠原君と並んで、客席二階の後方からガンドウで舞台を照らしている時、悪戯好きの篠原君が急に機敏に光線を廻すと、狼狽して、膝から芸者を下ろす紳士がいたりする。そういう時、私は日本の芝居がまだ、有閑階級の玩弄物であり、劇場は遊興場でしかない事を嘆じずにはいられなかった。

これは次にのべる労働劇団やプロレタリア演劇などが起こりつつあった頃のいわゆる商業演劇の様子である。まだまだ演劇は一時のなぐさみものでしかなかったのである。演劇が教育の場にふさわしくないとするのは、役者を賤民視したり、演劇そのものを野卑なることとした演劇観が底流のあったのだと思えて仕方がない。

3　社会主義思想とプロレタリア演劇

一九〇六年（明治39年）の文部省訓令は「憂慮すべき事態をもたらしたものとして軽薄の風潮、詭激な言論、厭世の思想、陋劣の事態を挙げた」が、「政府が最も恐れていたのは社会主義だった。」ということは先に述べた。その時期における社会主義運動とプロレタリア演劇について考えてみたい。

「日比谷焼打ち事件」の翌一九〇六年（明治三九）は、一月の青森県大湊海軍修理工場と、二月の東京石川島造船所のストライキであけた。このストライキは、いずれも警察の介入や闘争資金の不足のために敗北し

たが、労働運動復活のあいずとなった。（『日本歴史』中／新日本新書／新日本出版社／一九六七年）

こうした労働運動の高まりを背景に堺利彦・西川光二郎らによって日本社会党が結成される。一九〇六年三月の東京市電運賃値上げ反対のたたかいはその社会党の主導によって進められ、市電運賃の値上げはおさえられた。日本における社会主義者の初めての勝利だったという。さらにそれは労働運動の高揚にもつながる。

一九〇七年（明治40年）、足尾銅山の坑夫による待遇改善を要求する事件が起きる。会社は指導者らを逮捕するが、そのことに「いきどおった坑夫たち三六〇〇は蜂起して、電話線を切り、事務所を焼き、坑内電車をおそい、ダイナマイトで石油庫と火薬庫をふきとばした。三日後、政府は高崎の連隊から三個中隊もの軍隊をおくり、足尾全山に戒厳令をしき、三〇〇余人を逮捕した。労働争議に軍隊が出動したのは、これがはじめてであった。」（同上『日本歴史』中）という。

一九〇七年にはこの足尾争議がきっかけとなり、全国で労働争議が起き、その争議件数は五十七件にも及んだ。労働争議の高まりは農村にも広がり、小作料引き下げ要求の小作争議が各地に起こるような状況につながっていったのである。

労働運動の高まりとともに伸長しつつあった社会主義運動に対する日本政府のとった方針は厳しい取り締まりと弾圧であった。「治安警察法」は一九〇〇年（明治33年）、すでに公布されていた。

一九〇八年六月二十二日、東京・神田の錦輝館で「山口義三君出獄歓迎会」が開かれた。山口は『平民新聞』に「父母を蹴れ」という政府からみると親孝行を否定する不穏当な論文を書いて仙台刑務所に入獄していたのである。その歓迎会には六十人余の社会主義者が参加した。たいした問題もなく午後六時に平穏に閉会をむかえたが、閉会と同時に会場の一隅から突然革命歌がおこり、「無政府」「無政府共産」「革命」と書いた三本の赤旗がのぼった。とりしまりにあたっていた警察官はただちに「旗をまけ」と注意した。しかし、社会主義者たちはこれに応ぜず、大乱闘となった。この事件で、大杉栄・荒畑寒村・堺利彦・山川均ら十二人に二年半から一年の懲役または重禁錮刑がいいわたされた。これが赤旗事件である。（『日本の歴史5』ほるぷ出版／一九七八年）

社会主義撲滅を旗じるしにした桂内閣は、社会主義者の徹底的弾圧にのりだした。社会主義者の新聞は発行禁止にし、社会主義者を尾行させ、出入りの商人にまで警官をつけた。桂はさらに、全国の新聞をつうじて、社会主義を攻撃させ、国民に社会主義への恐怖心をうえつけさせた。（『日本歴史』中／新日本新書）

さらに弾圧の機会をねらっていた政府は天皇暗殺を企てたとして一斉に社会主義者を逮捕しはじめ全国で数百人を検挙した（一九一〇年）。そして幸徳秋水が首謀者となって天皇暗殺を企てたというでっち上げによって二十六人が起訴された。罪名は大逆罪であった。この大逆事件で二十四人に死刑の判決が下った。うち十二人は無期懲役に減刑されたが、幸徳秋水や菅野スガら十二人は一九一一年死刑が執行された。判決翌日の石川啄木の日記には次のように記されている。

「……枕の上で国民新聞を読んでいたら俄かに涙が出た。『畜生！駄目だ！』そういう言葉も我知らず出た。」

警視庁のなかに社会主義と労働運動を弾圧することを専門とする特別高等警察（特高）が設けられたのは一九一一年（明治44年）五月のことであった。一九一〇年、日本政府は日韓併合条約を調印させる。いわゆる韓国併合である。

「「韓国併合」と「大逆事件」は、明治維新いらい日本の支配階級があゆみつづけてきた侵略と抑圧の道の総決算であった。」（『日本歴史』中／新日本新書）のである。この後、社会主義運動は閉塞状態に陥り、冬の時代を送ることになる。その「「冬の時代」をけやぶったのは労働者階級の団結の力であった。一九一二年の労働争議は四十九件という一九〇七年につぐ高揚をみせた。」（『日本歴史』中）という。そして一九一二年、明治天皇の死により年号は明治から大正に変わった。『日本演劇教育史』（冨田博之）に次のような対話劇が紹介されている。一九一二年（大正1）九月五日発行の『少年世界』臨時増刊「大正一年」に発表されたものだとある。

大正元年八月十日の朝のことだ、森田繁はお座敷を掃きながら、

繁『コレカラダ、コレカラダ、だんだんと僕の時代に近づいて来るぞ、慶応が明治になったやうに、明治が大正になった。僕だって何時までも子供ぢゃない。今に見ろ、皆な喫驚《びっくり》さしてやる。』

独語《ひとりごと》を云ってる処へ、今朝新橋のステーションへ着く御輀車《ごじしゃ》の曳牛を見に行った弟の広が帰って来て、

広『兄ちゃん何云ってるの？　何を喫驚《びっくり》さしてやるの？』

聞くけれども繁の耳には聞えない。

小学校上級くらいの兄と、中級くらいと思われる弟の二人の少年の対話劇。兄の繁がひとりごとをいっている。

「僕は資格があるんだもの、第一西園寺総理大臣だって二十二日生まれだ。二十二日生れのものが大臣になれないって法は無い。」

時の総理大臣の西園寺公望や、山県有朋とか牧野伸顕などの明治の二十二日生れの人物がいることをいい、同じ二十二日生れの繁が、「だから兄ちゃんなんては、大きくなると宮中からお迎ひが来る、左様《さう》すると兄ちゃんは大臣にならなければならないんだ。其の時は広、お前を何にしてやらう。望み次第何にでもしてやる」と、いばっていうと、弟は汽車の車掌になりたいなどという。

繁『明治の御代に大臣にならうと思へば明治の前に生れなければならない、僕達は明治生れだから大正の御代には屹度《きっと》大臣になれるんだ、其の資格があるんだ、コレカラダ、コレカラダ。』

広、釣り込まれて、

広『コレカラダ、コレカラダ、僕は車掌になるんだ、兄ちゃんお菓子を貰ったら半分上げようね。』

子どもが夢を語る喜劇だが、新しい時代への期待を語っているのは日露戦争後の講和条約反対運動のあたりからの大正デモクラシーがその芽を吹き出し始めていたのである。

一九一七年（大正6年）のロシア革命によるソビエト政権の成立もまた日本の労働者階級に希望を与えるものだった。「大正デモクラシー」（成田龍一『シリーズ日本近現代史④』／岩波新書）に次のような感想文が紹介されている。

私は今まで口癖のように子供等にこう言ってきかせていた。お前等は俺のような貧乏職工の家に生まれたのが取り返しのつかぬ不運だと断念《あきらめ》てくれ。お前達は一生俺のような貧乏で無学な者として暮さねばならぬ。〔ところが、ロシア革命が起こったので〕私は躍り上がった。そして家に駆けこんで子供等（ママ）を抱きしめてこう叫んだ。「オイ小僧供、心配するな、お前達でも天下は取れるんだ！　総理大臣にもなれるのだ！」謂《い》わば露西亜の革命は吾々に生きる希望を与えてくれたのだ。　仙台　原田忠一

一九一二年（明治45年）帝国大学出身の鈴木文治は労働者十四人と「友愛会」という労働組合をつくった。この感想文はその友愛会の機関誌『産業及労働』が「ロシア革命についての感想」を募集した際、二等賞を取った作品であるという。先の対話劇で「コレカラダ、コレカラダ」と言って大臣になることを夢みる少年のたわいなさとは比ぶべくもないが、ロシア革命を日本の革命の問題としてとらえられている労働者の希望と重なってくるのは大正という時代の潮流なのだろうか。この感想文を書いた原田忠一というのは友愛会で活躍していた平沢計七が変名で応募したものだったという。平沢計七は後で触れる「労働劇団」の組織者でもあった。

ロシア革命の起きた一九一七年、労働争議は三百九十八件にも及び、小作争議も八十五件を数えたという。一九一八年、富山県から起こった米騒動はその後全国的に広がり、ほとんどの都市に及んだ。社会主義運動もその影響を強めていた。一九一九年（大正8年）、河上肇が雑誌『社会問題研究』を発刊、堺利彦・山川均らは『社会主義研究』を発行した。一九二〇年（大正9年）十二月に堺利彦・山川均らに大杉栄なども加わり、「日本社会主義同盟」が結成された。社会主義同盟は政党ではなく思想的にも統一されていなかったが、「先進的な労働者はその成立をよろこびむかえて参加した。……社会主義同盟の内部では、無政府主義者と共産主義者の対立がはげしかった。同盟は一九二一年五月に第二回大会をひらいたが、同盟の発展をおそれた原内閣は、幹部を検束し、五月二十八日に結社を禁止した。階級意識を持った労働者は、思想的統一がない、たんなる連合体としての無党社会主義のよわさを知り、力づよい指導的な中心――前衛党――を求めるようになった。」（『日本歴史』中／新日本新書）のである。労働者階級の前衛組織として日本共産党が創立したのは一九二二年のことであった。

こうした状況を背景にプロレタリア文化運動が胎動し始めていた。一九二一年（大正10年）創刊した『種蒔く人』が「わが国社会主義文学運動の最初であったが、これはまたプロレタリア演劇の種蒔きともなったのである。」と『日本新劇史』下巻（秋庭太郎／理想社／一九五六年）にはある。「この時代『種蒔き社』の同人の手によって、また同人との密接な関係に於いて、三つの『演劇的な』行動が行われた。」と佐々木孝丸は述べている。

その一。一九二二年（大正十一年）の春、「種蒔き社」主催の大文藝講演會を神田の青年會館でもよおすことになり、それとあわせて、同人總出の芝居をやろうということになり、ロマン・ロランの革命劇シリーズの中から「ダントン」の革命裁判の場が選ばれた。（略）猛烈な稽古をやったが、当日になって上演禁止になった。

その二。同じ年の夏、第一次「種蒔く人」の縁故から、秋田市と土崎とで文藝大講演會を開くことになり、あわせて、やはり芝居をもって行くことになった。この「文藝講演と演劇の夕べ」は「ロシア飢饉救援資金募集」を目的とするものだった。（略）出し物は武者小路實篤の「ある日の一休」が選ばれた。そしてこれは、前の「ダントン」とはちがって、無事に上演出來、講演と共に、ロシア飢饉救援のための資金募集手段としては非常な成功であった。（略）

その三。翌一九二三年（大正十二年）六月、「種蒔き社」主催で、「三人の會」というのが催うされた。それは、その當時、社會主義的な傾向をもっていた三人の作家——中村吉藏、小川未明、秋田雨雀、の労をねぎらうために催うされたもので、當時のいわゆるプロ派を総動員して、ブルジョア文壇に對する一大デモンストレーションを行おうという意圖を秘めたものであり、祝賀會には、二百名以上の参會者があった。その席上、「先駆座」員の手によって、秋田雨雀の「国境の夜」、中村吉蔵の「税」及び小川未明の童話が朗讀され、「種蒔き社」同人の中からは、佐々木が出演した。（『新劇の四十年』）

『種蒔く人』は一九二三年（大正12年）の関東大震災の時まで続けられている。

一九二〇年（大正9年）日本最初のメーデーが行われた年、神戸川崎造船所の労働者中心になってわが国最初の労働劇団「日本労働劇団」が生まれた。賀川豊彦がかかわっていたこの劇団は神戸での最初の公演に成功、労働者の支持を得たが、新派役者の真似等をして旅興行などに陥り労働者から離れたためにほどなく消え去っている。

平沢計七が東京江東地区で労働劇団を組織したのは一九二一年（大正10年）である。この労働劇団について土方与志は次のように述べている。

春に近い或る夕、小山内先生が「今日は皆に面白いものを見せてやる」と言われて、村田、根津其他の諸君や私を、深川の場末の小劇場に連れて行かれた。計らずも、私にとって、此の夜は晴天のへきれきともいうべき、驚嘆と感激の一夜であった。此の地域を根城として、平沢計七の主宰する「労働劇団」が活動していた。劇団は地方廻りの俳優をもって組織され、観客は、此の方面の勤労者やその家族達だ。戯曲は、労働階級の生活に則したもの、その生活に於ける問題を取り扱ったもので、舞台と客席との間には溌剌とした交流が行われ、悲しみ、喜び、怒りが波打っていた。私の永く演劇に求めていたもの、劇場に見たいと思っていたものに行き当たった喜びを深く味わった。

一緒に行ったすべては興奮した。小山内先生も、上機嫌であり、誇りやかであった。何故なら、この労働運動家の平沢計七氏は、前からの先生の戯曲作法上の弟子でもあったからだ。先生の第一回の外遊の折、名古屋を通過される時に、忙しい運動の暇に別れの言葉をわざわざ言いに来た事もあったなどと語られた。惜しい哉、翌年九月、関東大震災に際して、平沢氏が深川に於いて白色テロルのために虐殺された事を、この稿を読んで想起される人は少くないと信じる。平沢計七氏が、労働者階級の戦士であったと同時に、日本の民衆のための演劇創造の道に於ける先達であった事を、私は改めてここにつたえたい。（土方与志『なすの夜ばなし』）

文中にあるように平沢は関東大震災の際の亀戸事件の犠牲者となった。『日本新劇史』（秋庭太郎）には次のように記してある。

関東大震災直後の九月三日の夜、「附近住民を煽動し、留置所で騒擾を誘発」（警視庁発表）したといふ理由に依り、純労働組合の平澤は他の八名の南葛飾労働組合の若き労働者とゝもに、戒嚴中の習志野騎兵隊のために亀戸署に於いて刺殺された。時に平澤は三十五歳であった。記事解禁と同時に、平澤の最後の有様を報知新聞は「殺される刹那、労働者萬歳と叫び、縦容死についた平澤」といふ大見出しで次の如く報じた。

「平澤計七は九月三日夜八時半から九時の間自警團の夜警の合間に自宅に歸り上衣を脱いで寝やうとする處へ龜戸署の刑事數名が乘込み直ちに同署に引致された。同署には習志野騎兵隊の數名がまち構へ居り一同を整列せしめ一齊に銃口を前記九名の胸元に向け、直ちに銃殺せんとしたが、警察側から「銃殺は音が立って困るから劍で刺殺して貰ひたい」と申出た。そこで騎兵隊はまたゝく間に九人を刺殺して了つた。この時平澤は「まって呉れい」と悲痛な一語を發し、最後に「労働者万歳」と叫んで斃れたが、他の者は一言も發せず刺殺された。死骸はその夜亀戸附近の空地に於いて他の數十名の〇〇死骸と共に焼き棄てられたが、検事局の活動となり燒跡の寫眞までとってあり動かす事の出来ない證據となって居る。」(大正12年10月11日附、三面トップ記事)

労働劇團の運動は、その主宰者平澤が大正十二年九月の關東大震災直後の恐怖と戦慄のどさくさ紛れに刺殺されたことにより消滅したが、若し彼が存命してゐたなら壮年ではあり、労働者による労働劇運動も更に活発化したことであらう。彼をして昭和初期のプロレタリア演劇全盛期まで在らしめたならば、必ずやみるべき足跡を残したであろう。……平澤はわが國プロレタリア演劇の先駆的運動家として忘れ得ぬ人であった。

と『日本新劇史』は述べている。こうした労働者による演劇運動に対し、進歩的な演劇人による演劇運動はどのように進んでいたのだろうか。

一九二二年（大正11年）先駆座の試演会が行われた。同人に名を連ねているのは、秋田雨雀、佐々木孝丸、川添利基、佐藤青夜、小林生象、河原侃二、高橋季暉、柳瀬正夢などである。先駆座の初めは秋田雨雀を中心とした朗読会であった。その朗読会は最初「土の会」といった。そのうち朗読だけでは物足りなくなり、試演会を催すことになった。試演は新宿中村屋の相馬黒光が主人を説き落とし、当時手に入れたばかりの麹町平河町の住居を利用し、土蔵を改造した舞台で行われた。土蔵を改造したものだったので土蔵劇場と名づけられたのだという。土の会は先駆座として名乗りをあげることになったのである。土蔵劇場は関東大震災のため使用できなくなったが、先駆座は会場を変え、第三回まで公演を行った。その後、同人の間に意見の対立があり、解散同様の状況になった。この先駆座について茨木憲は「プロレタリア演劇の

前史的役割を果たしたといってよいだろう。」と言っている。（茨木憲『日本新劇小史』／未来社／一九六六年）

一九二五年（大正14年）「十二月六日に『文藝戰線』『戰闘文藝』『文藝市場』『解放』等に所屬するアナキスト、マルキシスト混合の人々の他に廣義のプロ文藝の作家、詩人、評論家の殆どすべてを網羅した八十有餘名によってわが國最初の組織的な無産階級の文化文藝聯盟（略稱プロ聯）が成立」（『日本新劇史』）した。そのプロ連の演劇部員は旧先駆座の同人たちだった。その「プロ連演劇部」は「トランク一つをもって、軽便に敏速に、いつ何時でも、どんなところへでも出掛けて行くという意味から」（佐々木孝丸『新劇の四十年』）トランク劇場と名づけられた。トランク劇場最初の出動は共同印刷争議の現場であった。「何から何までお粗末千萬な、間に合わせのやり方ではあったが、芝居は、舞台と客席が一つに溶け合って、異常な興奮状態を示し、予想外の成功であった。そしてこの『出動』が我が国に於ける移動演劇の口火になったばかりでなく、實に、日本プロレタリア演劇運動の第一歩だったのである。」と『新劇の四十年』には記してある。

そのトランク劇場が、秋、芝の協調会館（今の中労委会館）での公演準備中、「青野季吉が『トランク劇場のような移動劇団も結構だがそれと平行して、ブルジョア劇団に堂々と正面から立ち向かう、本格的なプロレタリア劇団をつくってはどうか』と言い出し、その命名で「前衛座」ができることになる。」（『日本新劇小史』）その前衛座の第一回公演の直前、プロ連は日本プロレタリア芸術連盟（略称・プロ芸）に改組される。

こうしてプロレタリア文化運動は一応体制を整えたのだが、それ以後は分裂による離合集散の歴史であった。その分裂騒ぎの複雑な組織の実態について『新劇の四十年』の中で佐々木孝丸は次のように記している。

A　プロレタリア芸術運動の全国的な組織として「プロ芸」がある。「プロ芸」には文学・美術・演劇・音楽の各部があり、演劇の専門部は別名「トランク劇場」として活躍しているが、文学部は自己所属の発表機関をもっていない。しかるに、

B　「種蒔く人」以来の伝統をもつ「文芸戦線」が、日本中で最有力な、殆ど唯一のプロレタリア文芸雑誌と

して発行されている。しかもこの雑誌は同人組織であり、同人は全部「プロ芸」の成員であるが、「プロ芸」の文学部員が全部「文戦」同人というわけではなく、雑誌社は「プロ芸」とは別な独立した団体である。C　専門劇団として「前衛座」がある。これまた同人組織であり、同人は全部「プロ芸」の成員であり、大部分の者は「文戦」の同人でもある。佐野、久板、千田、小野、佐藤、仲島、佐々木達は「プロ芸」演劇部員の資格に於いて、当然「トランク劇場」の成員でもあるが、「トランク劇場」のメンバー全部が「前衛座」の座員というわけではない。
という、複雑な状態になっていたのだ。（『新劇の四十年』）

「プロ芸」はその後「労農芸術家連盟」（労芸）と「プロレタリア劇場」となり、さらに労芸は分裂、改組して「前衛劇場」となる。一九二八年（昭和3年）三月十五日のいわゆる3・15事件によって陣営の隊列を整理する必要に迫られた文化運動は「全日本無産者芸術連盟」（ナップ）が結成され、「プロレタリア劇場」と「前衛劇場」も合同して「左翼劇場」となった。

一九二八年（昭和3年）十二月、全国的に地域別組織をとっていた全日本無産者芸術連盟（ナップ）は、文学、演劇、美術、音楽、映画の各専門別に独自の全国組織に改められ、それを統一するものとして全日本無産者団体協議会（略称は同じナップ）が再組織された。演劇部を全国的に統一する組織として日本プロレタリア劇場同盟（プロット）が結成される。左翼劇場はそのプロットの中核に位置していた。左翼劇場は一九二九年（昭和4年）村山知義の『暴力団記』を上演する。『日本新劇小史』は次のように述べている。

翌二九年（昭和4年）六月、村山知義「暴力団記」（「全線」と改題上演）で、左翼劇場は大きな成功を収める。蔵原惟人が、当時、「日本プロレタリア戯曲の最高」と激賞した作品で、佐野碩の演出であった。『暴力団記』の成功で、左翼劇場は確固たる地歩を占めることになった。同時にプロットの、新劇界に占める位置も強固なものとなった。

一九二四年（大正13年）、演劇の実験室を標榜して新劇の出発点になった築地小劇場も、一九二八年、小山内薫が没すると、分裂して新築地劇団と劇団築地小劇場になる。劇団築地小劇場はその後解散するが、新築地劇団はプロットに加盟し、「しばしば左翼劇場と合同公演を行いプロットの強力な一翼として活動を続けた」（『日本新劇小史』）という。一九三一年（昭和6年）にナップは日本プロレタリア文化連盟（コップ）に組織替えされている。

プロットは「演劇運動のボルシェヴィキ化」を掲げ、「プロレタリア演劇運動の弁証法的唯物論的確立へ」をスローガンとした。

コップの成立した一九三一年、関東軍の計画による奉天郊外の柳条湖での満鉄爆破事件はその後の十五年戦争の発端であった。侵略の拡大とともに加えられたのがマルクス主義から自由主義思想にまで及ぶ思想弾圧であった。一九三二年の三月から四月にかけてプロレタリア文化運動に対する弾圧が加えられ、多くが治安維持法によって起訴された。コップの関係者も次々に検挙された。

内務省警保局編の『社会運動の状況』は昭和四年版で次のような総括をおこなっている。

「時節柄一般社会ニプロレタリア芸術ヲ歓迎スルノ風潮アリ、就中「文学」及「演劇」ニ於テ其ノ傾向著シク、今ヤ「プロレタリア文学」ハ出版界ニ於テ確乎タル勢力ヲ有スルニ至レル観アルト共ニ、プロレタリア演劇ハ築地小劇場ヲ出デ、帝国劇場及本郷座等帝都一流ノ大劇場ニ進出シツツアルノ状況ニシテ之ガ取締ハ極メテ慎重周到ナルヲ要スル実情ニ在ルモノトス　且現在ニ於ケル「全日本無産者芸術団体協議会」並同系諸団体ト労農同盟、反帝国主義民族独立支持同盟日本支部、解放運動犠牲者救援会等極左系団体トノ関係ハ著シク濃厚ナルモノアリ、今ヤ極左プロレタリア芸術団体ハ我国極左運動ノ一城塁ヲ為シツツアルノ観アリテ之ガ取締ニ関シテハ益々周密ナル注意ヲ要スル所ナリトス」（菅井幸雄『演劇の伝統と現代』／未来社／一九六九年）

地下に潜行していた小林多喜二が築地警察署で拷問によって虐殺されたのは一九三三年二月二十日のことだった。国家権力による弾圧の中での演劇活動は、

脚本検閲の強化、劇団員の検挙、観客への弾圧などによって、演劇活動ぜんたいに強い圧迫が加えられてきた。それに対して、「逆襲」と称して、大急ぎで仕込んだ芝居の幕をあけることもあったが、それが十分な舞台成果をおさめ得ないのは、やむを得ないことであった。劇団の幹部も次々に検挙されて、より若い人たちが中心とならねばならなくなり、そういう点からも舞台の成果は低いものとならざるを得なかった。（『日本新劇小史』）

という状況だった。一九三四年（昭和9年）プロットは解散声明を出し、一九二八年（昭和3年）十二月の結成以来プロットは五年半余でその活動の幕を下ろしたのである。しかし、この時期は、新劇といえばプロレタリア演劇が主流だといわれる時期だったのである。

この時期の文化運動ぜんたいがそうであったように、プロレタリア演劇運動は過重な政治的課題をじかに背負わなければならず、一口に「政治主義的偏向」といわれるような誤りをおかしたことは事実であったが、日本の新劇が、誰のためにどのような演劇行動をなすべきか、について、はっきり立ち向かうことになった時期であった。そこをくぐりぬけることによってはじめて、日本の新劇は「現代」の課題と真向かうことになったのだと思う。

と茨木憲は述べている。現代への課題、その一つはリアリズム演劇の確立であろう。『日本新劇小史』は次のように記している。

プロット時代の創作スローガンは、プロレタリア・リアリズム（一九二九年）、唯物弁証法的創作方法（一九三一年）というふうに掲げられ、さらに唯物弁証法的創作方法のレーニン的段階の確立（一九三二年）というように言われたりした。それはソヴェトの芸術運動理論の直輸入であり、また政治的課題への機械的従属からもたらされた。それらが、ソヴェトに於いても「ラップ的傾向」として正され、そのアンチ・テーゼとして社会主義リアリズムが提唱された。（一九三四年、第一回ソヴェト作家同盟大会）。

以後、その提唱をめぐってリアリズム論争が活発化するが、十分に深められることはなかった。しかし、実際の舞台では一定の成果が生まれていた。

一九三四年（昭和9年）村山知義の提唱によって新協劇団が結成された。村山の提唱をめぐっては新築地劇団内で賛成、反対の意見が対立し、その結果脱退者を出すことになったが、劇団活動はそのまま続けることになった。新協劇団は「舞台上のリアリズムを実現するための演技方法の獲得が課題になっていった。」と『日本新劇小史』は述べている。

一九三八年（昭和13年）久保栄の『火山灰地』が発表される。

戦前リアリズムのピークといわれるこの作品は、新協劇団発足以来の活動の堆積の上にもたらされたものであったといえよう。プロレタリア演劇運動からの転回後の、一歩も二歩も退いた地点で、しかし「良心の灯」をまもろうとする姿勢が、観客席との強い連帯感に支えられて、この上演を成功させた。

新築地では「土」（岡倉士郎演出／三七年）、「綴方教室」（岡倉士郎演出／三八年）などによって舞台上にリアリスティックな人間造形を果たすための追求が執拗なまでに行われた。岡倉士朗はその頃のことを「リアリズムと云うより自然主義を通過しなければ前へ進めない様にさえ思えた。その先に、リアリズムを打ちたてることができると考えていた。（「文学」一九五五年二月号）」と書いている。（『日本新劇小史』）

しかし、そのリアリズムさえ、

「リアリズムには、現実をありのままに見て、しかもその現実の背後の真実を見通す眼が要求される。ところが、準戦時体制から戦時体制への強行がおし進められていった時代に、そういう〝現実をありのままに〟見るものがあることは、たとえそれが芸術上のことであろうと、支配階級には都合が悪かったわけである。」
（『日本新劇小史』）

という状況下におかれたのである。リアリズム演劇の確立、それは戦後をまたなければならなかった。教育の場に演劇をという時、演劇史に登場するこうしたプロレタリア演劇やリアリズム演劇の思潮が、ある枷になっているのではないだろうか。

演劇が教育の場に位置づかないのは明確な指導理論をもたないことにあるのかもしれない。しかし、根本的には演劇の教育性が正当に評価されてこなかったことにあったのだ。そのことを明らかにするために演劇のはたらきやその本質を明らかにする仕事はさらに深められなければならないのだと思う。

二　演劇教育の位置づけ

戦後、学校劇が復活し、全国的に普及する中、演劇教育はどのように位置づけられてきたのだろうか。学校劇のカリキュラム化が叫ばれる中で次のような主張が生まれた。

學校劇が一教科として教育の體系の中に今こそ正式に、とりあげられなければならない。藝能会の單なる一珍客であってはならないのだ。學校劇は、その名の示すように、學校という教育の組織と、機構の中でおこなわれる體系化され、組織化される教育の一教科であらねばならぬ。音樂や美術などと同等な藝術教育でなくてはならないものである。（斎田喬・内山嘉吉『学校劇の指導』／西荻書店／一九四九年）

演劇教育を教科として位置づけようというのである。こうした主張に対して冨田博之は次のように言う。

演劇教育は、その特殊な性格から、すべての子どもたちが必修する独立した一教科として、学校教育のなかに位置づけられる必要はないが、子どもたちの教育全体のなかでは、どんな教科にもおとらぬ重要な役割をもっていると考えるのである。（『演劇教育』／国土社）

それはなぜなのかについて次のように考えるという。（一部抜粋）

演劇を独立の教科として、演劇教育を系統的に子どもたちにほどこしていく場合を、かりに考えてみるならば、それは、全教科を二重のかたちで教えていくということに、なりかねないとも考えられる。そこで、すくなくとも、普通教育においては、演劇教育を、基礎教科としてあつかう必要はなく、子どもの心身の発達に即して、さまざまな教科のなかで、あるいは、教科外の時間に、教育全体がめざしている方向に、子どもたちを刺激し、むしろ、教育全体が、それをきっかけとして、更新するという性格をもつものとして位置づけていった方がよいと思われる。（略）

演劇教育は、演劇の構造がそうであるように、たいへん複雑な構造をもち、さまざまな機能をもっている。幼い子どものごっこや、劇あそびのようなものも、ひろい意味では、演劇教育の一つの段階とみてよいだろう。それらは、かならずしも、演劇という独立した教科を必要とはしない。それは、教育全体のなかで、ど

んな教科のなかでも、すべての子どもたちに必要な活動であろう。（略）
舞台での、まとまった劇の上演とか脚本の創作などという活動は、一週間に一時間とか二時間とかいうふうに、五十人なら五十人の子どもたちを、教室という、かぎられた環境のなかで教育していくという現在の学校教育のなかでは、基礎的・体系的に指導していくものとはなりにくい性格をもっているのではないか。（略）
日本人全体が、ながいあいだの歴史的・社会的な条件のなかで、さまざまな抑圧をうけ、のびのびとした、人間としての有機性をもたず、こころとからだが、ほんとうに解放されているとはいえない。またことばの面からいっても、日本人は相手に誠実に語ろうとする誠意があっても、それを、客観的に、わかるように相手につたえることができない。そのような日本人の心身を、すこしでも、そうでないものに変革していくためには、演劇教育が何よりも大きな役割をはたすものといわなければならない。（略）
幼稚園や小学校の低学年の子どもたちにとっては、あそびや、ごっこの発展としての劇あそびは、学習生活の大きな部分をしめる。劇あそびの延長または発展としての、学習や生活指導における演劇的方法は、低学年の子どもたちばかりではなく、もっと大きな子どもたちにとっても、必要なものであり、重要な意義をもつ。国語教育や社会科教育における演劇的方法だけではなく、それは、その他の教科や、学校生活全体においても、大きな役割をもっている。演劇教育はたんに一つの教科というよりも、すべての教科、すべての教育をおしすすめていくための、一つの方法としての意義が大きいのである。そういう点から一つの教科として独立させるよりも、教育全体のなかで、それを生かし、指導していけばよいと考えるのである。（『演劇教育』）

演劇は教科として位置づけるのではなく、教育全体のなかで生かしていくべきだというのが冨田の主張であった。それはたしかに理のある考えであり、そのような方向で実践も積み重ねられてきた。しかし、冨田の言うような方向に実践や研究を進めるにははなはだ困難な方向に状況は進んでいた。それは一九五八年（昭和33年）の学習指導要領改訂から始まった。この時、指導要領の改訂に先立ち「学校教育法施行規則」の一部が「改正」され、学習指導要領は教育課程の基準として文部大臣が公示するものであるとされたのである。それまで「試案」「手引」とされていた学習指導要領が官報に告示され法的拘束力を強めるものとなったのである。演劇教育そのものがやりにくくなっていったのはこの学習指導要領の改訂と無関係ではない。

当初、小学校における劇教材は国語科のなかで、特に話しかた教材として取り上げられ、国語教科書には戯曲教材がかならず掲載されていた。その時間は演劇学習の時間として位置づけられ、学芸会の劇づくりなどに発展させる活動が続いた。

一九四七年最初の学習指導要領が刊行されたとき、この中に自由研究という時間が設けられたが、それについて指導要領には次のように記してある。

　教科の学習は、いずれも児童の自発的な活動を誘って、これによって学習がすすめられるようにして行くことを求めている。そういう場合に、児童の個性によっては、その活動が次の活動を生んで、一定の学習時間では、その活動の要求を満足させることができないようになる場合が出て来るだろう。たとえば、音楽で器楽を学んだ児童が、もっと器楽を深くやってみたいと要求することが起るのがそれである。こういう時には、もちろん、児童は家庭に帰ってその活動を営むことにもなろうし、また、学校で放課後にその活動を営むことにもなろう。しかし、そのような場合に、児童がひとりでその活動によって学んで行くことが、なんのさしさわりがないばかりか、その方が学習のすすめられるのにも適当だということもあろうが、時としては、活動の誘導、すなわち指導が必要な場合もあろう。このような場合に、何かの時間をおいて、児童の活動をのばし、学習を深く進めることが望ましいのである。ここに、自由研究の時間のおかれる理由がある。

さらに次のようにも述べている。

　たとえば、学芸会、全校運動会、農繁期の手伝いといったことの教育的価値を認めるならば、そのために、十分の時間をとっておくようにしなくてはならないし、理科の指導は、自然の活動の盛んな時に、多くの時間をあてるように計画することもたいせつであってそういった工夫の加わった計画があって、はじめて指導は効果をあげることができる。

自由研究の時間は四年生から六年生まで年間七十時間から百四十時間、週あたり二時間から四時間の時間が当てられていた。学芸会の時期になるとその時間を使って劇指導に当てられていたのはごく自然のことであった。

しかし、今になって考えれば、この時、自由研究の時間の中で劇づくりだけでなく、多様な演劇活動に取り組んでいたら演劇教育はもっと違った展開をしていたかもしれないと思う。しかし、演劇教育がそのような多様な活動のできる状況を創り出すためにはもう少し時間が必要だった。

自由研究の時間は次の一九五一年版の指導要領改訂でなくなり、教科外活動として位置づけられることになる。この時、自由研究に代わって、新たに教科以外の活動を設けたことについて指導要領は次のように述べている。

ここに示唆された「教科とその時間配当表」には従来あった自由研究がなくなっている。昭和22年度に発表された学習指導要領一般編には、自由研究の時間の用い方として(1)個人の興味と能力に応じた教科の発展としての自由な学習、(2)クラブ組織による活動、(3)当番の仕事や、学級要員としての仕事をあげている。これらの活動は、すべて教育的に価値あるものであり、今後も続けられるべきであろうが、そのうち、自由研究として強調された個人の興味と能力に応じた自由な学習は、各教科の学習指導法の進歩とともにかなりにまで各教科の学習の時間にその目的を果たすことができるようになったし、またそのようにすることが教育的に健全な考え方であるといえる。そうだとすれば、このために特別な時間を設ける必要はなくなる。

他方、特別な教科の学習と関係なく、現に学校が実施しており、また実施すべきであると思われる教育活動としては、児童全体の集会、児童の種々な委員会・遠足・学芸会・展覧会・音楽会・自由な読書・いろいろなクラブ活動等がある。これらは教育的に価値があり、こどもの社会的、情緒的、知的、身体的発達に寄与するものであるから、教育課程のうちに正当な位置をもつべきである。実際、教科の学習だけではじゅうぶん達せられない教育目標が、これらの活動によって満足に到達されるのである。

このように考えてくると、自由研究というよりも、むしろ教科以外の教育的に有効な活動として、これらの活動を包括するほうが適当である。そこで自由研究という名まえのもとに実施していた、いくつかの活動と、さらに広く学校の指導のもとに行われる諸活動を合わせて、教科以外の活動の時間を設けたのである。

(「学習指導要領　一般編　昭和26年試案」)

さらに次のようにも述べている。

教育の一般目標のすべてを教科の学習だけでじゅうぶんに到達することは困難である。それゆえ、学校は教科の学習以外に、小学校においてはクラブ活動や児童会などの時間を設け、中等学校においては特別教育活動の時間を設け、児童・生徒に、個人的、社会的さまざまな経験を豊かにする機会を提供する必要がある。これらの活動は、余暇利用についての目標、集団行動についての目標、その他身体的、社会的、情緒的発達に関しての目標の到達に大いに貢献するであろう。民主教育の目標は、こうした教科以外の活動によって到達される部面がきわめて大きいのである。(同上)

そして次のようにも記している。

教科以外の活動としては、どのようなものを選び、どのくらいの時間をそれにあてるかは、学校長や教師や児童がその必要に応じて定めるべきことである。

一九四七年版から一九五一年版への改訂のなかで自由研究はクラブ活動へと変わり、教科外教育の必要性をあげた。しかし、その教科外活動は教育活動の中で効果的に機能したのだろうか。

第12回全国演劇教育研究集会（一九六〇年）における記念講演で宮坂哲文は「教科外活動の重要性」と題し、次のように述べた。

昭和二十二年の戦後最初の指導要領ができまして自由研究というものが行われました。これは教科の一つとして位置づけられたものでありますが、それぞれの学級内の自由研究という定められた時間におこなわれるクラブ活動のことであります。だから、自由研究というものが時間割の中に組まれて、その時間には学級内のクラブ活動をやるということが実際におこなわれたわけです。昭和二十二年以降の数年間ですね。そこでは切手の収集クラブであるとか、教科の延長的なクラブであるとかいうものがたくさんできまして、一応、学級内に網羅的なクラブ組織ができ、いわば班別組織のような形になりましてクラブができたわけです。ところが、自由研究という時間になると、いっせいに学級のクラブ活動がおこなわれるという形式主義のため実際には浮き上がってしまいまして、うまくいかない。ひとりの教師がいくつかの種類の違ったクラブを常にめんどうをみなければならないということで、実際には指導がうまくいかないということがございまして、だんだんそれが下火になり、下火になると同時に教科の単なる延長、あるいは教科の補習授業というものにおちいっていったわけです。

ところが、そういう自由研究についての当局の説明にはこういうことがあったんです。自由研究というものは教科の学習の発展として教科の学習の中から生まれ出た子供の学習意欲というものを結集した自由な研究をおこなうものであるという趣旨の説明があったわけです。ところが、教科の学習指導そのものがうまくいかない、あるいは、それがこれからまさに発足しようという時に同時に自由研究というものが発足したというところに一つの矛盾があったわけです。ところが、ふしぎなことに昭和二十六年の改訂指導要領におきましては自由研究が廃止されまして、それに変わって、学級・学年の枠をはずしたクラブというものが新しく登場しました。この時の、当局の説明がふるっているのですが、「戦後数年間にわたる現場の努力によって、学習指導の方法が非常に改善されて発達した。したがって、自由研究の必要がなくなった。したがって、学級・学年の枠を越えるクラブを設けることにした。」これは論理がまるで逆なんですね。つまり、教科の学習が進歩して学習指導というものが発達して教科の時間の枠を越えて子どもの学習がのびていくような、そういう発展が出てくる段階でこそ自由研究というものの存在の意義を獲得できるはずなのに、そういうことを二十二年の指導要領の説明ではしているにもかかわらず、教科学習の指導が改善され、さまざまな成果が現れたから自由研究はこれを廃止する。こういうふうに日本の教育課程行政というものは非常にデタラメな点が多いわけですが、それで、学級内クラブ、学級内の自由な研究仲間を育成するという考え方は、考え方としては、多少、戦後芽ばえておりましたけれども、これは昭和二十六年に学級内クラブというものを完全にシャットアウトして、クラブというものは、イコール学級・学年の枠を超えたものだという考え方を国が制度として打ち出したために、学級内クラブというものはここに立ち消えになってしまっているわけです。（略）

わたしどもは、学年のワクをはずしたクラブ活動ばかりじゃなくて、学級内活動の、とくに、学年段階をおった発展的な育成、発展的な育て方を、重視すべきじゃないか、演劇などにおきましても、このようなことがいえると思います。

演劇クラブというものが高学年ないし中学校段階において課外で十分に成立するためには、まず学級の中で小学校低学年からの学級の日常生活、あるいは学級の文化活動の中で、そのような方向への素地が十分にやしなわれていくということが前提条件になるのではなかろうか。教科外活動というのはそういう意味で教科の中味、あるいは教室での日常の指導と、もっと血のつながったものにならなければならないというように考えるわけです。したがって、教科外活動そのものも、やはり、学級内教科外活動というものを大きく包みこんだものとして考えたい。そういう一つの概念の立て方が大切ではないかと感ずるわけです。（『演劇と教育』一九六〇年十月号）

自由研究から教科外活動へ変わると、それまで決められていた自由研究の時間配当は姿を消した。変わった指導要領に教科外活動の時間数は示されていない。その時間は校長、教師、そして児童が必要に応じて定めるとしたのである。そのような時間はどれほどあったのだろうか。一九四七年版では五・六年生の場合、年間の総時間数は一〇五〇時間から一一九〇時間、週あたりにすると三十時間から三十四時間、年間三十五週というかなり幅のある配当だった。一九五一年版になって、教科時間数を週二十八時間、年間三十八週とした。実際は四十週をこえ、週あたり三十一〜三十二時間は設定できるので、教科時間数を差し引いた時間をあてるとした教科外の活動時間が一応は保障される形がとられた。その活動は例としてではあるが、児童会、委員会、児童集会、奉仕活動、学級会、クラブ活動が示されている。そのなかの「児童集会」の項は次のように記されている。

> 全校の児童が一堂に会して、いろいろな発表や討議、あるいはレクリエーションを行うことは楽しいことでもありまた有意義である。また児童会の企画に基づいて適時に運動会・音楽会・展覧会・学芸会などを行うのも奨励されるべきことである。

演劇教育は演劇クラブ活動や児童集会としての学芸会に位置づけられることになったが、そこからは冨田のいうような教育全体に生かす演劇教育の姿は見えてこない。それでもこの時はまだ演劇教育の可能性は残されていた。

それが、一九五八年改定の教育課程では、教科、道徳、特別教育活動、学校行事によって編成、時間数も年間一〇八五時間、週あたり三十一時間（五・六年生の場合）とし、この時数を下回ってはならないと厳しく定められた。しかもこの時から先に述べたように指導要領が法的に拘束性をもつことになったのである。さらに、一九六八年版では教科、道徳、特別活動の編成になった。週三十一時間の中に学級会活動とクラブ活動を毎週一単位時間当てるとしたことにより、それ以外の活動の時間設定は難しい状態になったのである。たしかに「行事に積極的に参加させ、日常の学習成果の総合的な発展を図る」と記され、行事にも学芸的行事として学芸会という文言は残されたが、時間的制約によりその取り組みが大幅に制約される結果になったのである。学芸会が一年おきあるいは三年おきに実施するような学校が増えたのはこのころからである。

こうした指導要領体制の流れに対して民間教育運動の中ではどのように考えられてきたのだろうか。一九七〇年、日本教職員組合（日教組）は教育制度検討委員会（会長梅根悟）を設置した。一九七一年にその第一次報告書「日本の教育はどうあるべきか」が、一九七二年には第二次報告書「日本の教育をどう改めるべきか」がまとめられた。一九七四年には中央教育課程検討委員会が設けられ一九七六年に「教育課程改革試案」という報告書が出た。

一九七〇年代の教育状況については先に触れたが、この検討委員会の試案は民間側から出されたものとしては唯一のものだった。一九七一年のそれはまず教育の現実とその教育政策の検討が行われ、日本の教育はどうあるべきかを考察、一九七二年の報告では改革の当面する課題を提起した。その教育改革構想を参考にしながらまとめられたのが一九七六年に出された教育課程改革試案だったのである。

全体に総論的な内容の部分が多いが、一九七六年の「教育課程改革試案」は民間教育団体の研究成果が反映され、かなり具体性をもった内容になっている。それは総論と各論と高校教育課程についての三分野に分かれ、総論では「教育課程の原理」「教育課程の構成」「高校義務化・五日制問題」「教育課程の編成主体と手続き」、各論は、国語、数学、自然、社会、手しごと、技術、美術、音楽、保健・体育、家庭、外国語、総合学習、自治的諸活動を中心とする教科外諸活動、とに分けられている。教育課程の構成は第一階梯（小学一～三年）第二階梯（小学四～六年）第三階梯（中学校）第四階梯（高校）の段階に分けて提示している。

注目したいのは教科のなかの「手しごと」である。これは指導要領でいえば図工に当たり、第二階梯になると「美術」と「技術」につながっていく。「手しごと」を教科にしたことについて次のような考えからだとしているが、明らかに民間教育運動の成果が取り入れられている。

本来、働きものであるべき子どもたちが、働くことをいやがり、遊びに熱中するはずの子どもたちが、遊びを忘れてしまっている。自然破壊にともなう環境の非人間化がすすみ、子どもたちから遊び場をうばい、テレビ文化の生活への浸透は、進んで事物とかかわっていこうとする積極性や能動性をうばい、その内容とあいまって生活に大きいゆがみを与えている。子どもの遊びの回復、子どもらしい生活の回復に、心ある人々の関心がつよくそそがれるようになってきているのも、こうしたゆがみがみすごせないほど大きくなってきているからである。われわれが、子どもの手の労働を重視し、教育課程のなかに積極的に組み込んでいこうとするのは、こうした状況に対する批判と反省の上にたって子どもたちの健全な人間的発達をねがうからに他ならない。(『教育評論』一九七六年五・六月号)

そして、次のようにも言う。

こうした課題は一つの教科のなかでだけ考えられるべきものでなく学校教育全体のなかでとりわけ教科外の活動の中で、十分に配慮していかなければならないことはいうまでもない。

この「手しごと」の教科化の理由には演劇教育のあり方にも通底する。しかし、美術、技術の総合的扱いとして「手しごと」の教科化は計られたが、演劇教育をそのように位置づけることはなかった。検討委員会案は演劇的な活動は教科外活動にふくまれるとしたのである。

日教組の提案した「教育課程改革試案」に示されている教科外活動は、表題にもあるとおり、自治的諸活動を中心に据えているのが特徴である。その時間の配当は、第二階梯（小四～六年）では教科の時間数が週あたり二十一時間、年間三十週としており、教科外時間がX時間プラスされている。開校週数は三十五週以下で、学習指導要領にさだめられているより教科時間数は少ないが、教科外の時間数は指導要領のそれよりかなり多く当てられている。それは改定試案が教科外活動を重視していることの表れと見ることができる。

その教科外活動については、「児童会、クラブ活動、学級を中心とした自然・芸術・体育などの文化活動、運動会、遠足、学芸会、全校的な学校行事などを、週間・月間・年間に適切に配分して行うことがのぞましい。」と述べている。

「教育課程改革試案」は大きく教科と教科外の二領域に分けているが、他に総合学習を設けている。そのことについては次のように述べている。

「総合学習」については、個別的な教科学習と、教科外の諸活動で獲得した知識や能力を結合して、現実的諸課題を共同で学習することをとおして、自然と社会についての科学的認識の統一を深め、それを核に、認識と実践の統一をめざす行動能力を培うという観点から、これを教育課程の独自の領域として、教科と教科外の諸活動との中間領域とする考え方が出されていた。しかし、その後このような意見に対しては、とくに、教科外でおこなわれる研究活動や文化活動との区別が不明確であり、その位置づけがあいまいであるとして、あくまで、「総合学習」を知識や技能を系統的に学習する教科の領域に属するものとする意見が出された。このように、「総合学習」の位置づけについての意見が分かれたが、従来の教科の枠を出て、現実諸課題についての系統的な学習を組織するという総合学習の意義や、そこで行われる活動の内容については、委員会としてほぼ一致しており、その内容の具体的展開は総合学習の部分に示されている。そこで本報告書では、中間報告とは異なり、総合学習にとくに関係の深い生徒の自主的な研究活動や文化活動を教科外活動に位置づけるとともに、「総合学習」の内容を明確に限定づけて、これを教科の領域に位置づけた。（『教育評論』一九七六年五・六月号）

この「改革試案」が出た時期、総合学習は教育課程の上ではまだ認知されるような状況にはなかった。それだけにその位置づけについてはいろいろ論議されたようだ。それでもこの総合学習をあえて位置づけようとしたことの意義は大きい。何を総合学習とし、何を教科外活動とするかは実践的に検証されなければならないことだろう。演劇教育は劇を作り上演するという活動であるととらえるなら教科外における自治的な活動に位置づけられるかもしれない。しかし演劇教育の果たす役割は、声、ことば、からだと表現という内容にも及ぶ。そのことを体験する学習を一定時間保証するとするなら、それは総合学習として位置づけることも可能だったのではないだろうか。

これからの演劇教育のあり方を考えるとき、演劇教育は劇をつくり、上演するという活動に限定してしまうのではなく、教育全体に生かすということと同時に、演劇的教育といわれるような活動を体験するための一定の時間を保証するということがどうしても必要である。それは教科として独立させるということではなくていいが、総合学習の一つとして演劇という枠を位置づけることは決して不可能なことではない。そのことを含め、演劇教育の可能性を探究し続けることが、強く求められなければならないと思う。

三　「四つの源流」のもつ意味

冨田博之は『日本演劇教育史』の中で、演劇教育の起こりを四つの源流に求めている。子ども文化の開拓者、キリスト教宣教師、演劇革新の指導者、教育改革の指導者からという四つである。明治から大正にかけての演劇教育に携わった人々や、その活動がくわしく述べられている。その中から見えてくるいくつかについて考えてみたい。

一つには子どものための脚本が書かれているということである。子ども文化の開拓者にあげられている中川霞城の少年狂言や巌谷小波の学校芝居における多くの脚本などが紹介されている。脚本が書かれているということは当然上演活動があったと考えられるが実際はどうだったのだろうか。『日本演劇教育史』には巌谷小波の談話筆記として次のような文が紹介されている。

「曾て坪内逍遥君も、この説を主張したことがあって、私が洋行の前、日本でもかういふ芝居をと、相談したことがあったが、実際やるのは困難なので、その儘になって仕舞った。実に日本の子供には困るので、芝居でも演らうという子供は、ちと変な子供で、又普通の子供には、芝居をやる丈の元気がない。これは尤も、日本の天子様は、まだ芝居を御覧にならんが、西洋では皇室の御抱の役者がある位だから、国情のちがふので、仕方がないと思はなければならない。尤もこの種の子供芝居は、日本でも一小局部には輸入して居て、二三学校の記念会とか、教会のクリスマス祭なぞに、時々見る事もあるが、その他は概して、書生的劍舞より、他に芸らしきものは無いといふ有様、誠に無趣味なことではないか。(『歌舞伎』三十二号、一九〇三年一月)」

(『日本演劇教育史』)

これは一九〇三年(明治36年)のことであり、その後、学芸会などで劇が上演されるようになっていくので、一般論としては当てはまらないが、少なくとも草創期にあっては、劇の上演が盛んだったという状況にはなかったのである。その中で、小波にとっての演劇教育は子どものための脚本を発表することだった。「子ども文化の開拓者」たちの業績は脚本を位置づけることにあったのである。

源流の二つ目は「キリスト教宣教師のもたらしたもの」だが、ここでは「日曜学校のクリスマス劇」や「キリスト教系学校の演劇活動」そして「仏教日曜学校の演劇活動」が紹介されている。ここではいずれも劇の上演活動を軸に論が展開されている。この源流からは演劇教育における上演活動について述べている。劇を上演することは演劇教育にとっての中心ともいえる活動である。

三つ目の源流「演劇革新の指導者による」流れでは坪内逍遥についての記述も詳しいが、注目したいのは川上音二郎・貞奴のお伽芝居運動における鑑賞教育である。冨田は「演劇の革新を目指そうとすれば、〈見せるもの〉の革新とともに、〈見るもの〉（観客）の革新を目指さなければならない」として鑑賞の教育の必要性を説いているが、川上音二郎と貞奴一座による「お伽芝居」がわが国の演劇鑑賞運動のはじまりとして役割を果たしたというのである。特に貞奴主演の『浮かれ胡弓』は地方公演でも評判をよんだという。冨田は「川上音二郎と貞奴の仕事は、その後の演劇の鑑賞教育にとって、わすれることのできない貴重な源流の一つだったといってよいだろう」と結んでいる。

第四の源流は教育改革の指導者たちの役割である。ここでは演劇教育の活動内容というよりは基本となる教育思潮について述べている。一つはペスタロッチの開発主義教育である。冨田はこの開発主義授業方法について、「この方法が、そのままのびやかに受け入れられ、広がるならば、ごくしぜんに、『対話』などの表現もうまれてくるものとみてよいのではないか。」と言っているが、この方法は条件が整わず広がることはなかった。冨田は「ここに子どもの自主的・自発的な表現をのばそうとする『対話』の生まれる余地はなかったのである。」と言っている。開発主義教育が衰退した後、進められたのがヘルバルト教育学である。この形式主義と徳目主義を批判したのが樋口勘次郎である。樋口の主張は「教授は生徒の自発活動を重んずべし」というものだった。これは子どもの自発的な活動や表現を重視しようとするものであり、教科外の活動にもつながるものと冨田はいう。直接演劇教育にふれることはしていないが、源流にかかわる人だとしているのである。次にあげている谷本富《とめり》についても、直接演劇教育についての発言はないが、彼の新教育の主張が大正期の新教育運動に影響を与えたことはまちがいないと冨田は言う。

演劇教育の源流について教育改革の指導者としてこれらの人々を挙げていることは、演劇教育の教育思想の原点を探ろうとしたのである。なおこの項の中で明治期教育者の演劇教育論として伊賀駒吉郎、畔柳都太郎、沢柳政太郎について触れている。

冨田博之は脚本、上演、鑑賞、そして教育思想という四つの源流を究めることで、演劇教育の歴史的構造を明らかにしようとした。そのことは冨田博之の演劇教育論をより確かなものにしているのである。冨田博之の演劇教育論が一九六〇年代以降演劇を学校文化に位置づけるために大きな役割を果たしているのはあらためて言うまでもない。

四　学校劇から演劇教育、そしてドラマ教育へ

大正期におこった大正デモクラシーは教育の分野にも影響し自由教育運動や新教育運動といわれる動きが活発になる。学校劇もその中で登場した。坪内逍遥は『児童教育と演劇』を著し、小原国芳は『学校劇論』を書いた。小原と逍遥の学校劇・児童劇について岡田陽は次のように言う。

小原が学校劇の意義として「自己表現の創造的発動」を説き、逍遥は「児童みずから演ずる児童みずからの劇」と主張しながらも、実際には劇という言葉にかなり固執した形である。小原はまず斎田喬ら成城の教師たちの学校劇脚本を成城の児童たちに上演させる発表会を持つことにより学校劇教育を世に問うたし、逍遥は「何らかの模範なり標本なりを示す」として自ら脚本を書いて女優に演じさせた。それは歌舞伎風であり、狂言風である。そこへいくと斎田喬ら成城教育の現場から生まれた脚本の方がはるかに児童の心情に即してはいたが、それにしても当時の演劇の既成概念の教育への移入が先に立って「自己表現の創造的発動」という基本理念の探究に直接切り結んだという印象の希薄なのは残念なことである。（ジェラルディン・B・シックス『子供のための創造教育』／岡田陽・高橋孝一訳／玉川大学出版部／一九七三年）

さらに岡田は続けて次のようにいう。

そのためか学校劇といえば、年に一度の学芸会の直前、いそいで脚本集をあさり、適当なものを見つけて、それをガリ版で刷り、生徒にセリフをおぼえこませ、「ああやれ、こうやれ」とサル芝居のサルに仕込むようにして教えこんで学芸会当日をむかえるのが必要悪のようにくりかえされてきた。見せんがための学芸会の劇は教師のわずかな自己顕示の場であり、こどもは緊張にふるえ、多数の目におびえつつ、ただ教えこまれた事を無表情にくり返すだけで、こども自身の表現にも創造にもほど遠いものが多かった。その矛盾に気づいてはいたものの、短時日の間に脚本をもとに劇をまとめあげる無理に追いまくられて、時たま「もっとホントらしく」とか、「その気持になって」とかこどもに絶望的な注文をつけながら結局は教えこんでお茶をにごしてしまい、ほんとうにこどもの創造的表現をひっぱり出す方法への探究姿勢が弱かった。もちろん学芸会中心の学校劇にあきたらず、もっと自由な日常的な場での「教室劇」や「劇あそび」を提唱した先覚者もいたが、それが日本の学校劇の主流になるまでには至らなかった。

今日でも学校劇教師といえば、学校劇の脚本が書けたり、学校劇の演出が巧みで学芸会を湧かす人というイメージがまず浮かんでしまうが、実は「いきいきしたこどもをつくれる教師」「こどもを上手に遊ばせることのできる教師」「個性的な豊かなこどもをつくれる教師」「ひとりひとりを大切にのばしてやれる教師」と同意語であるべきはずなのであって、学校劇はもう一度、小原や逍遥の原点に立ち返って、「こどもの身体的表現による創造活動」という最も重要な課題を直視する必要があるのではないか。(『子供のための創造教育』)

たしかに学校劇運動は岡田が述べているように学芸会用の劇づくりに置き換えられるような歴史的経過を経ているのは事実である。

あめや　さあさあみなさん・いらっしゃいいらっしゃい・・おいしいあめだよ・あまいあめだよ・ほっぺたがおちるような　あまいあめだよ・ほらほら・・あめはあんなにおいしそうにわきたっている・・・さ

あさあみなさん・この飴を・・こう箸につけて・・・そうれ・・こうしてなめる・・・・あまいですよ・・ほんとうにあまいですよ・・

このようなセリフを次のように指導するという。


さあさあいらっしゃいいらっしゃいで手をたたく。

ほっぺたがおちそうだ、で頬を抑えて見せる。

あめはわき立って居る、のところで飴のそばへ行って指して見せる。

こう箸につけて、は箸につける真似。

こうなめる、は大げさになめて見る。

あまいですよ、で箸をおく。（内海繁太郎『学校劇の理論と実際』／明治図書／一九五〇年）

このようなことをあらかじめ台帳に記入しておく。いわば指導者の演技イメージである。これをもとに子どもに演じ方を教えていくのである。もちろん指導者が演出のためのプランをつくることは必要である。しかし劇を創るということはそのプランを押し付けることではない。

金沢嘉市は「今まで学校に於いて劇をした為、種々の問題や非難攻撃を受けた事実があるとしたならば、それは多くの場合、劇そのものに就いてではなく、その指導方法に大きな欠陥があったと思われる。」として次のように言う。

小さな見栄や、結果の如何にのみあくせく頭を悩まして見たり、自分の思ふ様に子供が動かないからと云って、子供を怒りつける様な醜さを先ずかなぐりすてゝ、本当に一つの教育的信念のもとに指導につくしたいと思ふのである。（「金沢嘉市の仕事1」／『児童文化とともに』／あゆみ出版／一九八九年）

その金沢の指導法は次のようであった。

実際の指導にあたっては、先ず第一に彼等を自由に台詞と共に動かして見る。そしてもし直すべきは注意を与へ、彼等に工夫をさせる。まだわかなければ、脚本の内容と彼等のな日常生活とを結び付けて、例へば「だんだん遠くの方へ三郎さんが走って行ってしまふのを、よし子が見送ってゐるのだから、どんな様子をして見送ってゐるのが一番いゝでしょう。あなたが人を見送ったりする時はどんなふうにしますか」等、暗示を与へ、なるべく彼等自身に動きを発見させて行きたい。もしその役にあたっている甲が自分の役の動きがうまく出来ない時は、外の者にも各々甲のすべき動きを工夫させて見る。その時甲は自分のすべきところを乙が演ってゐる訳であるから、客観的に反省することが出来て、かえってよい考えが浮かぶことがある。しかし、どうしてもよい考へがうかばなかったら、指導者がその時こそは指導してやる。指導者は決してあせってはならない。気長に彼等に考へさせる余裕を持たしめなければならない。決して叱ってはならない。殊に低学年はほんの一寸したことでも、それを称賛してやる事に依って、どんなに喜んで真剣になるか分らない。

これは一九三七年六月に発行された『東京市標準学校劇集』に所収されている金沢の体験のもとづいた劇指導論の一節である。

金沢は子どものための劇はどうあるべきかを考えて指導したが、ここには教師としての子どもを見る目と金沢の教育姿勢がうかがえる。戦前の「学校劇研究会」や「日本学校劇連盟」創立の時期、金沢のような指導もあったが、おしつけや物まねではない創造的な指導は、先に触れた〈「演ずる」ことの発見〉(第2章十四) によってより確かなものになっていくのである。

その後、劇指導にはその過程に遊びや即興が取り入れられるようになっていく。

たとえば、「きつねはひとりでおにごっこ」の場合ならば、うさぎたちが、草はらで、とびはねながら、おにごっこをしたり、かくれんぼをしたりして、自由にあそんでいるエチュードをやらせてみることである。（冨田博之『演劇教育』／一九五八年）

役になって遊ぶ。最初の場面からやってみよう。「うさ太郎とうさ次郎が、とびはねながらやってくる。うさ太郎とうさ次郎が遊ぼうとするが、うさ次郎が反対のことばかりいう場面」、うさ次郎とうさ太郎の二人になって遊ぶということの中で、役に近づき、脚本の中にえがかれている世界に近づかせる必要がある。（日本演劇教育連盟編『演劇教育入門』一九七八年）

「ハーメルンの笛吹き」では①（の場面）の遊ぶところから始めました。②（の場面）は子どもが遊んでいるところへねずみたちが襲いかかってくる場面です。ここではまず子どもたちを自由に遊ばせることから始めます。（日本演劇教育連盟編『新・演劇教育入門』／一九九〇年）

いずれも小学校中学年の子どもたちの劇づくりの実際について述べたものだが、それはあそびを生かした劇づくりの具体例である。中学生になるとそれは即興という方法が生かされた劇づくりになる。

――歌くらべの場に入るときも、演技台を中央におき、輪になってすわって、この場に似た状況を設定した。のどじまん大会である。ただし審査は鐘でなく、うまければ途中からみんなが合わせて歌う、へたであればどんなやじをとばしてもいい、演技台からひきずりおろしてもよいことにした。せりふにとらわれない即興的な練習課題である。生徒たちは面白がってやった。（『新・演劇教育入門』）

〈演ずることの発見〉は演劇というのはことばとからだによる表現であり、ことばを伴った行動であるということを明らかにし、創造的な演技を作り出していった。そのことは観客との交流が生まれることを可能にしたのである。そして第2章で述べたように学校劇から演劇教育に発展する中でその内容も教育全体へ働きかけるようないきいきした活動が展開されるようになっていったのである。演劇の創造活動に参加させることは学校文化の向上に大いに役立つ活動なのだと言っていいだろうと思う。たとえその運動が十分に機能し得ない状況下にあるとしてもその大道は絶たれることはなかった。第3章で述べた「クリエイティブ・ドラマ」や「ドラマ教育」との出会いは演劇教育をより重層的に進めることにつながっていったのである。

五　子どもの発達と演劇教育

これまで演劇教育はリアリズムの追及やドラマの本質に迫りながら教育としての演劇教育のありようを求めてきた。

小原国芳は全人教育の立場から学校劇を論じた。冨田博之は創造と鑑賞のいとなみを通して子どもたちの全面的成長をはかりさらにその本質機能を教育全体にいかすことによって教育の仕事をよりゆたかでいきいきしたものにしていこうとする演劇教育論を展開した。ブライアン・ウェイもまた人間の成長を「ドラマ教育」によると語る。

『ドラマによる表現教育』の中でブライアン・ウェイは次のように言う。

学問を考えるとき、その思考過程はA点を出発点としてB点へ、そしてC点へ進んでいく。これは直線的な思考過程であり自然なものである。一度形成され、習得されると、最初の点に立ち戻ることはめったにない。しかし、人間の発達を考えるには、直線型の類推をするのは間違いである。その代わりに、円を考える。多くの点が円周上にあるが――これが人格の諸相である――それぞれが永遠のもので、それぞれが明確な出発点を持っている。それ以上に、それぞれが発達する可能性を持っていて、いく度も原点に立ち戻る必要がある。それぞれが、前進する可能性をもつと同時にあともどりすることもありうる。この前進も後退もあまり明瞭なものとは言えないが、多くの場合、時がそれを明らかにしてくれる。

人間の発達は直線型でなく、円周上にある諸相のそれぞれの点を発達させることなのであり、ドラマは各人の発達を助ける一つの方法なのだという。「ドラマを始めるということは、各人が持っている資質を発見し開発することを助けることでなければならぬ」とし、円周上の点の要因として

〇五感を使うこと――聴・視・触・嗅・味覚
〇想像
〇身体そのものを使い、マスターし、制御する
〇スピーチ、または話す練習
〇感情の傾向を知り、コントロールする
〇知性

を挙げ、これら総ては集中する能力に関わっているとし、「集中度が高いと、試みようとする内容も、マスターする度合いも高くなる。」という。そして、「集中するものを妨げるもの、挫折させるもの、総てを壊してしまういろいろの要因がある。その最たるものは観客である」として「観ている人とのコミュニケーションを児童や若人に求めるのは無理な話である。」というのがブライアン・ウェイの主張である。

集中については次のようにもいう。

「学校は俳優を養成するところではなく、人を養成するところである。人をつくる一つの要因は、人間の才能を思う存分豊かにし、どの瞬間においても、物事に充分に迷わず集中することである。」とし、「ドラ

マの機能の一つは集中力を養うことである。」という。『ドラマによる表現教育』ではこの後「集中することの練習」が展開されている。

ブライアン・ウェイは人間の発達を考えるために円周上のいろいろな要点として「集中・感覚・想像・身体・スピーチ・感情・知性」を挙げた。これは先に冨田博之が「エチュード方式」を提唱したとき、スタニスラフスキー・システムの基礎のエチュードやクリエイティブ・ドラマの基礎練習を参考にあげたが、そのことと共通しているように思える。

冨田博之のあげたスタニスラフスキー・システムによる俳優養成のための「初歩のエチュード」は次のような内容である。

○演技における注意
○筋肉の解放
○想像
○身体的行動の記憶についての実習
○身体的コンディションについての実習
○関係（態度）の変化
○物体に対する関係の変化
○行動の場に対する関係の変化
○事実に対する関係（事実の評価）
○相手役に関する関係の変化についての実習
○出された目的を達成するための行動
○相手役との交流の（相互作用）
○正当化された無言という条件のある交流のエチュード
○観察

また富田が紹介している「クリエイティブ・ドラマ」の基礎練習（エチュード）は次のような内容である。

○簡単なパントマイムの練習
○気分をあらわすパントマイムの練習
○気分転換をあらわすパントマイムの練習
○対話を入れた練習
○ストーリーを劇化する練習

が挙げられている。なかでもパントマイムの目的と方法については、

（1）諸感覚を鋭くする練習をすること。また、その練習には想像上の諸感覚（視覚、聴覚）に反応する練習もふくまれる。
（2）自分自身が、その場にのぞんだとして、ある一定の気分や感情を演ずること。
（3）つぎに、他の人物になったとして、いろいろな気分、感情を演ずること。

が挙げられている。

スタニスラフスキー・システムとクリエイティブ・ドラマの共通性について岡田陽は次のように言う。

スタニスラフスキーは、舞台という仮の空間に真実に活きる俳優の創造的コンディションをつくるための内的心理的技術として論理的な探究と豊かな想像力などいくつかのものを有機的に結びつける技術を説いている。これを体験の芸術といっているが、こうして意識的に創造的条件を積みあげて真実にせまろうとする努力は、そのままクリエイティブ・ドラマチックスの方法論として子ども達が自分の経験と想像にもとづいて深く思考し、仲間たちと共に創造的な表現に至る過程にあてはめる事ができる。（ジェラルディン・B・シックス『子供のための創造教育』／岡田陽・高橋孝一訳／玉川大学出版部）

ブライアン・ウェイは円周上のいろいろな点を発達させる機会をつくる仕事が「ドラマ」だといったが、それはドラマ教育が教育としても位置づけられていることを意味する。冨田博之は演ずることの中に創造的な人間をつくる教育を求めた。いずれにしてもそれまでの演劇教育が上演を中心にすることだったり、形式的な劇化や表面的な動作化のようにしか考えてこなかったこととは違って子どもの人格形成や成長発達を願う教育として捉えているところに演劇文化のありようが示されていると思うのである。

六　ドラマのある教育を

『学校劇』（『演劇と教育』の前身）の創刊号（一九五四年十月号）に載った総合研究「学校劇のめざすもの」のなかで出席者の一人である宮原誠一は次のように発言（要約）している。

教育は、人間関係であるといえる。だから、生徒同士の人間関係、先生と生徒との人間関係が、はりきっているばあいに、よい教育がおこなわれるのにきまっている。そして、そういうときには多分に演劇的なものである。それを集約的に表現したものが、いわゆる劇的活動であり、それが逆に、日ごろの人間関係にははねかえっていく作用、それが学校劇の大きな役割になるだろう。また、もっとも高まった学習活動がおこなわれるときは、かならず演劇的であるといえるだろう。だから、子どもたちを、ひとりのこらず活動させたいとおもうならば、どうしても教師は、演劇的な方法を考えなければならない。演劇というのは、子どもを活動させる原理とさえいえるのではないか。

このことが「劇のある教室」という考え方が出てくる原点になったと冨田博之は後に振り返っている。冨田は一九五八年に『演劇教育』を上梓する。そのなかに「劇のある教室をもとめて」という章があるが、そこでは二つのことが述べられている。その一つは先に述べた「演劇的教育」であり、もう一つは「教師の仕事における身体やことばの表現」である。この中の「劇のある教室」はその後何度か論じられたり、実践が報告されたりしたが、その表現はあまり使われることはなかった。しかし、宮原や冨田の提起は戦前からの学校劇運動を質的に転換するような提起だったことは間違いない。その後は「劇のある教室」と言うより「演劇的教育」として位置づけられ、活動の範囲を広げていったことは先に述べたとおりである。

演劇教育とは何かというとき、それは演劇の創造と鑑賞、そして演劇の本質、機能を教育活動全体の生かすこととし、その三つめの柱を「演劇的教育」として位置づけてきた。それが一九八〇年代になってドラマ教育が導入されるとそれに合わせるようにして「ドラマの教育」という言い方が表れる。「ドラマ教育」が導入された経緯については先に述べたが、「劇のある教室」でもなく、「演劇的教育」でもない「ドラマの教育」という言い方がどうして始まったのだろうか。

私たちの運動の中で「ドラマ」(表現としての)ということばが登場するのは一九九二年の第41回全国演劇教育集会の時からである。そのときの集会テーマが「ドラマ——ひびきあう　からだとことば」だった。「ドラマ」ということばをどのようにとらえているか、そのときの「これからの一年」とする日本演劇教育連盟の活動計画は次のように述べている。

これまでの学校演劇には、劇そのものを楽しんで演じる（遊ぶ）というより、教訓性を重んじ、テーマ性によりかかる傾向がつよかった。そうした学校演劇＝演劇教育についての固定観念が徐々にくずれていき、演じることの楽しさを〈ドラマ〉そのものの中に発見していく方向にむかっている。さらには、そうした教育の場における劇・劇あそびの再発見は、幼児から小中学生、高校生という発達段階をまだ端緒ではあるが、超えて実現されようとしているし、さらには、学校だけでなく、社会教育のさまざまな活動、障害をもつ人々のすぐれた表現の方法として幅広くドラマの有効性がためされようとしている。

演劇をもっと楽しく遊びの感覚も取り入れて日常的な活動にしようという意味で使われている。さらに一九九九年第48回全国演劇教育研究集会では「すべての子どもにドラマの教育を」がキーワードとして登場する。この時全体集会でこれも初めての試みであったが、ドラマワークショップが公開された。集会の準備段階で「表現としてのドラマ」ってどんなものなのか伝えることはできないだろうかということが話題になり、実現したものである。実際に行われたワークショップはどのようなものだったのか、当日の様子を一九九九年八月二十日付の「日本教育新聞」は次のように伝えていると「日本の演劇教育'99／第48回全国演劇教育研究集会の記録」にはある。

今回、演教連では初の試みとして、公開ドラマワークショップを実施。東京都東久留米市立南中演劇部生徒と、所沢市を拠点に障害をもつ子どもと健常者が一緒にミュージカルづくりに取り組んでいる「バリアフリーアートの会」が、壇上で「身体表現のウォーミングアップ」を披露した。例えば、「水道」と題を与えられた子どもたちは、蛇口をひねって水を飲んだり、自ら水道水になったりと、一人ひとり思い思いに表現。また「音の投げ合い」では全員が輪になり、手を叩いた音を隣にいかに早く伝えるかを競う。「手裏剣」では、手裏剣を持ったつもりになり、二人一組で、緩急をつけながら相手に投げたり受け止めたりを繰り返す。今回初めて参加した神奈川県の小学校教員は「子どもたちが題を与えられて表現することで、一人ひとりの個性が発見できそう」と感想を語る。また千葉県の中学校教員は「最近の子どもたちはコミュニケーション下手といわれるが、『手裏剣』『音』を使うことで、言葉を使わずにつながりができる」と語り、学級づくりに役立てたいと感想を話した。

ここで演じられたのは即興的な身体表現であった。脚本を使わない身体表現ということはすでにアメリカにおける創造的演劇教育としての「クリエイティブ・ドラマティックス」で紹介されている。そしてその流れは劇あそびや即興、あるいはエチュード方式や、クリエイティブ・ドラマ、表現としてのドラマへという流れにつながっていったのである。宮原誠一の提起が劇のある教室として受け止められ、そこからさらに演劇的教育として展開していったことはこれまで述べたとおりである。そのような中で子どもたちをとりまく教育環境の変化と、人間関係の希薄さが指摘され、コミュニケーションの問題が浮上する。そして演劇教育はその役割をどう果たしていけるのかが問われることになったのである。一九九〇年代は自己表現とコミュニケーションこそ演劇教育の原点として実践が積み重ねられていくことになり、それはいま現在も続いている。ドラマの教育はこうした演劇教育のさまざまな分野での成長と発展のなかで位置づけられてきた実践的課題なのである。すべての子どもにドラマの教育をというとき、それは、子どもと子ども、教師と子どもの人間関係のなかに劇がとけこんでいることの総体としてとらえられなければならないのだと思う。

本来ドラマということばは「対立や闘争、そしてそこから生まれる発展と安定」というように捉えられてきた。しかし「ドラマの教育」というときのドラマはかならずしもそのことを意味しない。しかしドラマという以上、それは演劇的であることが求められるのは当然のことである。演劇は虚構のなかで自己以外の役割を体験することができるという特質をもつ。それは「自分が他人になりかわり、他人の経験、体験を自分自身のなかでくり返してみることで、子ども自身のパーソナリティーを豊富にしていく」（冨田博之『現代演劇教育論』／一九七四年）ということでもある。また演劇は集団的な仕事である。集団のなかで起こるドラマを体験するような活動がドラマの教育の中に求められなければならないのではないだろうか。

これからの演劇教育は演劇の創造と鑑賞を含めて教育のあらゆる場面でドラマのある教育が展開されるようになることを願ってやまない。それが「すべての子どもにドラマの教育を」というメッセージにこめられた思いなのである。

あとがき

二〇一一年一月六日、『演劇と教育』四月号のための鼎談の後のことだった。食事をしながらの打ち解けた話し合いの時、福田三津夫さんからかけられた言葉は「ぜひ本を一冊まとめてほしい」という何度目かになる出版の勧めだった。それまで「いつかは」とか「そのうちに」と言っていた私もその時は「来年ごろまでには何とかしようかと考えてはいるんですが……」と答えたのだが、思えばこのことが本書をまとめるきっかけとなった。しかし、内容も構想もまとまっていたわけではなかったので、筆の進みは遅々としたものだった。初稿ができあがるまでには五年余の時間を要することになった。内容としてはまだまだ不十分さはあるが、これまで演劇教育運動の中に身を置く中で思い至ったことの何ほどかには触れ得たのではないかと思っている。

私と演劇の出会い、それは七十年ほど前にさかのぼる。

一九四四年四月、岩手県立一関中学校に入学した私は一九四七年には旧制の中学四年生になっていた。新制高等学校が発足して高校二年生に編入されたのは翌年の四月である。

旧制中学の四年生の生活もあとひと月あまりとなった一九四八年二月のある日、級友のＳ君から声をかけられた。「演劇発表会に出る人が足りないから入ってくれないか」というものだった。計画されているその演劇発表会は、前年一関市内を襲ったカサリン台風によって大きな被害を受けた町の復興支援のための公演なのだというのである。話に誘われて私も仲間に加わることになった。そして会は一関演劇研究会（略称劇研）として公演活動に取り組むことになる。もともと市には先に文化協会の会長が会長を兼任する一関児童劇研究会（略称児研）というのがつくられていたが、劇研はそれを母胎として再編成されたのである。同じころ市内には「未明座」というサークルが誕生しているが、第2章で述べたように、職場や青年会の演劇サークルの活動が地方でも活発に行われ、コンクールなども盛んだった。その頃のことを記録した古い日記帳が手元にある。

一九四八年三月十一日（土曜日）付の私の日記帳に次のようなことが記されている。

関守座で開かれた辰巳会主催の演劇コンクールを見に行く。

1　「ハルピン夜曲」／萩荘青年会
2　「落日」／大和センイ
3　「悲しき別れ」／赤萩青年会有志
4　「人形劇　大きな箱」／ルナ・パーク
5　「国境の夜」／菊地洋裁学院
6　「兄弟」／扶桑鉱山文化部
7　「友情」／衣川青年同好会

以上七つの作品の発表があったが、ここに入賞作品を記しておく。

一位「国境の夜」
二位「兄弟」
三位「悲しき別れ」
個人演技賞　「国境の夜」より小野寺さん
特別賞　人形劇「大きな箱」ルナ・パーク

関守座というのは町にあった旅回りの一座が芝居を打つような古くからの芝居小屋である。コンクールで演じられた作品は青年会や職場演劇のサークルや同好会によるものであった。当日上演されたこれらの作品の内容は記憶にないのだが、『国境の夜』だけは妙に印象に残っている。これが秋田雨雀の作品だということを知ったのは後年になってからである。

さて演劇研究会の公演は一九四八年四月十一日に行われる。演目は『出家とその弟子』（倉田百三）の序曲『死ぬるもの』と真船豊の『太陽の子』であった。

——へ、お前、あそこから来たのか、何ァんだ、んなら知ってるよ、俺だって、あの市街なら生まれっとから居たんだぞ。おい、相生町って知ってるかい？（真船豊『裸の町』／コバルト社／一九四六年）

『太陽の子』冒頭の少年院帰りの少し不良っぽい廣木という少年のセリフである。私の演劇体験はこの廣木少年を演じることから始まった。この廣木少年という役をどのように稽古したのか、通し稽古や舞台稽古はどのようにしてやったのか記憶は定かではない。でも冒頭の「へ、お前あそっから来たのか……」というせりふだけは今も記憶の中に残っている。

『太陽の子』公演が終わって間もなくの五月八日、関守座で一つの児童演劇が上演された。「創作座」の『鐘の鳴る丘』である。『鐘の鳴る丘』について『日本児童演劇史』は、

一九四七年の七月からＮＨＫの連続放送劇「鐘の鳴る丘」（菊田一夫作）が始まり、この敗戦による浮浪児の生活をえがいたラジオドラマは、異常な人気を呼んで、三年間にわたって放送された。

〽緑の丘の　赤い屋根
とんがり帽子の　時計台
鐘がなります　キンコンカン

という主題歌は、全国津々浦々で歌われ、子どもたちの心をとらえた。

「鐘の鳴る丘」は、放送の人気に乗って、一九四八年一月二十一日から二月二日まで菊田一夫の作・演出、東京放送劇団と「つくし座」の少年俳優たちの出演により日劇小劇場で上演、これが評判をよび、二月十六日から二十九日まで続演した。東宝のプロデュースによるものだった。ほかに四月二十一日から五月六日まで「劇団創作座」が浅草公会堂で上演（佐々木孝丸演出）。さらに、続編として、その「信州編」を、同年七月三日から八月八日まで、有楽座で上演している。

と述べているが、『日本の児童青少年演劇の歩み――100年の年表』（日本児童演劇協会編集・発行）には「4・21～5月6　劇団創作座「鐘の鳴る丘」専門劇団として（新谷松岩雄主宰、須藤健らのほか代々木上原小生徒多数参加）横浜国際劇場で旗上げ公演、ついで浅草国際劇場に出演（佐々木孝丸演出）」とある。

いずれにしても東京公演から間もなく岩手県下での上演があったのである。これは菊田一夫が戦時中岩手県江刺郡岩谷堂町（現奥州市）に家族が疎開しており、本人も度々岩谷堂を訪れていたこともあってのことが縁での上演だったのではないだろうか。ちなみに『鐘の鳴る丘』に描かれている孤児院のモデルは岩谷堂町の役場をモチーフにしたといわれている。

『鐘の鳴る丘』の上演からふた月ほどたった七月五日、公民館で上演されたのは前進座の『ベニスの商人』だった。シャイロックを演じた河原崎長十郎、ポーシャを演じた河原崎しず江の姿が今も記憶に残っている。

この『ベニスの商人』について『日本児童演劇史』は、

中学・高校生を対象とする「青年劇場」は、一九四六年から、「レ・ミゼラブル」（久米正雄脚色、今日出海演出）前・後編、「ベニスの商人」（坪内逍遥訳・宮川雅青演出）で、全国各地の学校公演をおこない、一九四八年一月には、この青年劇場運動によって、朝日文化賞を受賞した。

と述べ、さらに「ベニスの商人は一九四七年十月から一九四九年四月までで、上演回数は六一二回を記録している」とあるが、大事なのは「これらの少年劇場、青年劇場運動は、戦後しだいにさかんになる小、中、高の演劇教室運動に先鞭をつけたものとして注目される。」と述べていることである。戦中、戦後に巡回公演を続けた劇団東童の例はあるが、「前進座の少年劇場、青年劇場運動は、それを、より組織的、本格的に推進したものだったといってよいだろう。」(『日本児童演劇史』)ということには注目しておきたい。

『太陽の子』で廣木少年を演じたことや、『鐘の鳴る丘』、『ベニスの商人』の鑑賞体験によって私はますます演劇の世界へ引きこまれていった。

一九四八年四月、新制高校の発足と同時に生徒会の部活動も活発になり、私たちの願いでもあった演劇部も新設されることになった。劇研のメンバーに加えて三名の新入部員を迎えて一高（一関第一高等学校）演劇部は出発した。

この年の九月の二十二日〜二十七日に市の芸術祭が行われることになったのだが、これは四月に市政が施行されることになっての計画だったのではないかと思う。この芸術祭に市内の高校生による合同公演をという誘いが一関演劇研究会からあり、七月二十日にその打ち合わせ会が行われた。市内四校に呼びかけがあったが、参加したのは三校、最終的に合同公演に参加を決めたのは一関第一高等学校（男子校）と一関第二高等学校（女子高）の二校だけだった。（この一高と二校は一九四九年四月に統合され、岩手県立一関高等学校になったが、その呼称は一九五一年三月までの二年間だけだった。一九五一年からは再び一関第一高等学校と一関第二高等学校に分離することになる。）

この一高と二高の合同公演は最初の計画通りにはいかなかったのである。一九四八年（昭和23年）九月十六日、前年のカサリン台風を上回る大きなアイオン台風が一関にたいへんな被害をもたらしたからである。このアイオン台風について当時の新聞は、「死者、行方不明四百七十三人、流失家屋四百六十八戸、全半壊千二百二十九戸、り災者一万九千三百四十九人」と報じている。

この水害によって合同公演は当然延期された。実現したのは翌年の二月だった。この時の演目はモリエールの『女学者』に決まった。なぜモリエールの『女学者』だったのか、それはこの合同公演の演出を担当した「演劇研究会」のN氏が度々上京しては劇場通いをしていた時、たまたま一九四八年の六月、三越劇場で上演された俳優座の『女学者』に刺激を受けたものだったからに違いない。もっとも、合同公演で上演したのはかなりカットされたダイジェスト版だった。それでも発表会は好評を博し、成功裡に終わることができた。

演劇部は秋の文化祭で有島武郎作『ドモ又の死』を上演する。私はこの時ドモ又を演じている。

こうした高校時代の体験が演劇というものを私の中でさらに大きくふくらませていったのである。

一九五三年東京足立区の小学校教師になった私はそこで『しばぶえ』(斎田喬作)の指導に立ち会うことになる。それが子どもの劇を指導した最初だった。しかしこの時はまだ演劇と教育の結びつきをそれほど意識はしていなかった。そんな私が大きな刺激を受けたのは一九五五年の第7回全国学校劇研究協議会だった。この時上演された『ボラとり』(江東区東陽小学校四年生/指導・毛利守次)、『あずかった小鳥』(文京区林町小学校六年生/指導・谷口幸子)、『夕ばえ』(墨田区本所中学校演劇部/指導・宮下俊樹)と「劇あそび『かいもの』」(台東区精華小学校二年生/指導・林魔弓)を観て、子どもと劇を創る世界へのあこがれをいっそう強くした。

一九五八年六月、東京神田一ツ橋・教育会館で開かれた日本学校劇連盟主催の「演劇教育土曜講座」へ参加することで演劇教育というものにさらに近づくことになる。この講座は四回にわたって開かれたが、その時の内容は次のようなものだった。

六月七日	芸術教育とモラルの形成	国分一太郎
	戯曲をどう読むか・どう書くか	大橋喜一
六月十四日	演劇教育はどんなモラルをそだてるか	冨田博之
	戯曲とはどういうものか	小場瀬卓三
六月二十一日	演出の基本となるもの	竹内敏晴

学校劇の演出をどうするか　佐藤健次郎

演技の創造（稽古の実際）　出演・プラスの会

シンポジウム　これからの演劇教育　菊田要・加藤則夫・内山嘉吉
山住正己・落合聰三郎・漆原喜一郎

六月二十八日

演劇教育講座はその第二回目を同じ年の十一月十五日から十二月二十六日まで六回にわたって開かれている。その時のねらいは東京文京区立第六中学校の演劇部による『あまのじゃく』（加藤道夫作）の稽古を通して演出を学ぼうとするものだった。講師は下村正夫氏だった。

この講座の最終日だったと思う。冨田博之さんから声をかけられ、翌年（一九五九年）一月に開かれた第4回学校劇指導者合宿研究会に参加することになった。これが日本学校劇連盟（現日本演劇教育連盟）の活動に加わることになるきっかけだった。第11回全国学校劇研究協議会はこの年の八月、東京台東区の忍丘中学校で行われたが、この時の総会でそれまでの日本学校劇連盟から日本演劇教育連盟と改称することが決定された。この総会の後、九月からは日本演劇教育連盟の常任委員として演劇教育運動にかかわることになった。それからほぼ半世紀、演劇教育と共に歩んだことになる。その間、冨田博之さんをはじめたくさんの人に出会い、いろいろ学ばせてもらった。常任委員のメンバーや多くの演教連の仲間たちにもいろいろお世話になった。感謝の気持ちでいっぱいである。

本書出版にあたっては多くの方の後押しが励みになり、何とか上梓するまでに至ることができた。特に元演教連事務局長の市橋久生さんには大変お世話になった。章が書き上がるごとに丁寧な校正稿とともに率直な感想がよせられたことにどれだけ励まされたことだろうか。心よりお礼を申し上げたい。晩成書房代表の水野久さんには執筆中から度々貴重な話をうかがうことができ、大いに参考になった。出版を引き受けてくれたことと合わせて深く感謝したい。

また、本書出版にあたっての落合聰三郎児童青少年演劇基金の助成に対し、心より感謝申し上げたいと思う。

今年（二〇一七年）は日本演劇教育連盟が誕生して八十年になる。この記念すべき年にちなんで本書を出版できることに深い感慨を覚えているところである。

二〇一七年十一月

引用・参考資料

■はじめに〜第1章

『日本演劇教育史』冨田博之／国土社／一九九八年
『演劇と教育』日本演劇教育連盟編集／晩成書房
『学校劇の建設』冨田博之／日本教育出版社／一九四九年
『演劇教育』冨田博之／国土社／一九五八年
『教育文化史大系Ⅴ』石山脩平・海後宗臣・村上俊亮・梅根悟監修／金子書房／一九五四年
『日本児童演劇史』冨田博之／東京書籍／一九七六年
「学校劇論」／『小原国芳選集5—道徳教授革新論・学校劇論・理想の学校』／玉川大学出版部／一九八〇年
『児童劇集（上）』／坪内逍遥〈日本児童文庫〉／アルス／一九二七年
『家庭用児童劇』坪内逍遥／早稲田大學出版部／一九二二年
『児童教育と演劇』坪内逍遥／熊倉雄三・田原豊道・筒井敬介・冨田博之・藤田圭雄編／日本青少年文化センター／一九七三年
『新劇運動の黎明期』河竹繁俊／雄山閣／一九四七年
『生活学校』第二巻二月號　児童の村生活教育研究会編集／一九三六年（『生活学校　第二巻』／生活学校復刻刊行会（戸塚簾代表）／一九八三年）
『大正・昭和教育の天皇制イデオロギーⅡ』山本信良・今野敏彦／新泉社／一九八六年
『斎田喬児童劇作十話』西村松雄・蓑田正治編／晩成書房／一九八〇年
『日本児童劇全集』日本児童劇全集刊行会編／小学館／一九六一年
『斎田喬児童劇脚本選集』内山嘉吉・落合聰三郎・波多野完治・藤田圭雄・古谷綱武編／牧書店／一九五四年
『近代教育の天皇制イデオロギー』山本信良・今野敏彦／新泉社／一九八七年

『日本新劇小史』茨木憲／未来社／一九六六年
『学校劇事典』日本学校劇協会編／小学館／一九五三年
『成城・学校劇六十年』北島春信／成城学園初等学校／一九七七年
『ドラマと全人教育』岡田陽／玉川大学出版部／一九八五年
『学校劇の理論と實際』内海繁太郎／明治図書／一九五〇年
『日本教育小史』山住正己／岩波新書／一九八七年
『初等教育史』〈世界教育史大系23〉／梅根悟監修／講談社／一九七五年
『演劇教育六十年』〈落合聰三郎著作集Ⅲ〉／日本児童演劇協会編集・発行／二〇〇七年
『学校劇の事典』岸田国士編集代表／実業之日本社／一九五三年
『聞き語り少年演劇の歩み』〈落合聰三郎著作集Ⅰ〉蓑田正治・椎崎篤・副島功編集／日本児童演劇協会／二〇〇〇年
『からだとことば　その豊かさを求めて―日本演劇教育連盟50年のあゆみ』／日本演劇教育連盟編集・発行／一九八九年

■第2章

『農村演劇入門講座 下』農村演劇懇話会編／農山漁村文化協会／一九五八年
『自立演劇運動』大橋喜一・阿部文勇編／未来社／一九七五年
『玉川学校劇辞典』岡田陽・落合聰三郎監修／玉川大学出版部／一九八四年
『児童文化とともに』〈金沢嘉市の仕事1巻〉金沢嘉一著作集編集委員会編／あゆみ出版／一九八九年
『日本教育発達史』玉城肇／三一書房／一九五六年
『ある小学校長の回想』金沢嘉市／岩波新書／一九六七年
『演劇教育実践シリーズ⑳別巻／索引・演劇教育小事典』日本演劇教育連盟編集／晩成書房／一九八八年

『落合聰三郎脚本選集』〈落合聰三郎著作集Ⅱ〉日本児童演劇協会編集・発行／二〇〇五年
『日本の児童文学』菅忠道／大月書店／一九五六年、一九六六年増補版
『生活綴方ノート』国分一太郎／新評論／一九五七年
『山びこ学校』無着成恭編／百合出版／一九五六年
『日本学校劇名作全集／中学校用』日本学校劇連盟編／国土社／一九五四年
『中学校学校劇脚本文庫／第Ⅱ集』日本学校劇連盟編／国土社／一九五九年
『民主的人格の形成』川合章／青木書店／一九七二年
『どこかで春が――演劇教育の実践記録――』冨田博之・佐藤一男編／三一書房／一九五七年
『新日本建設ノ教育方針』（『資料日本現代教育史1』宮原誠一・丸木政臣・伊ケ崎暁生・藤岡貞彦／三省堂／一九七四年）
『戦後教育の歴史』五十嵐顕・伊ケ崎暁生編著／青木書店／一九七〇年
『日本の教育』堀尾輝久／東京大学出版会／一九九四年
『日本の新学期』読売新聞社社会部編／読売新聞社／一九五五年
『小学校学習指導書国語科編』文部省著作／明治図書／一九五五年
『学校劇図説』永井鱗太郎／岩崎書店／一九六六年
『国語学習と学校劇』斎田喬編／牧書店／一九五二年
『ある戦後精神』丸岡秀子／一ツ橋書房／一九六九年
『演劇論講座　4演技論』津上忠・菅井幸雄・香川良成編／「演劇論史」八田元夫／汐文社／一九七七年
『現代教育学　8芸術と教育』／「演劇」冨田博之／岩波書店／一九六〇年

■第3章

『クリエイティブ・ドラマティックス入門』西尾邦夫／福村出版／一九六六年

『世界の児童演劇—第1回国際児童演劇会議報告集』／演劇教育研究所資料2／演劇教育研究所編集・発行／一九六四年
『げき9』／「岡田陽先生の主なる仕事」／児童・青少年演劇ジャーナル「げき」編集委員会／晩成書房／二〇一一年
『子供のための創造教育』ジェラルディン・B・シックス／岡田陽・高橋孝一訳／玉川大学出版部／一九七三年
『ドラマによる表現教育』ブライアン・ウェイ／岡田陽・高橋美智訳／玉川大学出版部／一九七七年
『演劇部12か月』栗山宏／晩成書房／二〇一〇年
『戦後日本教育史』大田堯／岩波書店／一九七八年
『幼児の劇あそび』小池タミ子／国土社／一九七三年
『たのしい劇あそび』落合聰三郎・周郷博編著／フレーベル館／一九五五年
『子どもの表現と劇遊び』〈保育専科特別別冊〉岡田陽編／フレーベル館／一九八八年
『子どもの表現活動』岡田陽／玉川大学出版部／一九九四年
『メソードへの道』リー・ストラスバーグ／米村晰訳／劇書房／一九八九年
『マイム』小谷野洋子／晩成書房／一九九一年
『ホモ・ルーデンス』ホイジンガ／高橋英夫訳／中公文庫／一九七三年
『なにもない空間』ピーター・ブルック／高橋康也・喜志哲雄訳／晶文社／一九七一年
『ドラマとしての授業』竹内敏晴／評論社／一九八三年
『遊びのなかの演劇』関矢幸雄／晩成書房／一九八四年

■第4章

『子どもと教育』一九八九年一月臨時増刊号〈新学習指導要領をどう受けとめるか〉／あゆみ出版
『教室にドラマを』佐野正之／晩成書房／一九八一年

『よみがえれ少年院の少女たち』中森孜郎・名執雅子編著／かもがわ出版／二〇〇八年
『劇へ――からだのバイエル』竹内敏晴／青雲書房／一九七五年
『ことばが劈かれるとき』竹内敏晴／思想の科学社／一九七五年
『からだが語ることば』竹内敏晴／評論社／一九八二年
『教育への構図』竹内常一／高校生文化研究会／一九七六年
『学校文化活動論』冨田博之／明治図書／一九八四年
『子どもの認識と感情』波多野完治／岩波新書／一九七五年
『中教審「心の教育」答申読本』／教育開発研究所／一九九八年

■第5章

『現代演劇教育論』冨田博之／日本演劇教育連盟／一九七四年
『演劇教育入門』日本演劇教育連盟編集／晩成書房／一九七八年
『学力があぶない』大野晋・上野健爾著／岩波新書／二〇〇一年
『日本の教育改革』尾崎ムゲン／中公新書／一九九九年
『臨教審答申をどう読むか』深山正光・山科三郎・佐貫浩著／労働旬報社／一九八五年
『学力と新自由主義』佐貫浩／大月書店／二〇〇九年
『誰のための「教育再生」か』藤田英典編／岩波新書／二〇〇七年
『愛媛教育残酷物語』田川精三／明治図書／一九六三年
『現代と思想』〈季刊No.37〉／青木書店／一九七九年
『子供たちの復讐／上―開成高校生殺人事件』本多勝一編／朝日新聞社／一九七九年
『[年表] 子どもの事件　1945―1989』山本健治編著／柘植書房／一九八九年
『〈いじめ〉考』別役実・芹沢俊介・山崎哲／春秋社／一九九五年

『やさしさの精神病理』大平健／岩波新書／一九九五年
『「個性」を煽られる子どもたち』土井隆義／岩波ブックレット／二〇〇四年
『尾関周二先生に聞く』〈現代と教育vol.47〉地域民主教育全国交流研究会編集／桐書房／一九九九年
『現代用語の基礎知識2015』自由国民社編集・発行／二〇一五年
『わかりあえないことから』平田オリザ／講談社現代新書／二〇一二年
「コミュニケーションと教育」岩川直樹／『教育』二〇〇八年七月号／国土社
『つながりを煽られる子どもたち』土井隆義／岩波ブックレット／二〇一四年
『社会力を育てる』門脇厚司／岩波新書／二〇一〇年
『コミュニケーション不全症候群』中島梓／筑摩書房／一九九一年
『コミュニケーション的関係がひらく障害児教育』二宮厚美・神戸大学附属養護学校編著／青木書店／二〇〇五年
『被抑圧者の教育学』パウロ・フレイレ／三砂ちづる訳／亜紀書房／二〇一一年
『対話のレッスン』平田オリザ／小学館／二〇〇一年

■第6章

『子どもの歌を語る』山住正己／岩波新書／一九九四年
『教科書の歴史』唐澤富太郎／創文社／一九五六年
『概説日本演劇史』河竹繁俊／岩波書店／一九六六年
『歌舞伎の歴史』今尾哲也／岩波新書／二〇〇〇年
『演劇論講座1演劇史日本編』津上忠・菅井幸雄・香川良成編／汐文社／一九七六年
『日本演劇全史』河竹繁俊／岩波書店／一九五九年
『日本文化史』家永三郎／岩波新書／一九五九年

『憂き世と浮世』河竹登志夫／日本放送出版協会／一九九四年
『なすの夜ばなし』土方與志／影書房／一九九八年
『日本歴史／中』加藤文三・西村汎子・佐藤伸雄・米田佐代子・矢代和也・本多公栄著／新日本新書／一九六七年
『日本の歴史 5』家永三郎編／ほるぷ出版／一九七八年
『大正デモクラシー』〈シリーズ日本近現代史④〉成田龍一／岩波新書／二〇〇七年
『日本新劇史 下巻』秋庭太郎／理想社／一九五六年
『新劇の四十年』民主評論編集部編／民主評論社／一九四九年
『日本新劇小史』茨木憲／未来社／一九六六年
『演劇の伝統と現代』菅井幸雄／未来社／一九六九年
『學校劇の指導』斎田喬・内山嘉吉共著／西荻書店／一九四九年
『教育評論 一九七六年五・六月合併号』／日本教職員組合情宣局／一九七六年
『新・演劇教育入門』日本演劇教育連盟編／晩成書房／一九九〇年
『日本の演劇教育'99』〈第四十八回全国演劇教育研究集会の記録〉／日本演劇教育連盟／一九九九年

■著者経歴

佐々木 博 ささき・ひろし

1932年岩手県西磐井郡一関町（現在は一関市）に生まれる。

1950年岩手県立一関高等学校を卒業。1953年東京学芸大学二部修了。同年4月から東京都の公立小学校教諭を34年間、退職後嘱託5年をあわせて39年間の教師生活を送る。

1959年から2003年まで日本演劇教育連盟常任委員。日本演劇教育連盟事務局長、同副委員長を歴任。

「生きる力をはぐくむ学校へ」（『演劇と教育』1999年7月号）で第40回演劇教育賞受賞。

公益社団法人 日本児童青少年演劇協会
2017年度「落合聰三郎児童青少年演劇基金」助成

日本の演劇教育 学校劇からドラマの教育まで

二〇一八年三月二〇日 第一刷印刷
二〇一八年三月三一日 第一刷発行

著者 佐々木博
発行者 水野久
発行所 株式会社 晩成書房
●101-0064 東京都千代田区神田猿楽町二−一−一六
●電話 〇三−三二九三−八三四八
●FAX 〇三−三二九三−八三四九
印刷・製本 株式会社 ミツワ

乱丁・落丁はお取り替えします
ISBN978-4-89380-481-5 C0037
Printed in Japan